北大版留学生本科汉语教材·文化教程系列

王硕 编著

汉语古文读本
(第二版)

北京大学出版社

图书在版编目(CIP)数据

汉语古文读本(第二版)/王硕编著. —北京:北京大学出版社,2010.4
(北大版留学生本科汉语教材·文化教程系列)
ISBN 978-7-301-16889-9

Ⅰ. 汉… Ⅱ. 王… Ⅲ. 汉语－对外汉语教学－教材 Ⅳ. H. 195.4

中国版本图书馆 CIP 数据核字(2010)第 013334 号

书　　　名：	汉语古文读本(第二版)
著作责任者：	王　硕　编著
责 任 编 辑：	张弘泓
标 准 书 号：	ISBN 978-7-301-16889-9/H·2418
出 版 发 行：	北京大学出版社
地　　　址：	北京市海淀区成府路 205 号　100871
网　　　址：	http://www.pup.cn
电 子 邮 箱：	zpup@pup.pku.edu.cn
电　　　话：	邮购部 62752015　发行部 62750672　编辑部 62753334　出版部 62754962
印　　刷　者：	北京虎彩文化传播有限公司
经　　销　者：	新华书店
	787 毫米×1092 毫米　16 开本　17 印张　320 千字
	1998 年 4 月第 1 版　2010 年 4 月第 2 版
	2020 年 8 月第 3 次印刷
定　　　价：	42.00 元

未经许可,不得以任何方式复制或抄袭本书之部分或全部内容。
版权所有,侵权必究　　举报电话：010－62752024
　　　　　　　　　　　　电子邮箱：fd@pup.pku.edu.cn

修订说明

原版教材中,每课后均有古文知识和相关的练习,旨在帮助学生掌握古代汉语中重要的语法点和用法。实际教学中,这项内容很受学生的欢迎。此次修订新增古代汉语语法知识简介,简要介绍古代汉语语法的基本内容,这样可以使留学生对古代汉语的语法有一个整体的了解,更利于系统地学习。前后两项似有重复之嫌,但实际上内容是互补的。每课后的古文知识,是一些重要的语法点,详加说明解释,要求学生掌握,对古代汉语的学习是很有意义的。为了不使古代汉语的知识显得零碎散乱,系统地介绍语法知识也是很有必要的。教学中,多次与学生讨论这个问题。综合学生的建议,整体考虑之后,我们采取现在这样的方法。

原来附在每课课文后面的参考译文,此次调整为集中附录在全书之后;练习也做了一些调整;改正了一些错讹。

这本教材使用了十年了。使用过本教材的老师和学生给与我很多鼓励和建议,使我有信心把它修订、补充,再次出版。北京大学出版社对本教材此次修订和出版大力支持,在此深表感谢。

王　硕
2010 年 1 月 30 日

前 言

　　为了帮助外国留学生逐步读懂中国的古代文献,直接了解中国古代文化,特编写这本专门为来华留学生使用的古代汉语教材,适合中级以上现代汉语水平的留学生使用。其他读者也可以用来学习、了解古代汉语。

　　本教材所选篇目,以先秦两汉散文为主,也选入了汉代以后的一些散文名篇。共四十五课。以每周四小时计,可供一学年使用。中高级水平的留学生也可以选做一学期的教材。通过学习本教材,留学生可以对中国古代,特别是上古时期的语言有一个基本的了解,可以掌握古代汉语的基本语法现象和常用词语,达到借助字典、词典阅读古书的目的,为进一步阅读中国古代文献打下基础。

　　每课除选文以外还有以下几个部分:作品介绍、注释、古文知识、练习、阅读课文。

　　作品介绍,只是第一次出现在所选课文之处,简要介绍该书的作者及成书年代等内容。以后,只介绍课文本身的要旨。

　　注释,一般给出基本词义和本课中的意思,有时也简要指明用法。考虑到授课时不一定顺序逐课讲解,所以注释不避重复。注释中"某通某",一般指通假(假借)现象。要注意,"某通某"和"某同某"是不一样的。

　　为帮助读者逐步熟悉旧版古籍中的繁体字,特设繁简字对照一项。每组前一个是现行的规范字,后一个是相应的繁体字。标 * 的表示不是简单的一一对应,如"后——後",并在注脚中说明。

　　古文知识,重点是古代汉语的语法、词汇、文字等方面的内容。通过教学实践,我们感到具有中等水平的留学生有能力接受这些知识,而且他们还颇感兴趣。另外,专题性地介绍一些古代汉语语法、词汇、知识,还可以使留学生对古代汉语有比较系统的了解,不至于琐碎零散。

　　练习包括两方面的内容。每课练习的前几项,主要是帮助学生理解课文内容,巩固有关语言知识,最后一项则为帮助学生掌握古文知识所讲内容。

　　阅读课文,由于教学对象的汉语水平都不尽相同,而且每一个班里,学生的汉语水平也有所参差,阅读课文既可以满足水平较高的同学的需要,扩大阅读量,又可以给老师的教学提供选择的余地。

　　译文,每篇都有课文的古文今译,可供学生参考。译文力求贴近原文而又顺畅。

目 录

一　**画蛇添足**(《战国策·齐策二》) / 1
　　古文知识:双宾语 / 2
　　阅读:曾参杀人(《战国策·秦策二》) / 4

二　**狐假虎威**(《战国策·楚策》) / 5
　　古文知识:古代汉语中的否定副词 / 6
　　阅读:三人成虎(《战国策·魏策二》) / 8

三　**矛与盾**(《韩非子·难势》) / 10
　　古文知识:宾语前置(一) / 11
　　阅读:画孰最难(《韩非子·外储说左上》) / 13

四　**滥竽充数**(《韩非子·内储说上》) / 14
　　古文知识:宾语前置(二) / 15
　　阅读:仁言不如仁声(《孟子·尽心上》) / 17

五　**郑人买履**(《韩非子·外储说左上》) / 18
　　古文知识:被动句(一) / 19
　　阅读:吴起止故人食(《韩非子·外储说左上》) / 21

六　**守株待兔**(《韩非子·五蠹》) / 22
　　古文知识:被动句(二) / 23
　　阅读:魏文侯与虞人期猎(《韩非子·外储说左上》) / 24

七　**鹬蚌相争**(《战国策·燕策》) / 25
　　古文知识:被动句(三) / 26
　　阅读:马价十倍(《战国策·燕策二》) / 28

八　**郑伯克段于鄢**(《左传·隐公元年》) / 29
　　古文知识:被动句(四) / 31
　　阅读:商鞅治秦(《战国策·秦策一》) / 33

九　**晏子之宅近市**(《左传·昭公三年》) / 34
　　古文知识:加"之"的主谓短语(一) / 35

　　　　阅读：两虎相争(《战国策·秦策二》) / 38

一〇　劝学(《荀子·劝学》) / 39
　　　　古文知识：加"之"的主谓短语(二) / 40
　　　　阅读：天行有常(《荀子·天论》) / 43

十一　水则载舟，水则覆舟(《荀子·王制》) / 44
　　　　古文知识：古代汉语的省略(一) / 45
　　　　阅读：涓蜀梁(《荀子·解蔽》) / 47

十二　有无相生(《老子》第二章) / 48
　　　　古文知识：古代汉语的省略(二) / 49
　　　　阅读：(一)天下有道(《老子》四十六章) / 51
　　　　　　　(二)信言不美(《老子》八十一章) / 51

十三　小国寡民(《老子》第八十章) / 52
　　　　古文知识：古汉语的修辞(一) / 53
　　　　阅读：大成若缺(《老子》四十五章) / 55

十四　叔向贺贫(《国语·晋语八》) / 56
　　　　古文知识：古汉语的修辞(二) / 58
　　　　阅读：田需贵于魏王(《战国策·魏策》) / 61

十五　《论语》选段 / 62
　　　　古文知识：中国古代的文体 / 65
　　　　阅读：《论语》选段 / 67

十六　刻舟求剑(《吕氏春秋·察今》) / 69
　　　　古文知识：名词作状语 / 70
　　　　阅读：能起死人(《吕氏春秋·别类》) / 72

十七　不避亲仇(《吕氏春秋·去私》) / 73
　　　　古文知识：数量的特殊表示法 / 74
　　　　阅读：祁奚荐贤(《左传·襄公三年》) / 76

十八　苛政猛于虎也(《礼记·檀弓》) / 77
　　　　古文知识："者"字的用法 / 78
　　　　阅读：教学相长(《礼记·学记》) / 80

十九　齐人攫金(《列子·说符》) / 81
　　　　古文知识：使动用法 / 82
　　　　阅读：夸父逐日(《列子·汤问》) / 84

二〇　**塞翁失马**(《淮南子·人间训》) / 85
　　古文知识：意动用法 / 86
　　阅读：共工怒触不周山(《淮南子·天文训》) / 88

二十一　**兵者,诡道也**(《孙子兵法·计篇》) / 89
　　古文知识："所"字的用法 / 90
　　阅读：兵者,国之大事(《孙子兵法·计篇》) / 92

二十二　**王顾左右而言他**(《孟子·梁惠王下》) / 93
　　古文知识："是"字的用法 / 94
　　阅读：揠苗助长(《孟子·公孙丑上》) / 96

二十三　**鱼,我所欲也**(《孟子·告子上》) / 97
　　古文知识："莫"字的用法 / 98
　　阅读：弈秋(《孟子·告子上》) / 100

二十四　**明察秋毫**(《孟子·梁惠王上》) / 101
　　古文知识："或"字的用法 / 102
　　阅读：愿安承教(《孟子·梁惠王上》) / 104

二十五　**御之妻**(《晏子春秋·内篇杂上》) / 105
　　古文知识："何"字的用法 / 106
　　阅读：竭池求珠(《吕氏春秋·必己》) / 108

二十六　**晏子使楚**(《晏子春秋·内篇杂下》) / 109
　　古文知识："乃"字的用法 / 110
　　阅读：韩信将兵(《史记·淮阴侯列传》) / 112

二十七　**曹刿论战**(《左传·庄公十年》) / 113
　　古文知识：介词"于"的用法 / 115
　　阅读：龚遂治渤海(《汉书·龚遂传》) / 117

二十八　**翳桑之饿人**(《左传·宣公二年》) / 118
　　古文知识："以"字的用法(一) / 119
　　阅读：晏子饮景公酒(《说苑·贵德》) / 121

二十九　**扁鹊见蔡桓公**(《韩非子·喻老》) / 122
　　古文知识："以"字的用法(二) / 123
　　阅读：许由舍于家人(《韩非子·说林下》) / 125

三〇　**曾子之妻之市**(《韩非子·外储说左上》) / 126
　　古文知识："为"字的用法 / 127

　　　　　阅读：解狐举邢伯柳（《韩非子·外储说左下》）／129
三十一　相不受鱼（《史记·循吏列传》）／130
　　　　　古文知识："而"字的用法／131
　　　　　阅读：子罕以不贪为宝（《左传·襄公十五年》）／133
三十二　愚公移山（《列子·汤问》）／134
　　　　　古文知识："则"字的用法／136
　　　　　阅读：道见桑妇（《列子·说符》）／139
三十三　螳螂捕蝉（《说苑·正谏》）／140
　　　　　古文知识："也"字的用法／141
　　　　　阅读：炳烛之明（《说苑·建本》）／143
三十四　桃花源记（晋·陶潜）／144
　　　　　古文知识："焉"字的用法／146
　　　　　阅读：永之氓（唐·柳宗元）／148
三十五　爱莲说（宋·周敦颐）／149
　　　　　古文知识："乎"字的用法／150
　　　　　阅读：陋室铭（唐·刘禹锡）／153
三十六　病梅馆记（清·龚自珍）／154
　　　　　古文知识：常见叹词用法／155
　　　　　阅读：申子请仕其从兄（《资治通鉴·周纪二》）／158
三十七　邹忌讽齐王纳谏（《战国策·齐策一》）／159
　　　　　古文知识："唯（维、惟）"字的用法／161
　　　　　阅读：列子学射（《列子·说符》）／163
三十八　五十步笑百步（《孟子·梁惠王上》）／164
　　　　　古文知识："以……为……"和"以为"的用法／166
　　　　　阅读：所谓故国者（《孟子·梁惠王下》）／168
三十九　唐雎不辱使命（《战国策·魏策四》）／169
　　　　　古文知识："之"字的用法／171
　　　　　阅读：触龙说赵太后（《战国策·赵策四》）／174
四　〇　公输盘（《墨子·公输》）／178
　　　　　古文知识：古代汉语的代词／181
　　　　　阅读：（一）良弓难张（《墨子·亲士》）／184
　　　　　　　　（二）墨悲丝染（《墨子·所染》）／184

　　　　（三）楚王好细腰(《墨子·兼爱中》) / 184
　　　　（四）击邻家之子(《墨子·鲁问》) / 185

四十一　**岳阳楼记**(宋·范仲淹) / 186
　　　　古文知识：古今语序的不同 / 189
　　　　阅读：雁荡山（节选）(宋·沈括) / 191

四十二　**醉翁亭记**(宋·欧阳修) / 193
　　　　古文知识：古代汉语的偏义复词 / 195
　　　　阅读：与朱元思书(南朝梁·吴均) / 197

四十三　**孙膑**(《史记·孙子吴起列传》) / 198
　　　　古文知识：短语与词 / 201
　　　　阅读：荆轲刺秦王(《史记·刺客列传》) / 203

四十四　**鸡鸣狗盗**(《史记·孟尝君列传》) / 205
　　　　古文知识：古今词义的演变 / 208
　　　　阅读：孙子试勒兵(《史记·孙子吴起列传》) / 211

四十五　**庖丁解牛**(《庄子·养生主》) / 213
　　　　古文知识：古今字　异体字　繁体字 / 215
　　　　阅读：（一）子非鱼(《庄子·秋水》) / 219
　　　　　　　（二）百川灌河(《庄子·秋水》) / 219

课文今译 / 221
本书繁简字对照查检表 / 243
古代汉语语法简介 / 246
中国古代历史简表 / 259

一　画蛇添足（《战国策·齐策二》）

楚有祠者[1]，赐其舍人卮酒[2]。舍人相谓曰[3]："数人饮之不足[4]，一人饮之有余，请画地为蛇[5]，先成者饮酒。"一人蛇先成，引酒且饮之[6]，乃左手持卮[7]，右手画蛇，曰："吾能为之足[8]。"未成[9]，一人之蛇成[10]，夺其卮，曰："蛇固无足[11]，子安能为之足[12]？"遂饮其酒[13]。为蛇足者，终亡其酒[14]。

【作品介绍】

战国时代（前475—前221）是中国封建社会刚刚建立的时期，当时天下分为许多的诸侯国，其中几个强大的诸侯国都希望自己能统一中国，因此各国之间的斗争复杂而尖锐。在这种情况下出现了一批游说（shuì）之士，他们专门为其主人提供政治主张和策略，在各国之间进行外交活动。《战国策》就是这个时期游说之士的言行录，它又叫《国策》等。作者已无考。流传到现在的本子是经西汉刘向整理过的。全书共分十二国三十三篇。

这个寓言说明，做任何事情都要根据实际需要，适可而止，不要做得不够，也不要做得过分。否则就会弄巧成拙，产生不好的结果。

【注释】

[1] 楚：楚国，春秋战国时代国名，在现在的湖南、湖北、安徽一带。祠（cí）：祭祀（jìsì）。者：……的人。

[2] 赐（cì）：给（上级给下级、长辈给晚辈）。其：他的。舍（shè）人：贵族家里的门客，也叫"食客"，指有才能，但是比较贫穷、没有地位的人，他们住在贵族家里为贵族出主意。卮（zhī）：古代盛酒的一种器皿，类似酒杯。

[3] 相:互相。谓:告诉。曰(yuē):说。

[4] 之:第三人称代词,"它",这里指那杯酒。足:形容词,够。

[5] 请:请求允许,这里是"建议"的意思。画地:在地上画。

[6] 引:拿过来。且:就要。

[7] 乃(nǎi):就。持:拿着。

[8] 吾(wú):代词,我。足:脚。为之足:给它添上脚。为(wèi):给。

[9] 未:没有。成:完成,画好。

[10] 之:助词,相当于"的"。

[11] 固:本来。无:没有。

[12] 子:对对方的尊称,相当于"您"。安:疑问副词,怎么。

[13] 遂(suì):于是,就。

[14] 终:最终,最后。亡(wú):失去,失掉。

【繁简字对照】

饮——飲	请——請	无——無	余[①]——余餘
画——畫	战——戰	国——國	为——為
夺——奪	数——數	齐——齊	赐——賜
谓——謂			

【古文知识】

双宾语

和现代汉语一样,古代汉语中的双宾语也是很常见的。双宾语就是一个动词后面有两个宾语。即"V. ＋ O_1 ＋ O_2","O_1"是直接宾语,常常是接受东西的人或物,而 O_2 是间接宾语,常常是接受的东西。一般来说,这种规定是比较严格的。例如:

	V	＋	O_1	＋	O_2
现代汉语	给		他		书。
古代汉语	赐		其舍人		卮酒。

---

① 在繁体字系统,"余"是第一人称代词,"餘"表示"剩下的、多出的"。"余、餘"合并简化为"余"。但又规定在意义可能相混时,"餘"用简化的"馀"。如"馀船以次俱进"(《赤壁之战》)。

		为	之	足。
英语		get	me	the apple.
		get	the apple	to me.

古代汉语的双宾语与现代汉语的有所不同。古代汉语的双宾语主要有两种情况：

第一，"为（wèi）＋双宾语"

这种句子中的动词与宾语的关系是为了直接宾语而支配间接宾语。例如：

(1) 蛇固无足，子安能为之足？（《战国策·齐策二》）
    （蛇本来没有脚，您怎么能给它（画上）脚呢？）
(2) 叔孙为孟钟。（《左传·昭公四年》）
    （叔孙给孟丙铸造了一口钟。）

第二，"使＋动＋双宾语"

这种句子中，动词是具有使动意义的，动词与直接宾语是使动关系，动词与间接宾语是支配关系。例如：

(1) 秋九月，晋侯饮（yìn）赵盾酒。（《左传·宣公二年》）
    （晋侯请赵盾喝酒。）
(2) 太子帅师，公衣之偏衣，佩之金玦（jué）。（《左传·闵公二年》）
    （太子率领军队，晋侯让他穿上左右不同颜色的衣服，又让他配戴上金玦。）

【练习】

一、请回答下列问题：

1. 这壶酒是谁给大家的？
2. 先画完蛇的人喝到酒了吗？
3. 最后，谁喝到了酒？

二、请写出下列词语的拼音并解释意思：

赐	舍人
曰	引
乃	固
安	遂
终	亡

三、请解释下列句子中画线词语的意思：

1. 楚有祠<u>者</u>
2. 先<u>成</u>者饮酒
3. 为蛇足<u>者</u>,终亡其酒
4. 数人饮<u>之</u>不足,一人饮<u>之</u>有余
5. 吾能<u>为</u>之足
6. 一人<u>之</u>蛇成
7. <u>未</u>成
8. <u>请</u>画地为蛇

四、请指出下列句子中的直接宾语和间接宾语,并把句子翻译成现代汉语：

1. 我将得邑金,将贷子三百金。（《庄子·杂篇·外物》）
   （邑金：封邑内的租税。贷：借。金：先秦以24两黄金为一金。）
2. 赐之食。《左传·隐公元年》
3. 秦昭王闻之,使人遗(wèi)赵王书,愿以十五城请易璧。（《史记·廉颇蔺相如列传》）
   （书：古代指信。）

【阅读】

曾参杀人（《战国策·秦策二》）

昔者曾子处费①,费人有与曾子同名族者而杀人②。人告曾子母曰："曾参杀人。"曾子之母曰："吾子不杀人。"织自若③。有顷焉④,人又曰："曾参杀人。"其母尚织自若⑤,顷之⑥,一人又告之曰："曾参杀人。"其母惧,投杼逾墙而走⑦。

---

① 昔者：从前。曾参(Zēng Shēn)：姓曾,名参,春秋时鲁国人,孔子的学生。费：地名,在今山东省。
② 同名族：同名同族。
③ 自若：像平时一样。
④ 有顷焉：过了一会儿。
⑤ 尚：还。
⑥ 顷之：一会儿。
⑦ 投：扔掉。杼(zhù)：织布的工具。逾(yú)：越,跳过。走：跑。

二 狐假虎威[1]《战国策·楚策》

虎求百兽而食之[2],得狐。狐曰:"子无敢食我也[3]!天帝使我长百兽[4],今子食我[5],是逆天帝命也[6]。子以我为不信[7],吾为子先行[8]。子随我后,观百兽之见我而敢不走乎[9]?"虎以为然[10],故遂与之行。兽见之皆走[11]。虎不知兽畏己而走也,以为畏狐也。

【作品介绍】

本篇讲述了狐狸借老虎的威势吓唬其他动物的故事,用来比喻一些人假借别人的威势欺吓人。

【注释】

[1] 假(jiǎ):动词,借助。
[2] 求:寻找。百兽:各种动物。百:表示数量多。而:连词,连接两个动词性成分。
[3] 无敢:不敢。也:表示判断的语气词。
[4] 长(zhǎng):首领。这里作动词,"当……(的)首领"。
[5] 今:现在。
[6] 是:代词,这,这样,这个。逆(nì):违背,违反。也:表示判断的语气词。
[7] 以:认为。为(wéi):动词,是。信:形容词,诚实,言语真实。
[8] 为(wèi):介词,替,给。
[9] 之:助词,加在主语"百兽"和谓语"见我而敢不走乎"之间,使"百兽见我而敢不走乎"这个句子变成一个词组,来作动词"观"的宾语。这种用法叫取消句子的独立性。走:跑。
[10] 以为:是"以之为……"的省略,以:认为;之:代词,它;为:是。然:对,是这样。以

为然:认为(它说的)对,这里是表示同意。

[11] 皆:都。之:代词,这里表示"它",指虎和狐。

【繁简字对照】

兽——獸　　　长——長　　　随——隨　　　观——觀

与——與　　　后①——后後

【古文知识】

古代汉语中的否定副词

这类副词主要有"不、弗、毋、勿、无、莫、靡、微、休、未、非、否"等。它们都表示对客观状况的否定,相当于现代的"不"、"没"、"没有"、"不是"等否定副词。例如:

张良曰:"请往谓项伯,言沛公不敢背项王也。"(《史记·项羽本纪》)

牺牲玉帛,弗敢加也。必以信。(《左传·曹刿论战》)

距关,毋内诸侯,秦地可尽王也。(《史记·鸿门宴》)

"毋"又可写作"无""勿",义为"不要"。如:

硕鼠硕鼠,无食我黍。(《诗经·魏风·硕鼠》)

欲勿予,即患秦兵之来。(《史记·廉颇蔺相如列传》)

"无"相当于现代汉语的"没有",在古书中又可写作"亡"。例如:

河曲智叟亡以应。(《列子·愚公移山》)

还可以表示"勿",义为"不要",例如:

苟富贵,无相忘!(《史记·陈涉世家》)

"靡"既可以否定动词,又可以否定名词,所以它既相当于"不",又相当于"没"的意思。例如:

其详靡得而记焉。(《史记·外戚世家》)

靡不有初,鲜克有终。(《史记·大雅·荡》)

---

① 在繁体字系统中,"后"指帝王,如"皇天后土",更常指帝王之妻,如"皇后、后妃";"後"则指前后,如"先後、後面"。

"莫"也有否定副词的用法,义为"不要"。例如:

  秦惠王车裂商君以徇,"莫如商鞅反者!"(《史记·商君列传》)

"微"作否定副词,表示"不"的意思,例如:

  微独赵,诸侯有在者乎?(《战国策·触龙说赵太后》)

"休"表示劝阻,相当于"不要"的意思。例如:

  劝君休叹恨。(杜甫《戏赠友》)

"未"表示行为动作尚未开始,相当于现代汉语的"还没有"。有时也相当于"不":

  肉食者鄙,未能远谋。(《左传·曹刿论战》)

"非"也有否定副词的用法,义为"没有"义,例如:

  顺风而呼,声非加疾也,而闻者彰。(《荀子·劝学》)

【练习】

一、请回答下列问题:

 1. 狐狸说老虎不能吃它的理由是什么?

 2. 老虎相信狐狸的话吗?

 3. 动物看见狐狸和老虎就跑,是因为怕狐狸吗?

二、请将下列句子翻译成现代汉语,注意画线词语的用法:

 1. 虎<u>求</u>百兽而食之

 2. 子<u>无</u>敢食我也

 3. 天帝使我<u>长</u>百兽

 4. <u>是</u>逆天帝命也

 5. 子<u>以</u>我为不信

 6. 虎以为<u>然</u>

 7. 百兽见之皆<u>走</u>

三、利用本课学过的词语解释下列成语：
　　1. 不畏强暴　　　　人言可畏
　　2. 皆大欢喜　　　　草木皆兵
　　3. 走马观花　　　　飞砂走石
　　4. 三人行，必有吾师
　　5. 逆水行舟　　　　倒行逆施

四、请写出并解释含有"是"的成语，例如：
　　惟利是图
　　似是而非
　　口是心非

五、请把下面的句子翻译成现代汉语，请注意古今判断句的不同：
　　1. 彼秦者，弃礼仪而上首功之国。（上首功：崇尚斩首之功，认为砍敌人的头是了不起的。）
　　2. 赵衰，冬日之日也；赵盾，夏日之日也。（赵衰、赵盾都是人名。）
　　3. 韩，天下之咽喉。
　　4. 臣请譬之：君者，壤土也；臣者，草木也。

【阅读】

三人成虎（《战国策·魏策二》）

　　庞葱与太子质于邯郸①，谓威王曰："今一人言市有虎②，王信之乎③？"王曰："否。""二人言市有虎，王信之乎？"王曰："寡人疑之矣④。""三人言市有虎，王信之乎？"王曰："寡人信之矣。"庞葱曰："夫市之无

---

　　① 庞葱：人名。太子：这里指魏太子。质：抵押，作人质。于：介词，到。邯郸：赵国都城，即今河北省南部邯郸市。
　　② 言：说。市：集市。
　　③ 之：代词。指"市有虎"这个说法。乎：疑问语气词，相当于"吗"。
　　④ 寡人：国王的自我谦称。

虎^①,明矣。然而三人言而成虎。今邯郸去大梁也远于市^②,而议臣者过于三人矣^③,愿王察之矣^④。"王曰:"寡人自为知^⑤。"

---

① 夫(fú):句首语气词。之:助词,用于主谓句中,取消句子的独立性,使这个句子成为短语,做"明矣"的主语。
② 今者:现在。去:离开,这里指距离。于:介词,用于比较句,"远于市"就是"……比市远"。大梁:魏国的都城,今河南省开封市。
③ 臣:我(男子谦称)。过:超过。
④ 愿:希望。察:审查,仔细了解。
⑤ 为(wéi):做,从事。这句话的意思是说我自己会知道的(指不会相信别人说的)。

三 矛与盾 (《韩非子·难势》)

楚人有鬻盾与矛者[1],誉之曰[2]:"吾盾之坚[3],物莫能陷也[4]。"又誉其矛曰:"吾矛之利[5],于物无不陷也[6]。"或曰[7]:"以[8]子之矛,陷子之盾,何如[9]?"其人弗能应[10]也。

夫[11]不可陷之盾与无不陷之矛,不可同世而立[12]。

【作品介绍】

韩非(前280—前233)是战国末年的重要思想家,法家的代表人物。后人将他的著作编辑成《韩非子》,现存五十五篇,其中有的不能肯定是韩非子的作品。韩非子认为社会是发展变化的,他反对复古,主张以法治国。

这个寓言告诉人们,说话、做事都要前后一致,不要自相矛盾,自相抵触。

【注释】

[1] 鬻(yù):卖。者:……的人。

[2] 誉(yù):夸赞,说……很好。

[3] 之:助词,取消句子的独立性。

[4] 物:这里泛指一切事物。莫(mò):表示否定的无定代词,只作主语,意思是"没有什么、没有谁……"。陷(xiàn):攻破,刺穿。

[5] 之:助词,取消句子独立性。利:形容词,锋利,很容易切开东西。

[6] 于:对于。

[7] 或:无定代词,表示"有的人"、"有的东西"。

[8] 以:介词,用……来……。

[9] 何如:怎么样?"何"作为宾语提前。

[10] 其：指示代词，那。应(yìng)：动词，回答。
[11] 夫(fú)：发语词，用于句首，表示开始发表议论。
[12] 可：能。世：时代。立：存在，成立。

【繁简字对照】

誉——譽　　坚——堅　　应——應　　韩——韓

【古文知识】

宾语前置(一)

语序和虚词，在汉语的语法中始终占有重要的位置。汉语的语序，古今变化不大。甲骨文中"我伐马方"（董作宾《殷墟文字乙编》），翻译成现代汉语就是"我军讨伐马方"，古今语序完全一致：主语－谓语－宾语。但是，上古汉语中还有一些特殊的语序。这些特殊的语序，在现代汉语中已经没有了，所以我们在阅读古书的时候，要特别注意。古代汉语突出的特殊语序，是在一定的条件下，要求宾语前置。

所谓"宾语前置"，就是说，在古代汉语中，一般是"主语——谓语——宾语"的结构，有时是特殊用法："主语——宾语——谓语"，即宾语在谓语的前面。主要有四种情况。

（一）疑问代词作宾语时，要出现在谓语的前面。

(1) 吾谁欺？欺天乎？（《论语·子罕》）
　　（我欺骗谁？欺骗天吗？）

(2) 王者孰谓？谓文王也。（《公羊传·隐公元年》）
　　（王者是指谁呢？是指文王。）

(3) 天下之父归之，其子焉往？（《孟子·离娄上》）
　　（天下的父亲们都归顺了他，他们的儿子还会往哪里去呢？）

不仅是动词，疑问代词作介词的宾语时，也要放在介词的前面。比如：

(4) 何由知吾可也？（《孟子·梁惠王上》）
　　（从哪里知道我可以呢？）

(5) 胡为至今不朝也？（《战国策·齐策四》）
　　（为什么到现在还不让她上朝呢？）

（二）否定句中代词作宾语，要前置，要出现在谓语的前面。

(6) 不患人之不己知,患不知人也。(《论语·学而》)
   (不担心别人不了解自己,担心自己不了解别人。)

(7) 吾有老父,身死,莫之养也。(《韩非子·五蠹》)
   (我有年老的父亲,我若死了,没有谁养活他。)

(8) 七十者衣帛食肉,黎民不饥不寒,然而不王者,未之有也。(《孟子·梁惠王上》)
   (七十岁的老人穿丝棉袄吃肉,老百姓不挨饿受冻,做到这样却不能统治天下,没有这种事。)

请注意,否定句中宾语前置,只限于代词宾语,名词宾语一般不出现前置。例如:

(9) 我非子,固不知子矣。(《庄子·秋水》)
   (我不是您,本来就不了解您。)

【练习】

一、请回答下列问题:
   1. 这个楚人是做什么的?
   2. 他认为他的矛锋利?还是他的盾结实?
   3. 他是怎么回答别人的问题的?

二、请写出下列汉字的意思和它的拼音:
   1. 鬻   6. 或
   2. 誉   7. 弗
   3. 坚   8. 应
   4. 莫   9. 立
   5. 利   10. 世

三、请将下列句子翻译成现代汉语:
   1. 吾盾之坚,物莫能陷也。
   2. 吾矛之利,于物无不陷也。
   3. 以子之矛,陷子之盾,何如?
   4. 夫不可陷之盾与无不陷之矛,不可同世而立。

四、用本课学过的词语解释下列成语：

　　卖儿鬻女　　　　自相矛盾
　　一呼百应　　　　伶牙利齿
　　坚兵利舰　　　　卖官鬻爵

五、请翻译下列句子，指出前置的宾语：
1. 三岁贯女，莫我肯顾。（《诗经·硕鼠》）
2. 我无尔诈，尔无我虞（yú）。（《左传·宣公十五年》）
3. 臣实不才，又谁敢怨？（《左传·成公三年》）
4. 唯弈秋之为听。（《孟子·告子上》）（弈秋：古代下棋高手。）
5. 孟尝君曰："客何好？"曰："客无好也。"曰："客何能？"曰："客无能也。"（《战国策·齐策四》）

【阅读】

画孰最难（《韩非子·外储说左上》）

　　客有为齐王画者①，齐王问曰："画孰最难者②？"曰："犬、马最难。""孰最易者？"曰："鬼魅最易③。"

　　夫犬、马，人所知也④，旦暮罄于前⑤，不可类之⑥，故难；鬼魅无形者，不罄于前，故易之也⑦。

---

① 为：给。
② 孰：疑问代词，什么。者：语气词，用于疑问句尾，可不译。
③ 魅（mèi）：鬼怪。
④ 夫（fú）：指示代词，那。所：特殊的指示代词，与后面的动词组成"所字结构"，指代"知"的对象。
⑤ 罄（qìng）：完全显露。
⑥ 类：相似，类似。这里指画得像。
⑦ 易：容易，形容词的意动用法，义为"认为……很容易"。

四 滥竽充数[1]（《韩非子·内储说上》）

齐宣王使人吹竽[2]，必三百人[3]。南郭处士请为王吹竽[4]，齐宣王说之[5]，廪食以数百人[6]。宣王死，湣王立[7]，好一一听之[8]，处士逃。

【作品介绍】

这个故事说明，没有真才实学的人，要想欺骗别人，只能蒙混一时，而最终是会败露的。

【注释】

[1] 滥(làn)：失真，不符合实际。竽(yú)：古代一种吹奏的乐器，形状类似笙。充数：凑数。

[2] 齐宣王：战国时齐国的国君，姓田，名辟疆。使：让……（做），叫……（做）。

[3] 必：一定。

[4] 南郭：复姓。处士：对未作官的人的称呼。请：请求。

[5] 说(yuè)：通"悦"，高兴。之：代词，指南郭请求为王吹竽的事。

[6] 廪(lǐn)食：指作为俸禄所发的粮食。以：介词，按照。

[7] 湣(mǐn)王：齐宣王的儿子。立：登上君主的位置。

[8] 好(hào)：喜欢。一一：一个一个地。

【繁简字对照】

滥——濫　　说——說　　听——聽　　处——處

【古文知识】

宾语前置(二)

(三)宾语前置,有时用"之"、"是"、"焉"复指。

古代汉语中,宾语前置时,动词和宾语之间有时有"之"、"是"、"焉"等字插入。有人把它们看成是代词,起复指宾语的作用;有人认为是结构助词,起标志宾语前置的作用。例如:

(10) 岂不穀是为?先君之好是继。(《左传·僖公四年》)(不穀:国王谦称。)

(难道是为了我吗?为了继承先君的友好。)

(11) 姜氏何厌之有?(《左传·隐公元年》)

(姜氏有什么满足吗?)

(12) "闻道百,以为莫己若"者,我之谓也。(《庄子·秋水》)

("听到了一些道理,便以为没有谁比得上自己"这句话,是说我啊。)

(13) 我周之东迁,晋、郑焉依。(《左传·隐公六年》)

(我们周朝东迁时,依靠的是郑国、晋国。)

(四)介词"以""于"的宾语前置

上古汉语中,介词"以""于"等的宾语前置,不必具备特殊条件和形式标记。例如:

(14) 楚国方城以为城,汉水以为池。(《左传·僖公四年》)

(楚国用方城山作为城墙,用汉水作为护城河。)

(15) 是以君子远庖厨也。(《孟子·梁惠王上》)

(因为这个原因,君子让屠宰烹饪的地方远远离开自己。)

(16) 启乃淫溢康乐,野于饮食。(《墨子·非乐上》)

(夏启便放纵享乐,在野外吃喝。)

(17) 日居月诸,东方自出。(《诗经·邶风·日月》)

(太阳啊,月亮啊,从东方升起。)

(五)一些具体的词语要求宾语前置

古代汉语中,还有一些具体的词语要求宾语前置。

"自"作宾语一般都出现在动词的前面。例如:

(18) 山木自寇也,膏火自煎也。(《庄子·人世间》)

(山上的树木侵害着自己,点灯的油脂煎熬着自己。)

(19) 故略上报,不复一一自辨。(王安石《答司马谏议书》)
   (所以简单地回复了,不再一件一件地为自己辨解。)

"请"(动词)要求宾语前置。例如:

(20) 王请无好小勇。(《孟子·梁惠王下》)
   (请求大王不要喜欢微不足道的勇敢。)

(21) 释齐、秦,他国请相见也。(《左传·襄公二十七年》)
   (除开齐国、秦国,请其他国家的君臣相见。)

【练习】

一、请回答下列问题:
   1. 齐宣王喜欢什么?
   2. 齐湣王喜欢什么?
   3. 南郭处士为什么跑了?

二、请翻译下面的句子,并注意画线字的意思:
   1. 使人吹竽   2. 请为王吹竽
   3. 齐宣王悦之   4. 廪食以数百人等
   5. 湣王立   6. 好一一听之

三、请翻译下面的句子,并指出宾语前置的词语:
   1. 奚以知其然也?(《庄子·逍遥游》)
   2. 仁以为己任,不亦重乎?(《论语·泰伯》)
   3. 诗三百,一言以蔽之,曰:"思无邪。"(《论语·为政》)
   4. 忌不自信,而复问其妾。(《战国策·齐策一》)(忌:人名。)
   5. 今子是之不察,而以察吾柑!(刘基《卖柑者言》)

【阅读】

仁言不如仁声(《孟子·尽心上》)

孟子曰:"仁言不如仁声之入人深也[①],善政不如善教之得民也[②]。善政,民畏之[③];善教,民爱之。善政得民财,善教得民心。"

---

① 仁:古代儒家的一种含义极广的道德范畴。指人与人之间要互相亲爱、尊敬、信任等。仁言:指仁德的语言。仁声:指颂扬仁德的音乐。
② 善政:良好的政治。善教:良好的教育。得民:获得民心。
③ 畏:怕。

五　郑人买履(《韩非子·外储说左上》)

郑人有欲买履者[1],先自度其足而置之其坐[2]。至之市[3],而忘操之[4]。已得履,乃曰:"吾忘持度[5]。"返归取之[6]。及返[7],市罢[8],遂不得履[9]。人曰:"何不试之以足[10]?"曰:"宁信度[11],无自信也[12]。"

【作品介绍】

本篇寓言讲的是人们做事情,应该根据实际情况,而不能墨守成规。如果只根据过去的规定办事的话,肯定会失败。

【注释】

[1] 履(lǚ):鞋。

[2] 度(duó):动词,量,计算,推测。置:放。其:他的。坐:通"座"。

[3] 至:到,到达。之:动词,到……去。市:集市,市场。

[4] 而:转折连词,相当于"却"。操:拿着,握在手里。

[5] 持:拿。度(dù):名词,这里指(量好的)尺码。

[6] 返:返回。归:回家。

[7] 及:等到。

[8] 罢:结束。

[9] 遂:于是,就。不得:没有得到。

[10] 何不:为什么不……? 以:介词,用。

[11] 宁:宁可,宁肯。

[12] 无:通"毋",不要。

【繁简字对照】

郑——鄭　　　买——買　　　归——歸
宁——寧　　　罢——罷

【古文知识】

被动句（一）

古代汉语的被动句式，一般不用"被"字表示。被动意义的表示方法大体可以分为两类，一类是有形式标记的，比如：在句子中有"于"、"见"、"为"等词语，另一类是没有形式标记的，就是说，被动句的形式和主动句一样。下面分别谈一谈。

（一）动词后用介词"于"引进行为主动者。如：

1. 怀王以不知忠臣之分(fèn)，故内惑于郑袖，外欺于张仪。(《史记·屈原贾生列传》)

   （楚怀王因为不知道忠臣的职分，所以在内被郑袖迷惑，在外被张仪欺骗。）

2. 故有备则制人，无备则制于人。(《盐铁论·险固》)

   （所以有准备就能控制别人，无准备就被别人控制。）

3. 劳心者治人，劳力者治于人。(《孟子·滕文公上》)

   （劳心的人治理别人，劳力的人被别人管理。）

【练习】

一、请回答下列问题：

1. 这个郑人要给谁买鞋？
2. 他买鞋以前在家做了什么？
3. 在市场上他找到要买的鞋了吗？
4. 他为什么要回家？
5. 他最后买到鞋了吗？

二、请写出下列画线词语的意思，并写上拼音：

1. 郑人有欲买<u>履</u>者
2. 先自<u>度</u>其足而置之其<u>坐</u>
3. <u>至</u>之市
4. <u>乃</u>曰："吾忘持<u>度</u>。"

5. 返归取之　　　　　　6. 市罢

三、请将下列句子翻译成现代汉语：
1. 先自度其足而置之其坐。
2. 及返，市罢，遂不得履。
3. 何不试之以足？
4. 宁信度，无自信也。

四、解释下列各句，注意"者"的用法：
1. 郑人有欲买履者。
2. 楚人有鬻盾与矛者。
3. 有好事者船载以入。
4. 然往来视之，觉无异能者。
5. 先成者饮酒。

五、请用下列词语组成现代汉语的词组：

欲	置	操	持
罢	何	试	宁
信	市	返	

六、翻译下列句子，指出表示被动的成分：
1. 夫维无虑而易敌者，必擒于人。（《孙子·虚实》）
2. 妻与子皆养于我者也。（韩愈《圬者王承福传》）
3. 与其饥死道路，为群兽食，毋宁毙于虞人，以俎豆于贵家。（《中山狼传》）

【阅读】

吴起止故人食（《韩非子·外储说左上》）

吴起出①，遇故人而止之食②。故人曰："诺③，今返而御④。"吴子曰："待公而食⑤。"故人至暮不来，起不食而待之，明日早⑥，令人求故人⑦，故来，方与之食⑧。

---

① 吴起：战国时军事家，先后在魏、楚做官。
② 故人：旧友。止：留住。之：代词，他（这里指客人）。食：吃饭。
③ 诺（nuò）：应答的声音。表示同意。
④ 今：现在。而：顺接连词。把前后连接的两个动作紧相承接。御（yù）：这里指进食。
⑤ 待：等待。公：古代对男子的尊称。
⑥ 明日：第二天。
⑦ 令：让。求：寻找。
⑧ 方：才。与：和。

六　守株待兔[1]《韩非子·五蠹》

宋人有耕者[2]，田中有株，兔走触株[3]，折颈而死[4]。因释其耒而守株[5]，冀复得兔[6]。兔不可复得[7]，而身为宋国笑[8]。

【作品介绍】

　　这篇寓言告诉人们，不要把偶然的事情当成必然的，也不要幻想不费力气就能得到想要的东西。

【注释】

　　[1] 守：看守。株：砍掉树干剩下来、露在地面上的树根，树桩子。
　　[2] 耕(gēng)者：种田的人。
　　[3] 走：跑。触(chù)：碰撞。
　　[4] 折：折断。颈(jǐng)：脖子。
　　[5] 因：因而。释：放下。耒(lěi)：古代耕地用的农具。
　　[6] 冀(jì)：希望。复：再。
　　[7] 不可：不能。
　　[8] 身：自身，自己。为：被。笑：嘲笑，讥笑。

【繁简字对照】

　　触——觸　　　　颈——頸　　　　释——釋
　　复①——複復

---

　　① "复"是繁体字"複"和"復"的简化字。"複"表示事物繁复，非单一；"復"表示行为重复、反复。

六　守株待兔

【古文知识】

被动句(二)

（二）有形式标记的被动句式的第二种形式，是动词前面加"见"。例如：

(1) 故君子耻不修，不耻见污；耻不信，不耻不见信；耻不能，不耻不见用。（《荀子·非十二子》）

（所以，品德好的人把修养不好当作羞耻，不把被污辱当作羞耻；把不诚实当作羞耻，不把不被信任当作羞耻；把没能力当作羞耻，不把不被使用当作羞耻。）

(2) 秦城恐不可得，徒见欺。（《史记·廉颇蔺相如列传》）

（秦国的城邑恐怕得不到，白白地被欺骗。）

带"见"的被动句往往与"于"配合，由"于"引进行为的主动者。例如：

(3) 吾长见笑于大方之家。（《庄子·秋水》）

（我总是被懂得大道的人耻笑。）

(4) 然而公不见信于人，私不见助于友。（韩愈《进学》）

（这样但是在公事上不被别人相信，在私事上不被朋友帮助。）

【练习】

一、请回答下列问题：

1. 这个宋人是怎么得到一只兔子的？
2. 这个宋人为什么不劳动了？
3. 他后来又得到兔子了吗？

二、请写出下列汉字的意思和拼音：

1. 耕
2. 株
3. 走
4. 触
5. 折
6. 颈
7. 因
8. 释
9. 守
10. 冀
11. 身
12. 为

三、翻译下列各句,并指出其表被动的形式:
1. 汝可疾去矣,且见禽。(《史记·商君列传》)(禽:通"擒")
2. 举世混浊而我独清,众人皆醉而我独醒,是以见放。(《史记·屈原贾生列传》)(放:流放。)
3. 先绝齐而后责地,则必见欺于张仪。(《史记·楚世家》)

【阅读】

魏文侯与虞人期猎(《韩非子·外储说左上》)

魏文侯与虞人期猎①,明日②,会天疾风③。左右止④,文侯不听⑤,曰:"不可。以风疾之故而失信⑥,吾不为也⑦。"遂自驱车往⑧。

---

① 虞(yú)人:古代管山的官。期:约定日期。猎:打猎。
② 明日:第二天。
③ 会:恰巧(赶上)。疾风:迅速、猛烈的大风。
④ 左右:左右的人,身边的人。止:劝阻。
⑤ 不听:不接收意见。
⑥ 以:介词,因为。之:助词,相当于"的"。故:原因。失信:不守信用。
⑦ 为(wéi):做。
⑧ 遂:于是就。自:径自。驱车:赶车。

七　鹬蚌相争[1]　《战国策·燕策》

赵且伐燕[2]。苏代为燕谓惠王曰[3]："今者臣来[4]，过易水[5]，蚌方出曝[6]，而鹬啄其肉[7]，蚌合而钳其喙[8]。鹬曰：'今日不雨[9]，明日不雨，即有死蚌[10]。'蚌亦谓鹬曰：'今日不出[11]，明日不出，即有死鹬。'两者不肯相舍[12]。渔者得而并禽之[13]。今赵且伐燕，燕赵久相支[14]，以弊大众[15]，臣恐强秦之为渔父也[16]。故愿王之熟计之也[17]！"惠王曰："善[19]。"乃止。

【作品介绍】

这个寓言说明矛盾的双方如果争持不下，往往会两败俱伤，结果让第三者得到好处，占了便宜。

【注释】

[1] 鹬(yù)：水鸟，长嘴长腿，常在水边捕食小鱼小虫。蚌(bàng)：蛤蜊，软体动物，体外有双壳(qiào)。

[2] 赵：战国时代的诸侯国名。在现在河北省南部及山西省中北部，都城在今邯郸市。且：将要，就要。伐(fá)：进攻，讨伐。燕(yān)：战国时代诸侯国国名，在今天河北省的北部，都城在今北京市西南部。

[3] 苏代：战国时代的谋士，曾在燕国作官。惠王：赵国国君，即赵惠文王。

[4] 今者：现在。臣：我（男子自我谦称）。

[5] 过：渡过，经过。易水：河名，在河北省西部，发源于易县境内。

[6] 方：副词，正在，刚刚。曝(pù)：晒太阳。

[7] 啄(zhuó)：鸟用尖嘴取食。

[8] 钳(qiān):夹住。喙(huì):鸟类的嘴。

[9] 雨:旧读去声,用如动词,下雨。

[10] 即:立刻,马上。

[11] 出:使动用法,让……出去。

[12] 舍(shě):放弃,放开。

[13] 渔者:打渔的人。并:一起。禽:通"擒",抓住,捕捉到。

[14] 久相支:长时间相持不下,支:支撑。

[15] 弊(bì):疲劳,困乏。这里是使动用法,使……疲劳。

[16] 之:取消句子"强秦为渔父"独立性,父(fǔ):老人。

[17] 故:因此。愿:希望。熟:深入,详细。计:谋划,考虑。第一个"之"的作用是取消句子的独立性。第二个"之"是代词。

[18] 善:好。在这里是表示同意的应答之词。

【繁简字对照】

鹬——鷸	赵——趙	苏——蘇	过——過
众——眾	愿——願	舍①——舍捨	并②——並併
渔——漁			

【古文知识】

被动句(三)

(三)第三种有形式标记的被动句,是动词的前面由"为"引进行为的主动者,当不必出现行为主动者时,只加上"为"。例如:

(1) 多多益善,何为为我禽(擒)?(《史记·淮阴侯列传》)

(你带兵越多越好,为什么被我捉住了?)

(2) 吴广素爱人,士卒多为用者。(《史记·陈涉世家》)

(吴广一向爱护别人,士兵们很多人愿意被他使用。)

"为"字还常常与"所"字配合使用,形成"为……所……"式,"所"后面是主动者的行动。例如:

---

① 在繁体字系统,"舍"音 shè,义为"房舍"。"捨"音 shě,义为"舍弃"。汉字简化,"舍"(shè)合并了"捨"(shě),即"舍"在不同场合分别读"shě"或"shè"。

② "並"(并且)和"併"(合并、吞并)合并入"并"。

(3) 如姬父为人所杀。(《史记·魏公子列传》)
   (如姬的父亲被人杀死。)
(4) 岱不从,遂与战,果为所杀。(《三国志·魏书·武帝纪》)
   (刘岱不听从,就与黄巾交战,果然被杀死。)

【练习】

一、请回答下列问题:
  1. 苏代为什么讲这个故事?
  2. 渔人为什么那么容易得到了鹬和蚌?
  3. 苏代的目的是什么?他达到目的了吗?

二、请写出下列汉字的意思和拼音:
  1. 且   5. 弊
  2. 方   6. 愿
  3. 舍   7. 熟
  4. 禽   8. 计

三、请将下列句子翻译成现代汉语:
  1. 今日不雨,明日不雨,即有死蚌
  2. 今日不出,明日不出,即有死鹬
  3. 两者不肯相舍,渔者得而并禽之
  4. 今赵且伐燕,燕赵久相支,以弊大众
  5. 臣恐强秦之为渔父也

四、请用学过的词语解释下列成语:
  1. 鹬蚌相争,渔翁得利   6. 擒贼先擒王
  2. 口诛笔伐   7. 体力不支
  3. 一曝十寒   8. 百年之计
  4. 方兴未艾   9. 深思熟虑
  5. 舍生忘死

五、请翻译下列句子,并指出被动的形式:

1. 诚令成安君听足下计,若信者已为禽矣。(《史记·淮阴侯列传》)
2. 今不速往,恐为操(曹操,人名)所先。(《赤壁之战》)
3. 不者,若属皆且为所虏。(《史记·项羽本纪》)
4. 有如此之势,而为秦人积威之所劫。(苏洵《六国论》)

【阅读】

马价十倍(《战国策·燕策二》)

人有卖骏马者,比三旦立市①,人莫之知②。往见伯乐③,曰:"臣有骏马欲卖之,比三旦立于市,人莫与言④。愿子还而视之⑤,去而顾之⑥,臣请献一朝之贾⑦。"伯乐乃还而视之⑧,去而顾之。一旦而马价十倍⑨。

---

① 比:连续,接连。旦:早晨,这里指一天。市:集市,交易的场所。
② 人莫之知:没有人知道它。莫:否定性的无定代词,没有谁……。之:代词,指骏马。古代汉语中,代词作否定句的宾语往往提到谓语的前面。
③ 往:到……去。伯乐:很会看马的人。
④ 莫与言:没有人与我说话。"与"后面省略了"之",指代"我"。
⑤ 愿:希望。子:对人的尊称,这里是对伯乐的尊称。还:通"环",围绕。之:代词,这里指骏马。
⑥ 去:离开。顾:回头看。
⑦ 臣:在先秦时代,普通人之间也可谦称自己为臣。请:请允许我。朝(zhāo):早晨,这里指一天。贾(jià):通"价(價)"。一朝之贾:一天的报酬。
⑧ 乃:就。
⑨ 一旦:一个早晨。十倍:涨价十倍。

八　郑伯克段于鄢[1]（《左传·隐公元年》）

大叔完聚[2]，缮甲兵[3]，具卒乘[4]，将袭郑[5]。夫人将启之[6]。公闻其期[7]，曰："可矣[8]！"命子封帅车二百乘以伐京[9]。京叛大叔段[10]，段入于鄢[11]。公伐诸鄢[12]。五月辛丑(13)，大叔出奔共[14]。

遂寘姜氏于城颍[15]，而誓之曰[16]："不及黄泉[17]，无相见也[18]。"既而悔之[19]。

颍考叔为颍谷封人[20]，闻之，有献于公[21]。公赐之食[22]，食舍肉[23]，公问之，对曰[24]："小人有母[25]，皆尝小人之食矣[26]，未尝君之羹[27]。请以遗之[28]。"公曰："尔有母遗[29]，繄我独无[30]！"颍考叔曰："敢问何谓也[31]？"公语之故[32]，且告之悔。对曰："君何患焉[33]？若阙地及泉[34]，隧而相见[35]，其谁曰不然[36]？"公从之[37]。

公入而赋[38]："大隧之中，其乐也融融[39]。"姜出而赋："大隧之外，其乐也曳曳[40]。"遂为母子如初[41]。

【作品介绍】

《左传》也叫《春秋左氏传》或《左氏春秋》，是用史实来解说孔子所编的编年史《春秋》的。是中国第一部叙事详细、完整的历史著作，相传是春秋时鲁国史官左丘明所作。它所记载的历史年代，起于鲁隐公元年（公元前722），终于鲁悼公四年（公元前464）。

《郑伯克段于鄢》是《左传》中的名篇，写的是郑庄公寤生与他的弟弟叔段和母亲之间的故事。它反映了上层社会的人们为了权力和财产，置亲情于不顾，母子之间、兄弟手足之间兵戎相见，你死我活。也表现了他们的虚伪和奸诈。"郑伯克段于鄢"是《春秋》经文中的一句话,这里选的是故事的后半段。

【注释】

[1] 郑:春秋时代国名,姬姓。伯:称兄弟中之长者;幼者为叔。克:战胜。段:郑庄公的弟弟,因年幼于庄公,故称叔段,又因失败后出奔共(gōng)地,所以又叫共叔段。鄢(yān):郑国城邑,在今河南省鄢陵县境内。

[2] 大(tài)叔:郑庄公的弟弟叔段,因为居于京地,称京城大叔。大:"太"的假借字。完:修葺(qì)、修整好,指修城墙。聚:指聚集粮食。

[3] 缮:修缮,修理好。甲:戎衣,铠(kǎi)甲。兵:指武器。

[4] 具:准备好。卒:步兵。乘(shèng):兵车。

[5] 袭:偷袭。暗暗地攻打。郑:郑国的都城,在今河南省新郑县。

[6] 夫人:这里指郑庄公和大叔的母亲,她因为生庄公时难产受了惊吓,不喜欢庄公,偏爱大叔。启:开。启之:为(段)开门。

[7] 公:这里指庄公。闻:听到。期:日期,指段攻打郑国都城的日期。

[8] 可矣:可以了。这里指可以攻打大叔的城邑了。

[9] 子封:郑国的大夫。帅:率领(军队)。二百乘(shèng):二百辆兵车。春秋时代,一辆兵车上有甲士(戴盔(kuī)甲的士兵)三人,步卒七十二人。以:连词,这里相当于"而"。京:郑国的城邑,当时大叔段居住在这里。在今河南省荥(xíng)阳县东南。

[10] 叛:反叛。

[11] 于:介词,到。

[12] 诸:"之于"的合音字,伐诸鄢:伐之于鄢,到鄢地讨伐他。

[13] 五月辛丑:古人以干支纪日。即鲁隐公元年(公元前722)五月二十三日。

[14] 奔:快跑。出奔:这里指逃到国外去避难。共:古国名,在今河南省辉县。

[15] 遂(suì):于是。寘(zhì):放置、安顿,这里有"放逐"的意思。姜氏:郑庄公的母亲,因为她是申国人,申国姓姜,故称她姜氏。于:介词,可译为"在"。城颍(yǐng):郑国的地名,在今河南省临颍县西北。

[16] 誓之:向她发誓。

[17] 及:到。黄泉:地下的泉水,色黄。这里指坟墓。

[18] 无:通"毋",不要。意思是说:这辈子不再见面了。

[19] 既而:不久。悔之:后悔它(置其母于城颍并对她发誓这件事)。

[20] 颍考叔:郑国的大夫。为(wéi):做。颍谷:郑国边邑的地名。封:疆界。封人:管理疆界的官。

[21] 于:介词,对。有献:有所献,有东西要进献。

[22] 赐之食:赐给他食物。这是一个双宾语句。"之"是间接宾语,"食"是直接宾语。

[23] 食舍肉:吃的时候,把肉放在一边。舍(shě):舍弃,放弃。这里是"放在一边"的

意思。

[24] 对:回答。

[25] 小人:颍考叔对自己的谦称。

[26] 皆:都,全部。食:食物。皆尝小人之食矣:我的食物(我的母亲)都尝过了。

[27] 羹(gēng):带汁的肉食。

[28] 请:请允许我。以:介词,可译为"把"。它的后面省略了宾语"之"。遗(wèi)之:送给她。

[29] 尔:你。

[30] 繄(yī):句首语气词。

[31] 敢:表谦敬的副词。何:疑问代词,在疑问句中,疑问代词作宾语一般要放在谓语的前面。

[32] 语之:告诉他。故:原因,缘故。

[33] 君:您。何患:即"患何",患:忧虑,担心。焉:代词兼语气词,相当于"于此","在这件事上"。

[34] 若:如果。阙(jué):通"掘",挖。及:到。

[35] 隧(suì):隧洞。在这里名词用如动词,挖隧洞。

[36] 其:句首语气词,加强反问的语气。然:代词,这样,这里指"黄泉相见"。那谁也不能说违背了当初"不及黄泉,无相见也"的誓言。

[37] 从:动词,听从。之:代词,这里指颍考叔的意见。

[38] 赋:赋诗。

[39] 融融:形容快乐的样子。

[40] 洩洩(xiè):又做"泄泄",和"融融"的意思差不多,也是形容快乐的样子。

[41] 为(wéi):作为。如初:像当初一样。

【繁简字对照】

袭——襲	隐——隱	帅——帥	献——獻
尝——嘗	从——從	尔——爾	独——獨
对——對	传——傳	闻——聞	车——車
问——問	乐——樂	启——啟	

【古文知识】

被动句(四)

(四)汉语中没有形式标记的被动句很多。在古代汉语中尤其普遍。我们今天阅读起来,要根据上下文仔细辨析,哪些是一般的主谓句,哪些是无标记的被动句。

古代汉语被动句无形式标记，主要有两类。

一类是出现主动者的被动句。例如：

(1) 又荆州之民附操者，逼兵势耳。(《资治通鉴》卷六十五)

（而且荆州的民众归附曹操，是被军事形势所逼迫。）

(2) 大国以下小国，则取小国；小国以下大国，则取大国。故或下以取，或下而取。(《老子》第六十一章)

（大国去亲近小国，就会占有小国；小国去亲近大国，就会被大国占有。所以，有的因亲近而占有别人，有的因亲近而被别人占有。）

一类是不出现主动者的被动句，需要读者根据上下文来判断。例如：

(3) 兵挫地削，亡其六郡。(《史记·屈原贾生列传》)

（军队被打败土地被削减了，丢失了六个郡。）

(4) 龙逢斩，比干剖。(《庄子·胠箧(qūqiè)》)（龙逢：人名。比干：人名。）

（龙逢被斩首，比干被剖心。）

(5) 风至苕(tiáo，苇杆。)折。(《荀子·劝学》)

（译文：风吹来，苇杆被折断。）

【练习】

一、请回答下列问题：

1. 庄公决定什么时候攻打京？
2. 兄弟两人之间的战争结果怎么样？
3. 庄公怎样对待他的母亲？
4. 颍考叔用什么办法劝庄公？
5. 庄公和母亲最后真的"母子如初"了吗？

二、请写出下列词语的意思：

1. 完聚
2. 缮
3. 启
4. 惠
5. 及
6. 袭
7. 克

三、请将下列句子翻译成现代汉语：
1. 夫人将<u>启</u>之
2. 公伐<u>诸</u>鄢
3. 而<u>誓</u>之曰
4. <u>不及</u>黄泉，<u>无</u>相见也
5. <u>未尝</u>君之羹
6. 请<u>以遗</u>之
7. <u>敢</u>问何谓也？

四、根据本课所描述的事情，解释曹植《七步诗》的含义：
　　煮豆燃豆萁，豆在釜中泣。
　　本是同根生，相煎何太急。

五、请翻译下列句子，并指出被动的形式：
1. 锲而不舍，金石可镂。（《荀子·劝学》）
2. 蔓草犹不可除，况君之宠弟乎？（《左传·隐公元年》）
3. 宋师败绩，华元虏。（《吕氏春秋·察微》）（华元：宋军主帅）
4. 为人臣而不见察于其君者，则不敢立于其朝。（《韩诗外传》）

【阅读】

商鞅治秦（《战国策·秦策一》）

　　卫鞅亡魏入秦①，孝公以为相②，封之于商③，号曰商君。商君治秦，法令至行④，公平无私，罚不讳强大⑤，赏不私亲近⑥，法及太子⑦，黥劓其傅⑧。期年之后⑨，道不拾遗⑩，民不妄取，兵革大强⑪，诸侯畏惧。

---

① 商鞅：姓公孙，名鞅，因为封于商，故名商鞅。战国时期卫国人，是法家的代表人物。亡：逃亡。亡魏入秦：从魏国逃到秦国。商鞅原来在魏相公叔痤家做家臣。
② 以为：是"以之为"的省略，让他作为……。相：官名。
③ 商：秦地名，在今陕西省商州。
④ 至行：最有效地执行。
⑤ 讳（huì）：避忌。强大：指有权势的人。
⑥ 私：偏袒。
⑦ 太子：这里指秦孝公的儿子，名驷。
⑧ 黥（qíng）劓（yì）：古代的酷刑。在罪人脸上刺字，割掉罪人的鼻子。其傅：指太子的太傅。
⑨ 期（jī）年：一周年。
⑩ 遗：这里指别人丢的东西。
⑪ 兵革：代指军队。

九　晏子之宅近市[1]　《左传·昭公三年》

初[2]，景公欲更晏子之宅[3]，曰："子之宅近市，湫隘嚣尘[4]，不可以居，请更诸爽垲者[5]。"辞曰[6]："君之先臣容焉[7]，臣不足以嗣之[8]，于臣侈矣[9]。且小人近市[10]，朝夕得所求[11]，小人之利也，敢烦里旅[12]？"公笑曰："子近市，识贵贱乎？"对曰："既利之[13]，敢不识乎？"公曰："何贵？何贱？"于是景公繁于刑[14]，有鬻踊者[15]。故对曰："踊贵屦贱[16]。"……景公为是省于刑[17]。君子曰[18]："仁者之言，其利博哉[19]！晏子一言，而齐侯省刑。"

【作品介绍】

本文中，晏子从自己的住宅一步一步谈起，最后谈到到景公用刑过滥，用曲折委婉的办法批评景公，使景公能够接受批评，改正错误。本文很好地体现了《左传》的风格，层层推理，步步论述，最后达到目的。

【注释】

[1] 晏子：名婴，字仲平，春秋时代齐国人。曾任齐卿。近：形容词作动词用，靠近。市：集市，市场。

[2] 初：起初。这是追述往事的习惯说法。

[3] 景公：春秋时代齐国的国君。更（gēng）：动词，更换。

[4] 湫（jiǎo）：低洼。隘（ài）：狭小。嚣（xiāo）：喧闹。尘：名词作动词用，尘土飞扬。

[5] 诸："之于"的合音。爽（shuǎng）：明亮。垲（kǎi）：地势高而土质干燥。者：特殊的指示代词，这里相当于"……的地方"。

[6] 辞：推辞，不接受。

[7] 君之先臣：这里的意思是"我的祖先"，是自谦的说法。焉：指示代词兼语气词，这里相当于"于此"。

[8] 不足以：不值得。嗣(sì)之：继承它（祖业）。

[9] 于：对于。侈(chǐ)：过分。

[10] 且：况且，而且。小人：晏子对自己的谦称。

[11] 所求：需要的东西。所，特殊的指示代词，通常放在及物动词的前面，和它一起组成一个名词性词组，所字结构所指代的一般是行为的对象。

[12] 敢：谦辞，岂敢，怎么敢……？里旅：管理卿大夫家宅的官员。

[13] 利：名词的意动用法，即"以……为利"，认为靠近市场是好处。

[14] 于是：在这个时候。"是"是代词，作介词"于"的宾语。繁于刑：滥用刑法。

[15] 鬻(yù)：卖。踊(yǒng)：古代受过刖(yuè)刑而断足的人穿的鞋。

[16] 屦(jù)：用麻葛等制成的单底鞋。当时景公用刑重而滥，被刖者多，致使市场上踊涨价，而鞋子跌价。

[17] 为是：为此，因为这个。省：动词，减省。省于刑：在刑法上减省，去掉一些。

[18] 君子：作者的假托，这是《左传》中习惯用的发表评论的方法。

[19] 博：广大。

【繁简字对照】

识——識   垲——塏   辞——辭   里①——里裏
贱——賤   尘——塵   嚣——囂

【古文知识】

加"之"的主谓短语（一）

古代汉语中，有时在主谓句中加入助词"之"，这样就把独立的句子变成了不能独立使用的短语。这个短语只能在单句中作句子成分，或在复句中充当分句。所以，也有人把"之"的这一功能称为"取消句子独立性"。加上"之"的主谓短语，在单句中可以作各种句子成分。

（一）作主语

1. 君之伐鲁，过矣。（《史记·仲尼弟子列传》）
   （你攻打鲁国错了。）

---

① 汉字简化，把"裏"（里外、表里）合并于"里"（里程、乡里）。

2. 甚矣,汝之不惠!(《列子·汤问》)
   (你不聪明到了极点!)

3. 故王之不王,不为也,非不能也。(《孟子·梁惠王上》)
   (所以大王不能实行王道,是不做,不是不能做。)

(二) 作宾语

4. 吾见子之君子也,是以告情于子也。(《公羊传·宣公十五年》)
   (我看您是君子,因此向您告诉真实情况。)

5. 今王知晋之失计而不自知越之过。(《史记·勾践世家》)
   (现在大王您了解到晋国失策却自己不了解越国的过失。)

带"之"的主谓短语也可以作介词的宾语。例如:

6. 王无异于百姓之以王为爱也。(《孟子·梁惠王上》)(异:惊异,吃惊。爱:吝啬,小气。)
   (大王不要对百姓认为您吝啬感到惊异。)

7. 夫以百亩之不易为己忧者,农夫也。(《孟子·滕文公上》)
   (把百亩农田没有耕作作为自己忧愁的人是农夫啊。)

(三) 作谓语

8. 是汝之无礼也。(《韩诗外传》卷九)
   (这是你无礼。)

9. 此庸夫之怒,非士之怒也。(《战国策·魏策四》)
   (这是庸夫生气,不是士人生气。)

10. 何子居之高、视之下、貌之君子、而言之野也?(《韩诗外传》卷十)
    (为什么您地位高、见识低、外貌像君子,语言粗野呢?)

(四) 作定语、状语

11. 始臣之解牛之时,所见无非牛者。(《庄子·养生主》)
    (开始我剖牛的时候,见到的全是牛。)

12. 陈共公之卒,楚人不礼焉。(《左传·宣公元年》)
    (陈共公去世时,楚国不以诸侯之礼吊丧。)

13. 鸷鸟之击也,必匿其形。(《史记·勾践世家》)
    (猛禽要出击时,一定不露形迹。)

【练习】

一、请回答下列问题：
1. 景公为什么要给晏子换房子？
2. 晏子同意换房子吗？他的理由是什么？
3. 景公为什么减省了刑罚？
4. "君子"的意见是什么？

二、请解释下列词语的意思：
1. 更
2. 湫隘嚣尘
3. 诸
4. 爽垲
5. 侈
6. 辞

三、请将下列句子翻译成现代汉语：
1. 敢烦里旅
2. 敢不识乎
3. 于是景公繁于刑，有鬻踊者
4. 景公为是省于刑
5. 其利博哉
6. 不可以居，请更诸爽垲者

四、请翻译下列句子，并指出"主—之—谓"充当什么句子成分：
1. 贡之不入，寡君之罪也。（《左传·僖公四年》）
2. 岁寒，然后知松柏之后凋（diāo）也。（《论语·子罕》）
3. 鸟之将死，其鸣也哀；人之将死，其言也善。（《论语·泰伯》）
4. 君子之学也，以美其身。（《荀子·劝学》）
5. 王之好乐甚，则齐其庶几乎！（《孟子·梁惠王下》）
6. 吾见师之出而不见其入也！（《左传·僖公三十二年》）

【阅读】

两虎相争（《战国策·秦策二》）

  有两虎争人而斗者①，管庄子将刺之②，管与止之曰③："虎者，戾虫④；人者，甘饵也⑤。今两虎争人而斗，小者必死，大者必伤。子待伤虎而刺之，则是一举而兼两虎也⑥。无刺一虎之劳⑦，而有刺两虎之名⑧。"

---

① 争人而斗：为得到一个人而争斗。者：……的情况。
② 管庄子：人名。
③ 管与：人名。
④ 虎者，戾虫：虎是凶暴的动物。戾（lì）：凶暴的。
⑤ 饵（ěr）：食物。
⑥ 一举：行动一次。
⑦ 劳：辛苦，辛劳。
⑧ 名：名声。

一〇 劝 学[1] 《荀子·劝学》

君子曰:学不可以已[2]。青,取之于蓝[3],而青于蓝[4]。冰,水为之,而寒于水[5]。木直中绳[6],輮以为轮[7],其曲中规[8]。虽有槁暴不复挺者[9],輮使之然也[10]。故木受绳则直[11],金就砺则利[12],君子博学而日参省乎己[13],则知明而行无过矣[14]。

吾尝终日而思矣[15],不如须臾之所学也[16]。吾尝跂而望矣[17],不如登高之博见也。登高而招,臂非加长也,而见者远;顺风而呼,声非加疾也[18],而闻者彰[19]。假舆马者[20],非利足也[21],而致千里;假舟楫者,非能水也[22],而绝江河[23]。君子生非异也,善假于物也[24]。

【作品介绍】

荀子,名况(前313—前238),战国末年赵国人。是先秦儒家学派的集大成者,其思想中也包含了一些法家的成分。《荀子》现存三十二篇,其中大部分是荀子的作品,一小部分由其学生撰写。书中论述了政治、哲学、治学方法、立身处事等方面的内容。

本篇讲述了学习的意义,指出学习可以增长知识,培养好的品行。

【注释】

[1] 劝:劝勉,鼓励。劝学:鼓励人们学习。
[2] 君子:指有道德的人。以:介词,用……。已:动词,停止。
[3] 青:靛(diàn)青,蓝色的染料。于:介词,从。蓝:蓝草,草本植物,可以提炼蓝色染料。

[4] 而:但是。于:表示比较的介词。青于蓝:比蓝草(的颜色)蓝。
[5] 寒于水:比水冷。
[6] 木:树木。直:名词,曲直程度。中(zhòng):符合。绳:木匠取直的墨线。
[7] 輮:通"揉",用小火煨烤木头,使它变弯曲。以为:以之为,把它当作。轮:车轮。
[8] 曲:弯曲程度。规:木匠取圆的圆规。
[9] 槁(gǎo)暴(pù):晒干。复:再。挺:直。
[10] ……者……也:……是(因为)……。然:这样。
[11] 故:所以。受绳:接受墨线,意思是经过加工。
[12] 金:金属制成的刀斧等器具。就:动词,靠近,意思是把刀放在磨刀石上磨。砺(lì):磨刀石。利:锋利。
[13] 博学:广泛地学习。日:每天。参(sān):通"三",指多次。省(xǐng):反省,检查。乎:介词,对。
[14] 知:通"智",智慧。行:行为。过:错误,过错。
[15] 终日:一整天。
[16] 须臾(yú):片刻,短时间。
[17] 跂(qì):踮起脚后跟。
[18] 疾:强,猛烈。指声音洪亮。
[19] 彰(zhāng):清楚,明白。
[20] 假:借助。舆(yú):车。
[21] 利足:脚走得很快,很能走路。致:到达。
[22] 水:名词用作动词,游泳。
[23] 绝:动词,横渡,渡过。
[24] 善:擅长于,很会……。

【繁简字对照】

劝——勸	学——學	蓝——藍	虽——雖
砺——礪	马——馬	异——異	声——聲
绳——繩	轮——輪	远——遠	

【古文知识】

加"之"的主谓短语(二)

在古代汉语中,主谓短语除了作单句的句子成分以外,还可以作复句的分句,用来表示各种关系,这时候在主语和谓语之间加"之"还有一个重要的作用,就是使句子结构紧凑。作分句的主谓短语很多,例如:

1. 丹朱之不肖,舜之子亦不肖。(《孟子·万章上》)
   (丹朱不肖,舜的儿子也不肖。)
2. 天之高也,星辰之远也。(《孟子·离娄下》)
   (天高啊,星星远啊。)
3. 虽我之死,有子存焉。(《列子·汤问》)
   (虽然我死了,还有儿子在啊。)
4. 舆薪之不见,为不用明焉;百姓之不见保,为不用恩焉。(《孟子·梁惠王上》)
   (一车柴草看不见,是因为不肯用眼睛;百姓受不到保护,是因为不肯给他们施恩惠。)
5. 天之亡我,我何渡为?(《史记·项羽本纪》)
   (上天要灭亡我,我还渡江干什么?)
6. 君子之仕也,行其义也。(《论语·微子》)
   (君子出来做官,是为了实行道义。)

【练习】

一、请回答下列问题:
　1. 荀子认为学习的意义是什么?
　2. 荀子认为人自身的能力重要还是后天的努力重要?
　3. 荀子认为君子和别人不一样的地方是什么?

二、请写出下列画线汉字的意思和拼音:
　1. 学不可以<u>已</u>
　2. 青,取<u>之于</u>蓝,而青<u>于</u>蓝
　3. 木<u>直中</u>绳
　4. 虽有<u>槁暴</u>不复挺者
　5. <u>金就砺</u>则利
　6. 君子博学而<u>日参省乎己</u>,则<u>知</u>明而行无过矣
　7. 吾<u>尝</u>终日而思矣,不如<u>须臾</u>之所学也
　8. 顺风而呼,声非加<u>疾</u>也,而闻者<u>彰</u>
　9. <u>假舆</u>马者,非利足也,而<u>致</u>千里
　10. 假舟<u>楫</u>者,非能<u>水</u>也,而<u>绝</u>江河

11. 君子生非异也,<u>善</u>假于物也

三、解释下列词语,注意"过"、"利"的用法:
1. 人非圣贤,孰能无过。
2. 有过之而无不及。
3. 聪明过人
4. 言过其实
5. 唯利是图
6. 吾矛之利,于物无不陷也
7. 天时不如地利,地利不如人和。
8. 利欲熏心

四、请将下列句子翻译成现代汉语:
1. 玉不琢,不成器;人不学,不知道。
2. 自恃其聪与敏而不学者,自败者也。
3. 知不足者好学,耻下问者自满。
4. 学而不化,非学也。
5. 善学者假人之长,以补其短。
6. 终生无悔
7. 终年积雪

五、请翻译下列句子,并指出句中"之"的作用:
1. 寡人之于国也,尽心焉耳矣。(《孟子·梁惠王上》)
2. 此天之亡我,非战之罪也。(《史记·项羽本纪》)
3. 大道之行也,与三代之英,丘未之逮也。(《礼记·礼运》)
4. 桀纣之失天下也,失其民也。(《孟子·离娄上》)

【阅读】

天行有常（《荀子·天论》）

天行有常①，不为尧存②，不为桀亡③。应之以治则吉④，应之以乱则凶⑤。强本而节用⑥，则天下不能贫⑦；养备而动时⑧，则天不能病⑨；修道而不贰⑩，则天不能祸。故水旱不能使之饥，寒暑不能使之疾，妖怪不能使之凶⑪。本荒而用侈⑫，则天不能使之富；养略而动罕⑬，则天不能使之全⑭；倍道而妄行⑮，则天不能使之吉。

---

① 天：大自然，自然界。行：运行变化。常：常规，一定的规律。
② 为：因为。尧(yáo)：唐尧，传说是上古的贤君。
③ 桀(jié)：夏桀，著名的暴君。
④ 应之以治则吉：用正确的措施适应规律，就会得到好的结果。应(yìng)：适应。之：代词，这里指自然界的运行规律。以：介词，拿，用。治：治理。
⑤ 凶：指坏的结果，与"吉"相对。
⑥ 本：根本，在中国古代指农业。节：节省，节制。用：用度，消费。
⑦ 贫：形容词的使动用法，"使……贫。"
⑧ 养：给(jǐ)养，养生所用的衣食等东西。备：齐全，充足。动：这里指农业生产劳动。
⑨ 病：动词的使动用法，"使……病"。
⑩ 修：遵循。
⑪ 凶：年成不好，歉收。
⑫ 荒：荒废。而：却。侈(chǐ)：奢侈，浪费。
⑬ 养：养生用的东西。略：不足。罕(hǎn)：少。
⑭ 全：保全。
⑮ 倍：通"背"，背离。

十一　水则载舟，水则覆舟[1]《荀子·王制》

马骇舆[2]，则君子不安舆[3]；庶人骇政[4]，则君子不安位。马骇舆，则莫若静之[5]；庶人骇政，则莫若惠之[6]。选贤良[7]，举笃敬[8]，兴孝悌[9]，收孤寡[10]，补贫穷，如是[11]，则庶人安政矣。庶人安政，然后君子安位[12]。传曰[13]："君者，舟也；庶人者，水也。水则载舟[14]，水则覆舟。"此之谓也[15]。

【作品介绍】

这篇文章用水比喻百姓，用舟比喻君王，说明统治者应该爱护人民，使人民能够安居乐业，只有这样，国君的统治才能巩固。表现了荀子的民本思想。

【注释】

[1] 则……则……：用来连接在意思上相对的两个句子。覆(fù)：覆没(mò)。

[2] 骇(hài)：受惊，惊惧。舆：车箱，泛指车。

[3] 君子：这里指贵族统治者。不安舆：不安于舆。

[4] 庶(shù)人：老百姓。骇政：惊惧政事，指反抗统治。

[5] 莫若：不如……。静：使动用法。静之：使之静。

[6] 惠：恩惠，用如动词。惠之：给庶人施加恩惠。

[7] 贤良：指"贤良的人"。这是以作定语的名词代替偏正结构中心词的用法。下面的"笃敬""孝悌""孤寡""贫穷"与此同。

[8] 笃(dǔ)：忠实。敬：严肃、认真。

[9] 兴(xīng)：起来，这里是使动用法，提倡，鼓励。孝：孝敬父母。悌(tì)：尊敬兄长。

[10] 收：收养。孤：幼年无父为孤。

[11] 如：如果。是：这样做。

[12] 然后：这样以后。安位：安稳于王位。

[13] 传（zhuàn）：书传，记载。

[14] 载：负载。

[15] 之：宾语提前。

【繁简字对照】

选——選　　贤——賢　　举——舉　　兴——興

骇——駭　　穷——窮　　传——傳　　制①——製

补——補

【古文知识】

古代汉语的省略（一）

任何语言中都会有省略现象。古代汉语的省略是很普遍的，我们在读古书时要注意辨析，尽量把省略的成分补出来，才能读懂全句。古文中突出的省略现象主要有五种：

（一）省略谓语　谓语是句子的核心，一般是不能省略的。但是在古代汉语中有很多的省略谓语的现象。例如：

1. 好言自口，莠（yòu）言自口。（《诗经·小雅·正月》）

   （好话从口中说出，坏话从口中说出。）

2. 庄公通焉，骤如崔氏，……崔子因是。（《左传·襄公二十五年》）

   （庄公与她通奸，多次到崔家，……崔杼（zhù）因此怨恨庄公。）

（二）省略中心语　就是说句子中只出现修饰成分，用修饰成分代替整个偏正结构。这也是造成形容词、动词名物化的重要原因。阅读古书的时候，要尽量把被修饰的成分找出来。例如：

3. 披坚执锐。（《史记·陈涉世家》）

   （身披坚固的铠甲，手握锋利的兵器。）

4. 惧有伏焉。（《左传·庄公十年》）

---

① 汉字简化，把"製"（制造、制作）合并于"制"（制度、限制）。

（担心有埋伏的军队。）

（三）省略兼语　所谓"兼语"，指的是"我让他来"中的"他"，"他"既是第一个动词"让"的宾语，又是第二个动词"来"的主语。在古代汉语中，兼语也是常常被省略的。例如：

5. 召孟明、西乞、白乙，使出师于东门之外。（《左传·僖公三十二年》）
（召见孟明、西乞、白乙，叫他们从东门外领军出发。）

6. 试使斗，而才，因责常供。（《聊斋志异·促织》）（促织：蟋蟀。）
（试着叫它打架，竟有打架的才能，因此命令华阴令定期向皇帝进贡促织。）

7. 卫鞅亡魏入秦，孝公以为相。（《战国策·秦策一》）
（卫鞅跑出魏国来到秦国，秦孝公让他作相。）

【练习】

一、请回答下列问题：
1. 荀子认为，百姓与国君的关系是什么？
2. 荀子认为，国君应该怎么对待百姓？
3. 你认为荀子对国君的要求有没有道理？

二、请写出下列汉字的意思和拼音：
1. 覆
2. 骇
3. 舆
4. 庶人
5. 莫若
6. 笃敬
7. 兴
8. 孝悌
9. 如是
10. 然后

三、请将下列句子翻译成现代汉语：
1. 水则载舟，水则覆舟。
2. 马骇舆，则莫若静之。
3. 选贤良，举笃敬，兴孝悌，收孤寡，补贫穷。
4. 君者，舟也；庶人者，水也。

四、分辨下列句子中"则"的不同用法（则：就，才，却，反而，倒是）：
1. 北方有白雁，似雁而小，色白，秋深则来。白雁至则霜降，河北人谓之霜信。
2. 居安思危，思则有备，有备无患。
3. 欲速则不达。
4. 巧则巧矣，未尽善也。
5. 生则天下歌，死则四海哭。

五、请翻译下列句子，并指出被省略的成分：
1. 一鼓作气，再而衰，三而竭。（《左传·庄公十年》）
2. 以相如功大，拜为上卿。（《史记·廉颇蔺相如列传》）
3. 归至家，妻不下纴(rèn)，嫂不为炊，父母不与言。（《战国策·秦策一》）
4. 夫樊将军，秦王购之千金，邑万户。（《史记·刺客列传》）

【阅读】

涓蜀梁（《荀子·解蔽》）

夏首之南有人焉①，曰涓蜀梁②。其为人也，愚而善畏。明月而宵行③，俯见其影④，以为伏鬼也⑤；卬视其发⑥，以为立魅也⑦；背而走⑧，比至其家⑨，失气而死⑩，岂不哀哉⑪！

---

① 夏首：夏水口，约在今湖北江陵县东南。
② 涓(juān)蜀(shǔ)梁：人名。
③ 宵行：夜行。
④ 俯：低头。
⑤ 伏鬼：趴在地上的鬼。以为：认为是……。
⑥ 卬(yáng)：通"仰"。
⑦ 立魅(mèi)：站着的鬼怪。
⑧ 背：转身。走：跑。
⑨ 比：及，等到。
⑩ 失气：断气。
⑪ 岂不……哉：难道不……吗？

十二　有无相生（《老子》第二章）

　　天下皆知美之为美[1]，斯恶已[2]；皆知善之为善，斯不善已。故有无相生[3]，难易相成[4]，长短相形[5]，高下相倾[6]，音声相和[7]，前后相随。是以圣人处无为之事[8]，行不言之教[9]，万物作焉而不辞[10]，生而不有[11]，为而不恃[12]，功成而弗居[13]。夫唯不居[14]，是以不去[15]。

【作品介绍】

　　老子，一说即老聃(dàn)，姓李名耳，楚国苦县（今河南省鹿邑县东）人。一说即太史儋，或老莱子。他是春秋时的思想家，道家的创始人。相传作过周朝管理图书的史官，孔子曾向他问过礼。后辞官离去。今存《老子》一书，共五千多字。《老子》可能是老子的学生及后人，根据他的学说加以发挥编撰的，成书约在战国时代。高亨《老子正诂》可参考。

【注释】

　　[1] 天下：天下的人。之：助词，取消句子独立性。为：是。
　　[2] 斯：则，就。恶(è)：丑。已：同"矣"。
　　[3] 生：存，存在。
　　[4] 成：生成，产生。
　　[5] 形：显现出来。
　　[6] 倾：倾斜，等于说"显示"。
　　[7] 音：和声。声：单音。和：和谐。
　　[8] 是以：因此。处无为之事：以无为的态度处事。
　　[9] 行：实行。教：教育、教化。不言：不用言语。
　　[10] 作：产生，出现。辞：夸耀。
　　[11] 生：指万物生长。有：占有。
　　[12] 为：指有作为。恃(shì)：依靠。
　　[13] 成：指功业成就。居：居功。

[14] 夫:发语词,用来表示后面要发议论。
[15] 去:离开。

【繁简字对照】

却——卻　　　恶——惡　　　万——萬
长——長　　　圣——聖

【古文知识】

古代汉语的省略(二)

(四)省略主语。

对待古代汉语的主语省略,要特别小心,因为古代汉语的主语省略的条件很宽。例如:

9. 初,郑武公娶于申,曰武姜。(《左传·隐公元年》)
   (当初,郑武公从申国娶了妻子,她叫武姜。)

10. 永州之野产异蛇,黑质而白章,触草木,尽死……(柳宗元《捕蛇者说》)
    (永州的野外出产一种怪蛇,它黑身子白色花纹,它触到草木,草木全都死掉。)

11. 楚人为食,吴人及之,奔,食而从之。(《左传·定公四年》)
    (楚军做好了饭,吴军赶上了他们,楚军逃奔了,吴军吃了饭又追他们。)

(五)省略介词及介词宾语,例如:

12. 死马且买之五百金,况生马乎?(《战国策·燕策一》)
    (死马还用五百金买了它,何况活马呢?)

13. 又试之鸡,果如成言。(《聊斋志异·促织》)
    (又用鸡试验它,果然像成名所说的。)

14. 杀鼠如丘,弃之隐处,臭数月乃止。(柳宗元《三戒》)
    (杀死的老鼠堆积如山,把它们扔到偏僻地方,味道几个月才消失。)

古代汉语省略的宾语中,介词宾语的省略也很多。例如:

15. 公输盘为楚为云梯之械,成,将以攻宋。(《墨子·公输》)
    (公输盘给楚国制造云梯,造好了,将用它攻打宋国。)

16. 不者,若属皆且为所虏。(《史记·项羽本纪》)

（不这样的话，你们这班人都将被沛公俘虏。）

17. 竖子不足与谋。（《史记·项羽本纪》）

（小孩子不值得跟他谋划大事。）

【练习】

一、请回答下列问题：
  1. 老子认为，恶是什么时候产生的？
  2. 老子认为，有没有绝对的好恶？
  3. 老子认为，圣人怎么样对待事情？
  4. 你同意老子的意见吗？

二、请解释下列句子中"道"、"却"的意思：
  道　1. 予死于道路乎？《论语·子罕》
　　　2. 从此道至吾军不过二十里耳。《史记·项羽本纪》
　　　3. 此五者，知胜之道也。《孙子·谋攻》
　　　4. 得道者多助，失道者寡助。《孟子·公孙丑下》
  却　1. 内乱不至，外客乃却。《马王堆汉墓帛书·称》
　　　2. 然而驱之不前，却之不止。《韩非子·外储说右上》
　　　3. 却之却之为不恭。《孟子·万章下》

三、请指出下列句子中每个词语的意思：
  1. 斯恶已
  2. 有无相生
  3. 无为之事
  4. 万物作焉而不辞
  5. 夫唯不居，是以不去

十二 有无相生

【阅读】

(一)天下有道（《老子》四十六章）

天下有道①,却走马以粪②。天下无道,戎马生于郊③。罪莫大于多欲④,祸莫大于不知足⑤,咎莫大于欲得⑥。故知足之足,常足矣⑦。

(二)信言不美（《老子》八十一章）

信言不美⑧,美言不信;善者不辩⑨,辩者不善;知者不博⑩,博者不知。

---

① 有道:社会的政治制度好,人民生活安定。
② 却:动词,退回,卸下。走马:跑得快的马。粪:在这里用作动词,指做田间劳动。
③ 戎马:战马。郊:城外、野外。战火连年,母马也被拉去打仗,因此就会有在野外生下马驹的情况。
④ 莫大于:没有什么比……大了。多欲:有很多欲望。
⑤ 足:满足。
⑥ 咎(jiù):灾祸。
⑦ 常足:总是感到满足。
⑧ 信:真实。
⑨ 辩:善于辩解,花言巧语。
⑩ 知者:有真实才学的人。博:无所不通。

十三　小国寡民（《老子》第八十章）

小国寡民[1]，使民有什伯之器而不用[2]，使民重死而不远徙[3]。虽有舟舆，无所乘之[4]；虽有甲兵[5]，无所陈之[6]。使民复结绳而用之[7]。甘其食[8]，美其服，安其居[9]，乐其俗。邻国相望，鸡犬之声相闻[10]，民至老死不相往来。

【作品介绍】

　　本篇描述了老子理想的小国寡民的社会，表现了老子安于现状、无为而治的思想。

【注释】

　　[1] 小、寡(guǎ)：形容词使动用法，使……小，使……少。
　　[2] 什：十倍。伯：通"百"，百倍。
　　[3] 重：形容词的意动用法，"认为……重要"。徙(xǐ)：迁移，搬家。
　　[4] 无所：没有……的地方。
　　[5] 甲：战士用的护身衣。兵：兵器，武器。
　　[6] 陈：通"阵"，用作动词，摆阵势。
　　[7] 结绳：传说古代在文字出现前，人们用结绳的方法记事。
　　[8] 甘：形容词的意动用法，"使……认为……甜美、好吃"。后面的"美、安、乐"都是这种用法。其：百姓的。
　　[9] 安：安逸，舒服。这里也是使动用法兼意动用法。
　　[10] 闻：听得见。

【繁简字对照】

鸡——雞　　　邻——鄰　　　陈——陳

【古文知识】

古汉语的修辞(一)

古代汉语中修辞的方式很多,这里只简单介绍一些最主要的,希望可以帮助读者了解这些手段,从而提高阅读古书的能力。

1. 稽古

稽古是援引古人的事迹来证实自己的论点,这在古书中是常见的。例如:

> 故令尹诛而楚奸不上闻,仲尼赏而鲁民易降北,上下之利,若是其异也。(《韩非子·五蠹》)

> 昔玉人献宝,楚王诛之;李斯竭忠,胡亥极刑;是以箕子阳狂,接舆避世,恐遭此患也。(邹阳《狱中上梁王书》)

2. 引经

引经就是援引古代圣贤的言论来证实自己的论点。例如:

> 老吾老,以及人之老;幼吾幼,以及人之幼;天下可运于掌。《诗》云:"刑于寡妻,至于兄弟,以御于家邦。"言举斯心加诸彼而已。(《孟子·梁惠王上》)

先秦所引的经主要是《诗经》、《尚书》、《周易》。例如《论语》中引《诗经》两次。到了战国时代引经成为风气,《孟子》引《诗经》近三十次,《荀子》一书多达七十多次。汉代以后,引经据典不限于《诗》《书》《易》三种了,还可以引《左传》《论语》《孟子》《老子》《庄子》《韩非子》等著作。

3. 代称

(1) 部分代替全体,如以"风雅"代称《诗经》,以"离骚"代称《楚辞》,以"风骚"代称《诗经》《楚辞》。例如:

> 远弃风雅,近师辞赋。(《文心雕龙·情采》)

(2) 以原料代成品,例如:

> 镂心鸟迹之中,织辞鱼网之上。(《文心雕龙·情采》)

鱼网是造纸的原料,所以,可以用来作为纸张的代称。

(3) 以具体代称抽象,古代汉语中常见的修辞手法,例如,"音乐"是抽象的概念,古人常常用音乐器材"丝竹"等作为"音乐"的代称:

无丝竹之乱耳,无案牍之劳形。(刘禹锡《陋室铭》)

(4) 以地代人,古书中常见的修辞手段是以做官的地点为人的代称。例如:

睢园绿竹,气凌彭泽之樽;邺水朱华,光照临川之笔。(王勃《滕王阁序》)

彭泽代称陶渊明,因其曾为彭泽令;临川代称谢灵运,因其曾做过临川内史。

(5) 以官代人,是表示尊重的一种修辞手段。例如:

骠骑发迹于祁连。(扬雄《解嘲》)

及三闾橘颂,情采芬芳。(《文心雕龙·颂赞》)

"骠骑"代称霍去病,其曾任骠骑大将军。"三闾"则代称屈原,屈原曾任三闾大夫。

(6) 专名代称通名,这种修辞的手段在古代汉语中是很常见的。例如:

杨意不逢,抚凌云而自惜;钟期既遇,奏流水以何惭!(王勃《滕王阁序》)

4. 倒置

出于对仗、平仄和押韵的要求,古人往往着意造了一些词序颠倒的句子。例如:

历观文囿,泛览辞林,未尝不心游目想,移晷忘倦。(萧统《文选序》)

使人意夺神骇,心折骨惊。(江淹《别赋》)

"心游目想"的是"平平仄仄";"心折骨惊"与"意夺神骇"对仗。

【练习】

一、请回答下列问题:

1. 老子认为国家大好?还是小好?
2. 老子认为应该让人民满足自己的生活吗?
3. 有人说:"不满足,是向上的车轮。"老子和他的说法一样吗?

二、请解释下列句子,并指出它们的语法特点:
1. 小国寡民
2. 使民重所死而不远徙
3. 甘其食,美其服,安其居,乐其俗
4. 无所乘之
5. 无所用之

三、其用下列词语组成词组:
乘(　　)　徙(　　)　陈(　　)　复(　　)
甘(　　)　美(　　)　安(　　)　望(　　)

四、请翻译下列句子,并指出动化的名词:
1. 师还,馆于虞,遂袭虞,灭之。(《左传·僖公五年》)
2. 今日不雨,明日不雨,即有死蚌。(《战国策·燕策二》)
3. 沛公军霸上。(《史记·项羽本纪》)
4. 陛下不能将兵,而善将将。(《史记·淮阴侯列传》)
5. 名可名,非常名。(《老子》第一章)
6. 请勾践女女于王。(《国语·越语上》)(勾践:古人名)

【阅读】

大成若缺(《老子》四十五章)

大成若缺①,其用不弊②。大盈若冲③,其用不穷。大直若曲,大巧若拙,大辩若讷④。躁胜寒⑤,静胜热,清净为天下正⑥。

---

① 成:完整。缺:不完整。
② 弊:衰败,止息。
③ 盈:满。冲:空。
④ 讷(nè):语言迟钝。
⑤ 躁:动。
⑥ 正:准则。

十四　叔向贺贫[1]（《国语·晋语八》）

叔向见韩宣子[2]，宣子忧贫，叔向贺之。

宣子曰："吾有卿之名，而无其实[3]，无以从二三子[4]，吾是以忧[5]，子贺我何故？"

对曰[6]："昔栾武子无一卒之田[7]，其宫不备其宗器[8]。宣其德行，顺其宪则[9]，使越于诸侯[10]。诸侯亲之，戎狄怀之[11]，以正晋国[12]，行刑不疚[13]，以免于难[14]。及桓子[15]，骄泰奢侈[16]，贪欲无艺[17]，略则行志[18]，假货居贿[19]，宜及于难。而赖武之德[20]，以没其身[21]。及怀子[22]，改桓之行，而修武之德[23]，可以免于难。而离桓之罪[24]，以亡于楚[25]。夫郤昭子[26]，其富半公室[27]，其家半三军[28]，恃其富宠[29]，以泰于国[30]，其身尸于朝[31]，其宗灭于绛[32]。不然，夫八郤五大夫三卿[33]，其宠大矣，一朝而灭，莫之哀也[34]，唯无德也。今吾子[35]有栾武子之贫，吾以为能其德矣[36]，是以贺。若不忧德之建，而患货之不足，将吊不暇[37]，何贺之有？"宣子拜稽首焉[38]，曰："起也将亡[39]，赖子存之。非起也敢专承之[40]，其自桓叔以下[41]，嘉吾子之赐[42]。"

【作品介绍】

《国语》是中国古代最早的分国记事的国别史。共二十一卷，记录了自周穆王五十三年（前967）至周贞定王十六年（前453）间周及鲁、齐、晋、郑、楚、吴、越等诸侯国的史实。相传为左丘明所作。以记历史人物的言行为主，语言朴素平实。今有上海古籍出版社整理本行世。

这篇文章很好地体现了《国语》的主要特点：朴素、简练、精到。以"宣子忧贫，叔向贺之"开始，继以叔向以史实为据，论证了"贫之可贺"。最后以宣子稽首认可结束。借以阐明"不患贫而患无德"的道理。

【注释】

[1] 叔向：春秋时代晋国大夫羊舌肸（xī），字叔向。

[2] 韩宣子：名起，是晋国的卿。卿在公之下，大夫之上。见：拜见。

[3] 其实：它的内容，这里指财富。

[4] 无以：没有什么东西来……。从：跟从，这里是"在一起"的客气说法。二三子：指晋国的卿大夫。

[5] 吾是以忧：是：代词，这，这个。以：介词，因为……。

[6] 对：回答。

[7] 栾武子：晋国的卿。一卒之田：一百家所有的田亩。卒，古代居民单位，一百户为一卒。

[8] 宗器：祭祀祖宗的礼器。

[9] 宪则：法制。

[10] 越：发扬。

[11] 戎狄（róngdí）：北方的少数民族。

[12] 正：使动用法，"使……正"。

[13] 疚（jiù）：内心痛苦。

[14] 以免于难：因此避免了祸患。

[15] 及：到了……。桓子：栾武子的儿子。

[16] 骄泰：骄横放纵。奢侈（shēchǐ）：过分浪费。

[17] 艺：限度，准则。

[18] 略：忽略。则：规定，法则。行志：任意行事。

[19] 假货居贿：把财货借给人家从而取利。贿（huì）：财，钱财。

[20] 而：但是。赖：依靠。武：栾武子。德：德望。

[21] 没（mò）：终尽。以没其身：终生没有遭到祸患。

[22] 怀子：桓子的儿子。

[23] 修：研究，学习。

[24] 离：通"罹"，遭受。离桓子罪：（怀子）因桓子的罪恶而遭罪。

[25] 亡：逃亡。

[26] 郤（xì）昭子：晋国的卿。

[27] 其富半公室：他的财富抵得过半个晋国。

［28］其家半三军：他家里的佣人抵得过三军的一半。三军：当时的兵制,诸侯大国三军,合三万七千五百人。晋为大国。

［29］恃(shì)：仗势,凭借。宠：尊贵荣华。

［30］泰：通"太",过分,过甚。

［31］其身尸于朝：他的尸体摆在朝廷(示众)。(昭子后来被晋厉公派人杀死。)

［32］灭：动词的使动用法。绛(jiàng)：晋国的旧都,今山西省翼城县东南。

［33］八郤五大夫三卿：郤氏八个人中五个大夫、三个卿。

［34］莫之哀也：没有人哀悼他。

［35］吾子：犹言"您"。古时对人的尊称。

［36］能其德矣：能够行他的道德了。

［37］吊：忧虑。

［38］稽(qǐ)首：顿首,把头磕在地上。

［39］起：韩宣子自称他自己的名字,以示谦虚。

［40］专承：独自一个人承受。

［41］其：表示推测的语气词。桓叔：韩氏的始祖。

［42］嘉：感谢,赐：恩赐。

【繁简字对照】

艺——藝	宠——寵	离——離	忧——憂
备——備	骄——驕	军——軍	灭——滅
专——專	实——實	尸①——屍	宪——憲
怀——懷	吊②——弔		

【古文知识】

古汉语的修辞(二)

5. 隐喻

譬喻有明有暗。明喻用"如"、"若"等字,容易懂。隐喻不用这些字,就不太容易懂。对古文中的隐喻,我们要认真识别,否则以喻为真,就会影响对文意的理解。

---

① 繁体字系统是意思和用法用区别的两个字,汉字简化,合并为"尸"。本课中,繁体字就是"尸"。

② 繁体字系统"弔"多用于慰问丧事(如弔唁)或忧怀(如弔古)。"吊"多用于悬吊(如吊灯)。简化合并用"吊"。

>当途者升青云,失路者委沟渠。(扬雄《解嘲》)

"当途"比喻得志,"青云"比喻高位,"失路"比喻失志。还有:

>今子乃以鸱枭而笑凤凰,执堰蜓而嘲龟龙,不亦病乎。(扬雄《解嘲》)

"鸱枭""堰蜓"比喻卑鄙的小人,"凤皇龟龙"比喻高尚的人。

6. 迂回

这是一种比较难懂的修辞手段。作者有话不直接说,而是用拐弯抹角的方式表达出来。例如:

>北海虽赊,扶摇可接;东隅已逝,桑榆非晚。(王勃《滕王阁序》)

"北海""扶摇"在《庄子·逍遥游》中有充分的描写。王勃这句话的大意是"北海虽然遥远,凭借着旋风还是可以到达,早上的时光错过了,傍晚的机会能利用也不算晚。"

7. 委婉

古文中委婉的地方非常多,为了避免得罪统治阶级,惹祸上身,往往是委婉曲折地把意思表达出来。司马迁为李陵的事情受了宫刑,遭到了冤屈,但是,在《报任安书》中只说"明主不晓",不敢直指君上的罪恶。

外交辞令也是一种委婉语,上古时代的外交辞令往往是拐弯抹角的,非常曲折委婉,后人读的时候要特别小心。例如:

>虽遇执事,其弗敢违。(《左传·成公三年》)

大意是说"即使跟您相遇,也非打您不可。"

谦辞也是一种委婉语。在古人的书信中,谦辞是特别的多。差不多凡是讲到对方时都用敬辞,凡讲到自己,都用谦辞,司马迁在《报任安书》中的谦辞有:牛马走、仆、侧闻、贱事、请、略陈、固陋、幸、私心、窃、谨、再拜。

【练习】

一、请回答下列问题:

1. 韩宣子贫穷吗?
2. 叔向为什么向韩宣子祝贺?
3. 韩宣子同意叔向的意见吗?

二、请写出下列词语的意思：
1. （而无）其实
2. （无以从）二三子
3. 以没（其身）
4. 可以（免于难）
5. 不然
6. 恃其富宠
7. 赖子存之

三、请翻译下面的句子：
1. 吾是以忧，子贺我何故？
2. 其富半公室，其家半三军。
3. 吾以为能其德矣，是以贺。
4. 其身尸于朝，其宗灭于绛。
5. 若不忧德之建，而患货之不足，将吊不暇，何贺之有？

四、请翻译下列句子，并指出动词化的词语：
1. 今吾以十倍之地请广于君，而君逆寡人者，轻寡人欤？（《战国策·魏策四》）
2. 晋侯、秦伯围郑，以其无礼于晋，且贰于楚也。（《左传·僖公三十年》）
3. 春风又绿江南岸，明月何时照我还？（王安石《船泊瓜州》）
4. 敌人远我，欲以火器困我也。（《冯婉贞》）
5. 金鼓旌旗者，所以一人之耳目也。（《孙子·军争》）

【阅读】

田需贵于魏王(《战国策·魏策》)

田需贵于魏王①,惠子曰②:"子必善左右③。今夫杨④,横树之则生⑤,倒树之则生,折而树之又生。然使十人树杨⑥,一人拔之,则无生杨矣⑦。故以十人之众,树易生之物,然而不胜一人者⑧,何也？树之难而去之易也⑨。今子虽自树于王⑩,而欲去子者众,则子必危矣⑪。"

① 田需:人名。贵于魏王:即被魏王重用。
② 惠子:即施惠。宋国人,战国时代的哲学家,名家的代表人物。
③ 善:动词,善待。左右:身边的人。
④ 今夫:现在说到。夫:句首语气词,表示要发表议论。杨:杨树。
⑤ 树:动词,种植。
⑥ 然:然而。
⑦ 生:活的。
⑧ 然而:这样但是。不胜:不能战胜。
⑨ 去:除去。
⑩ 自树于王:自己立足于魏王。
⑪ 则:故,所以。必:一定。

十五 《论语》选段

子曰:"学而时习之[1],不亦说乎[2]?有朋自远方来[3],不亦乐乎?人不知而不愠[4],不亦君子乎?"(《论语·学而》)

【作品介绍】

孔子(公元前551—前479),名丘,字仲尼,鲁国人。是春秋末年的思想家、政治家、教育家,是儒家学派的创始人。《论语》一书是由孔子的学生辑录的,其中有孔子的谈话、答弟子问以及弟子之间的谈话。《论语》今存二十篇。"学而、为政"等都是篇名。

【注释】

[1] 子:对男子的尊称,《论语》中的"子曰"的"子"都是指孔子。时:按时。习:温习。
[2] 不亦……乎:不是……吗?说(yuè):通"悦",高兴。乎:疑问语气词。
[3] 朋:上古时代,"朋"和"友"是有区别的:同门(同一个老师)为朋,同志(志同道合)为友。自:从。
[4] 不知:不了解。愠(yùn):怨恨,生气,不高兴。
[5] 君子:这里指道德高尚的人。

子曰:"不患人之不己知[1],患不知人也。"(《学而》)

【注释】

[1] 患:担心,忧虑。己知:了解自己。

子曰:"《诗》三百[1],一言以蔽之[2],曰:'思无邪'。"(《为政》)

【注释】

[1] 诗:指《诗经》,共有三百零五首。三百:三百首。以整数概括全部。
[2] 一言:一句话。以:介词,用。蔽(bì):这里指概括。

  子曰:"温故而知新[1],可以为师矣[2]。"(《为政》)

【注释】

[1] 温:温习,重温。故:旧的知识。知:发现,明白。
[2] 可:可以。以:介词,用(这个)来。为(wéi):动词,做。

  子曰:"学而不思则罔[1],思而不学则殆[2]。"(《为政》)

【注释】

[1] 则:连词,就,在这里表示条件和结果的关系。罔(wǎng):迷惘,这里指没有收获。
[2] 殆(dài):疑惑。

  子曰:"由[1],诲女知之乎[2]!知之为知之[3],不知为不知,是知也[4]。"(《为政》)

【注释】

[1] 由:孔子的学生,姓仲,名由,字子路。
[2] 诲(huì):教导。女:通"汝",第二人称代词,你。乎:语气词,表示劝勉的语气。
[3] 知:知道。为:是。这是一个判断句。
[4] 是:指示代词,这,在句中作主语。也:表示判断的句尾语气词。

  宰予昼寝[1]。子曰:"朽木不可雕也[2];粪土之墙不可杇也[3]。于予与何诛[4]!"子曰:"始吾于人也[5],听其言而信其行;今吾于人也,听其言而观其行。于予与改是[6]。"(《公冶长》)

【注释】

[1] 宰予:姓宰,名予,字子我,孔子的学生。昼寝:白天睡觉。

[2] 朽(xiǔ):腐烂。雕:雕刻。可:能够。

[3] 杇(wū):通"圬",涂抹,这里指粉刷。

[4] 于:介词,对,对于。与(yú):语气词。诛:责备。何:疑问代词,作宾语,放在动词的前面。何诛:批评什么,即"没什么可批评的"。

[5] 始:起先,起初。于:介词。对于,对。

[6] 于:从。改:改变。是:指示代词,这个。

子贡曰[1]:"孔文子何以谓之'文'也?[2]"子曰:"敏而好学[3],不耻下问[4],是以谓之'文'也[5]。"(《公冶长》)

【注释】

[1] 子贡:孔子的学生,姓端木,名赐,字子贡。

[2] 孔文子:卫国大夫,名圉(yǔ),"文"是他的谥号(封建社会,在人死以后根据他生前的事迹褒贬给予的称号)。何以:以何,凭什么。谓:叫做。之:代词,指孔文子。

[3] 敏:理解问题快。好:喜欢。

[4] 不耻:不认为……是耻辱的。耻:这里是意动用法,"认为……是……耻辱"。下问:向学识、地位不如自己的人请教。

[5] 是以:因此,因为这个。

子曰:"默而识之[1],学而不厌[2],诲人不倦[3],何有于我哉[4]?"(《述而》)

【注释】

[1] 默:默默地。识(zhì):记住。之:代词,泛指知识。

[2] 厌(yàn):满足。

[3] 倦:疲倦。

[4] 何有:有何,有什么。于:介词,在,对。哉:疑问语气词,在这里表示反问,相当于"……呢?"

子曰:"三人行[1],必有我师焉[2],择其善者而从之[3],其不善者而改之。"(《述而》)

【注释】

[1] 三：这里不是确指三个人，而是指几个人。行：走路。
[2] 焉：兼词，兼有介词"于"和代词"此"的用法，在那里。
[3] 择：挑选。善：优点，好的品德。从：模仿，学习。

【繁简字对照】

论——論　　习——習　　师——師　　择——擇
厌——厭　　昼——晝　　时——時

【古文知识】

中国古代的文体

一般来说，中国古代的文体可以分为三大类：散文、韵文、骈文。韵文包括诗词歌赋、铭箴颂赞。骈文是一种特殊的文体，讲究平仄和对仗，区别于散文不同；不讲究押韵，又区别于诗歌。散文可以分为四大类，下面分别介绍。

一、史传类

也有人称为"历史散文"。主要有三种体裁：编年体、纪传体、纪事本末体。

编年体的特点是以时间为经，以时间为纬，最早的作品有《春秋》《左传》，后来还有《资治通鉴》等。

司马迁写的《史记》创立了本纪、世家、列传这种体裁，开创了以写人物为中心的纪传体。自传体裁的产生也与司马迁有关。传记散文的进一步发展，还影响到小说、故事等文学形式的发展。

纪事本末体是以事件为主线，将有关某一专题的材料集中到一起，便于读者了解某一问题的全面情况。首创这一体裁的是宋代的袁枢，他根据《资治通鉴》编了《通鉴纪事本末》，全书有239个专题。

二、说理文

包括哲学论文、政治论文、史论、文论。最早的说理文是《论语》，真正意义的说理文是《墨子》，其文章主题明确，结构谨严，逻辑性强。《庄子》《孟子》《荀子》《韩非子》等在说理方面都各有特色。

三、杂记文

杂记文的范围比较广泛，除了史传、碑志以外，其他的记叙文大都可以归于此类。记山水地理的，如郦道元的《水经注》、《徐霞客游记》等；有写景物和社会风土人情的，如《洛阳伽蓝记》；有记事的，如方苞的《狱中杂记》，龚自珍的《病梅馆记》；有记物的，如《核舟记》。

　　杂记文中还包括一个大类，就是笔记文。笔记文以记事为主，篇幅短小，内容五花八门，有记事掌故，遗闻逸事，文艺随笔，人物短论，科学小品，文字考证，志怪杂录，读书杂记等。刘义庆的《世说新语》以品评人物为主，沈括的《梦溪笔谈》记载作者一生的见闻和学术研究成果，顾炎武的《日知录》是读经史的心得。

　　四、应用文

　　应用文的分为是相当繁杂的。奏议是下臣给皇帝的书信，如李斯的《谏逐客书》，晁错的《论贵粟疏》；诏令是皇帝给臣下的书信、命令。

　　碑志包括碑铭和墓志铭，山川古迹、宫室寺观、神庙家庙、楼亭堂壁、封禅纪功，都有刻石为碑纪念的。墓志铭内容有两部分，一是志，记载死者姓名、籍贯、官职以及生平事迹；一是铭，是韵文，很短，如韩愈《柳子厚墓志铭》。

【练习】

一、请回答下列问题：

1. 孔子认为什么事情是快乐的？
2. 孔子认为《诗经》的内容怎么样？
3. 孔子对于学习的态度是什么？
4. 孔子怎么样观察人？

二、用本课学过的词语解释下列成语：

1. 患得患失
2. 温故知新
3. 为人师表
4. 不耻下问
5. 学而不厌
6. 诲人不倦
7. 择善而从
8. 听其言，观其行
9. 敏而好学
10. 一言蔽之

三、请翻译下列句子，注意画线的词语：

1. 学而<u>时习</u>之，<u>不亦说乎</u>？
2. 人不知而不<u>愠</u>，不亦君子乎？
3. 不<u>患</u>人之不己知
4. 诗三百，<u>一言以蔽之</u>
5. <u>温故而知新</u>，可以为师矣

6. 不知<u>为</u>不知，<u>是</u>知也
7. 孔文子<u>何以</u>谓之"文"也
8. 敏而好学，不<u>耻</u>下问
9. 学而不<u>厌</u>，诲人不<u>倦</u>
10. 三人行，必有我师<u>焉</u>

四、请解释下面的成语中活用的词语：

  风驰电掣   蚕食鲸吞   狼吞虎咽
  土崩瓦解   星罗棋布   川流不息

五、请翻译下列句子，并指出它们的语法特点：

1. 小固不可以敌大，寡固不可以敌众，弱固不可以敌强。（《孟子·梁惠王上》）
2. 孙子度其行，暮当至马陵。（《史记·孙子吴起列传》）
3. 此则岳阳楼之大观也。（范仲淹《岳阳楼记》）
4. 子曰："温故而知新，可以为师矣。"（《论语·为政》）

【阅读】

《论语》选段

  曾子曰^①："吾日三省吾身^②：为人谋而不忠乎^③？与朋友交而不信乎^④？传不习乎^⑤？"（《学而》）

  子曰："君子食无求饱^⑥，居无求安^⑦，敏于事而慎于言^⑧，就有道而

---

① 曾子：名参（chēn），字子舆，是孔子的弟子。
② 日：每天。三：多次。省（xǐng）：反省，检查自己的思想行为。
③ 谋：策划，考虑。而：但是，却。
④ 交：交往。信：诚实。
⑤ 传（chuán）：传授。这里指老师传授的知识。
⑥ 无：通"毋"，不要。
⑦ 安：安逸，舒服。
⑧ 敏于事：在办事情上敏捷。言：说话。

正焉①,可谓好学也已②。"(《学而》)

子曰:"参乎③! 吾道一以贯之④。"曾子曰:"唯⑤!"子出,门人问曰:"何谓也?"曾子曰:"夫子之道,忠恕而已矣⑥。"(《里仁》)

颜渊季路侍⑦。子曰:"盍各言其志⑧。"子路曰:"愿车马衣轻裘,与朋友共⑨,敝之而无憾⑩。"颜渊曰:"愿无伐善⑪,无施劳⑫。"子路曰:"愿闻子之志。"子曰:"老者安之,朋友信之,少者怀之⑬。"(《公冶长》)

---

① 就:走近,走向。正:动词,订正,校正。就有道而正焉:向有道德的人请教,以改正错误。
② 已:通"矣"。
③ 参:曾参。见本页注①。
④ 一以贯之:用一个道理把一切事物之理贯串起来。以:介词。用……,拿……。
⑤ 唯:答应的声音。
⑥ 而已矣:语气词连用。
⑦ 颜渊:名回,字子渊,孔子的弟子。季子:即子路。侍(shì):卑者伴陪在尊者身旁叫侍。
⑧ 盍(hé):"何不"的合音字。
⑨ 共:动词,共享。
⑩ 敝之而无憾:把它用坏了也不感到遗憾。敝:坏,破。这里是使动用法。
⑪ 伐:夸耀。
⑫ 施劳:把劳苦加在别人身上。
⑬ 对老人使他们安逸,使朋友信任我,使年轻人归依我。

十六　刻舟求剑（《吕氏春秋·察今》）

楚人有涉江者[1]，其剑自舟中坠于水[2]，遽契其舟[3]，曰："是吾剑之所从坠[4]。"舟止，从其所契者入水求之[5]。舟已行矣[6]，而剑不行[7]。求剑若此[8]，不亦惑乎[9]？以故法为其国[10]，与此同。时已徙矣[11]，而法不徙，以为治[12]，岂不难哉[13]！

有过于江上者，见人方引婴儿而欲投之江中[14]，婴儿啼。人问其故，曰："此其父善游[15]。"其父虽善游，其子岂遽善游哉[16]！以此任物[17]，亦必悖矣[18]。

【作品介绍】

《吕氏春秋》由战国末年秦国的丞相吕不韦及门客共同编撰，全书共二十六卷一百六十篇，汇合了先秦各派思想学说，以儒、道两学派为主，是杂家的代表作。

《刻舟求剑》这个寓言告诉人们，要明白事物都是发展变化的道理，而不要拘泥成例。

【注释】

[1] 楚：古国名，在今湖南、湖北、安徽一带。涉（shè）：渡（水）。
[2] 其：他的。自：从。坠（zhuì）：掉下，落下。于：介词，到。
[3] 遽（jù）：急忙，立刻。契（qiè）：通"锲"，用刀子刻。
[4] 是：指示代词，这。所从坠：掉下去的地方。
[5] 所契者：刻记号的地方。入：进入。求：寻找。
[6] 行：前进，往前走。

[7] 不行:没有走。

[8] 若此:像这样。

[9] 不亦……乎:不是很……吗? 惑:糊涂。

[10] 为:动词,"治理"的意思。故:旧的。

[11] 徙(xǐ):迁徙,搬迁。

[12] 以为:"以之为"的省略,"把……作为……"的意思。

[13] 岂不:难道不是……吗?

[14] 方:正在。引:拉过来。之:代词,指婴儿。

[15] 此:代词,这个,这里是"这个孩子"的意思。

[16] 善:擅长,很会……。岂:难道。遽:立刻。

[17] 任物:用事,指处理国家政事。

[18] 亦:也。悖(bèi):不合情理。

【繁简字对照】

剑——劍   坠——墜   岂——豈   游[①]——游遊

【古文知识】

名词作状语

古代汉语中名词作状语的现象比较常见。直接出现在动词前面的名词的作用是修饰动词的。它的用法也比较复杂,可以表示情状、态度、工具、方式、身份等意义,而且往往具有浓厚的修辞色彩。大体可以分为两类。

第一类,表示情状、态度,常常可以翻译成"像……一样。"例如:

1. 有狼当道,<u>人</u>立而啼。(马中锡《中山狼传》)

   (有一只狼挡在道上,像人一样站立着嚎叫。)

2. 齐将田忌善而<u>客</u>待之。(《史记·孙子吴起列传》)

   (齐国大将田忌赞赏他,像待客人一样对待他。)

第二类 表示工具、方式、身份等,常常要加上"用、以、按、在、从"等介词。例如:

3. <u>箕畚</u>运于渤海之尾。(《列子·汤问》)

[①] 在繁体字系统,"游"主要用于动物在水中行动等义(如游泳),本课为此义。"遊"用于闲逛、走动义,如"旅遊、遊行"。第二十二课为此义。

(用簸箕运到渤海边上。)
4. 群臣后应者,臣请剑斩之。(《汉书·霍光传》)
(各位大臣有不立即响应的,请让我用剑斩了他们。)
5. 天下溺,援之以道;嫂溺之,援之以手。子欲手援天下乎?(《孟子·离娄上》)
(天下陷入混乱,用道去救济它;嫂嫂淹到水中,用手去救她。您想用手去救天下吗?)

【练习】

一、请回答下列问题:
1. 这个渡江者为什么要"遽契其舟"?
2. 他找到剑了吗?为什么?
3. 父亲会游泳,儿子就生来会游泳吗?

二、请用下列汉字组成词组:

涉	坠	契	行
惑	求	止	过
方	引	投	岂

三、请翻译下列句子,并请注意画线的部分:
1. 其剑<u>自</u>舟中坠<u>于</u>水
2. <u>遽</u>契其舟
3. <u>是</u>吾剑之所从坠
4. 从其所契<u>者</u>入水<u>求</u>之
5. 舟已行矣
6. 求剑<u>若</u>此,不亦<u>惑</u>乎
7. 有<u>过</u>于江上<u>者</u>
8. 见人<u>方</u>引婴儿而欲投之江中

四、请翻译下列各句,并指出作状语的名词:
1. 嫂蛇行匍伏。(《战国策·秦策一》)
2. 将不胜其忿,而蚁附之。(《孙子·谋攻》)

3. 君为我呼入，吾得兄事之。(《史记·项羽本纪》)
4. 朝闻道，夕死可矣。(《论语·里仁》)
5. 狼速去，不然，将杖杀汝。(马中锡《中山狼传》)

【阅读】

能起死人(《吕氏春秋·别类》)

鲁人有公孙绰者①，告人曰："我能起死人②。"人问其故，对曰："我固能治偏枯③，今吾倍所以为偏枯之药④，则可以起死人矣。"

---

① 鲁：周代国名，今山东南部一带。公孙绰(chuò)：可能是作者虚拟的人名。
② 起：动词的使动用法。"使……起来"。
③ 固：本来。偏枯(piān kū)：半身不遂的病。
④ 倍：动词，把……加倍。以：介词，用。为：动词，治。所以为偏枯之病：用来治偏枯那种病的药。

十七　不避亲仇（《吕氏春秋·去私》）

晋平公问于祁黄羊曰[1]："南阳无令[2]，其谁可而为之[3]？"祁黄羊对曰："解狐可[4]。"平公曰："解狐，非子之仇邪[5]？"对曰："君问可，非问臣之仇也[6]。"平公曰："善[7]。"遂用之，国人称善焉[8]。居有间[9]，平公又问祁黄羊曰："国无尉[10]，其谁可而为之？"对曰："午可[11]。"平公曰："午，非子之子邪？"对曰："君问可，非问臣之子也。"平公曰："善。"又遂用之，国人称善焉。孔子闻之曰："善哉，祁黄羊之论也！外举不避仇[12]，内举不避子，祁黄羊可谓公矣[13]。"

【作品介绍】

本篇通过祁黄羊举荐自己的仇人和自己的儿子为官的史实，提出了公正的用人之道，即任人唯贤，"外举不避仇，内举不避亲"。

【注释】

[1] 晋平公：春秋时晋国国君，名彪。祁黄羊：晋国大夫，姓祁（qí），名奚，字黄羊。

[2] 南阳：古晋国地名，在今河南省北部获嘉县一带。令：地方行政长官。

[3] 其：句首语气词，加强疑问语气。可：可以。为（wéi）：做，这里指担任。

[4] 解狐（xiè hú）：晋国的臣子。

[5] 非：不是。邪（yé）：语气词，表示反问语气。

[6] 臣：古代男子的谦称，我。

[7] 善：应答之词，表示同意。

[8] 称：称道，赞扬。焉：于此，对于这件事。

[9] 居有间（jiàn）：过了不久。

[10] 尉(wèi)：官名，军尉，军队中的长官。
[11] 午：祁黄羊的儿子。
[12] 外：外人。举：推荐。避：回避。
[13] 可谓：可以说是……。公：公正。

【繁简字对照】

阳——陽　　　　　称——稱　　　　　亲——親

【古文知识】

数量的特殊表示法

古代汉语的数量词比现代汉语少，而动量词更少。古代汉语中表示数量有特殊的方法。修饰名词的数量词大体上有四种。

第一种　数词+名词。例如：

1. 三人行，必有我师焉。（《论语·述而》）
   （几个人一块走路，其中一定有我可以效法的人。）
2. 遂率子孙荷担者三夫，叩石垦壤，箕畚运于渤海之尾。（《列子·汤问》）
   （于是，愚公率领子孙中能挑担的三个人，凿石头，挖土块，用畚箕运往渤海的边上。）
3. 三男邺城戍，一男附书至，二男新战死。（杜甫《石壕吏》）
   （三个儿子在邺城防守，一个儿子捎回信说，两个儿子最近战死了。）

第二种　名词+数词。例如：

4. 牛一，羊一，豕一。（《尚书·召诰》）
5. 秦发兵击之，大破楚师于丹浙，斩首八万。（《史记·屈原列传》）
   （秦国出兵攻打，在丹水、浙水一带大败楚军，斩了八万颗人头。）

第三种　名词+数词+量词。例如：

6. 命子封帅车二百乘以伐京。（《左传·隐公元年》）
   （命令子封率领二百乘战车来讨伐京地。）
7. 冉子与之粟五秉。（《论语·雍也》）
   （冉子给他五秉粟。）

第四类　数词+量词+之+名词。例如：

8. 且秦强赵弱,大王遣一介之使至赵,赵立奉璧至。(《史记·廉颇蔺相如列传》)

(何况秦国强,赵国弱,大王只要派一个使臣到赵国,赵国马上会捧着和氏璧来到秦国。)

【练习】

一、请回答下列问题：

1. 解狐是谁？他工作得怎么样吗？
2. 祁黄羊为什么推荐自己的儿子？
3. 祁黄羊推荐官吏的标准是什么？

二、请翻译下列句子,注意画线的词语的意思：

1. <u>其</u>谁可<u>而</u>为之
2. 解狐,<u>非</u>子之仇<u>邪</u>
3. <u>遂</u>用之,国人称<u>善焉</u>
4. <u>居有间</u>
5. <u>外举</u>不避仇,<u>内举</u>不避子
6. 祁黄羊<u>可谓公矣</u>

三、请用下列词语组成现代汉语的词组：

论（　　　）　举（　　　）　外（　　　）　内（　　　）

公（　　　）　称（　　　）　对（　　　）　仇（　　　）

非（　　　）

四、请翻译下面的句子,注意数量词的用法：

1. 狡兔有三窟,仅得免其死耳。(《战国策·齐策》)
2. 李氏子蟠,年十七,好古文。(韩愈《师说》)
3. 复投一弟子河中,凡投三弟子。(《史记·滑稽列传》)
4. 汉王赐良金百镒,珠一斗。(《史记·留侯世家》)
5. 我持白璧一双,欲献项王；玉斗一双,欲献亚父。(《史记·项羽本纪》)
6. (高祖)乃前,拔剑斩蛇,蛇遂分为两,径开。(《史记·高祖本纪》)

【阅读】

祁奚荐贤（《左传·襄公三年》）

祁奚请老①，晋侯问嗣焉②。称解狐，其仇也，将立之而卒③。又问焉。对曰："午也可④。"于是羊舌职死矣⑤，晋侯曰："孰可以代之⑥?"对："赤也可。"于是使祁午为中军尉⑦，羊舌赤佐之。君子谓祁奚于是能举善矣⑧。称其仇，不为谄⑨；立其子，不为比⑩；举其偏⑪，不为党⑫。《商书》曰⑬："无偏无党，王道荡荡⑭!"其祁奚之谓矣⑮。

---

① 请老：告老，请求退休。
② 晋侯：指晋悼公。嗣（sì）：继承。这里用如名词，继承者。
③ 将立之而卒：正要立解狐，解狐死了。
④ 午：祁午，祁奚之子。也，句中语气词。
⑤ 于是：在这个时候。羊舌职：晋臣，姓羊舌，名职，任中军尉佐。
⑥ 孰：疑问代词，谁。可：可以。以：介词，用来。代：动词，代替。
⑦ 于是：因此。
⑧ 谓：认为。于是：在这件事上。举：推荐，举荐。善：这里指贤者。
⑨ 谄（chǎn）：谄媚。不为谄：不算是谄媚。
⑩ 比：为私利而无原则地结合，这里指偏爱自己的亲人。
⑪ 偏：直属的部下。
⑫ 党：动词，袒护，与"比"意思相近。
⑬ 商书：见《尚书·洪范》。相传《洪范》为商代箕子所作，故称为《商书》。
⑭ 王道：圣贤的君主之道。荡荡：平坦开阔的样子，这里指平正无私。
⑮ 其：句首语气词，表示委婉的语气，可译为"大概"、"恐怕是"。"祁奚"作"谓"的宾语，提前到动词的前面。

十八　苛政猛于虎也[1]　《礼记·檀弓》

孔子过泰山侧[2],有妇人哭于墓者而哀[3]。夫子式而听之[4]。使子路问之;曰:"子之哭也,壹似重有忧者[5]。"而曰:"然。昔者吾舅死于虎[6],吾夫又死焉[7],今吾子又死焉。"夫子曰:"何为不去也[8]?"曰:"无苛政。"夫子曰:"小子识之[9]!苛政猛于虎也!"

【作品介绍】

《礼记》是儒家经典之一,也称《小戴礼记》,由西汉戴圣编定,是秦汉以前各种礼仪论著的选集。共四十九篇。大部分是孔子弟子及其再传、三传弟子等所辑录的,是研究中国古代社会情况、儒家学说、文物制度的重要参考书籍。另有汉代戴德辑录的《大戴礼记》。原有八十五篇,现存三十九篇。

【注释】

[1] 苛(kē)政:残酷剥削人民的统治。猛:凶猛、凶残、残酷。于:介词。用于比较。

[2] 过:经过,路过。泰山:位于山东省的中部。侧:旁边。

[3] 哭于墓:在坟墓边哭泣。哀(āi):悲哀。

[4] 夫子:老师,先生,这里指孔子。式:通"轼",车轼,这里用如动词,手扶车前栏杆。

[5] 壹(yī):的确,实在。似……者:好像……似的。重(chóng)有忧:接连有几件悲伤的事情。

[6] 昔者:以前,从前。舅(jiù):这里指公公,丈夫的父亲。死于虎:死在虎口之下。

[7] 死焉:死于这个(原因)。

[8] 何为:为何,为什么,疑问词作介词的宾语要提前。去:离开。

[9] 小子：年轻人。长辈对晚辈或老师对学生的称呼。识(zhì)：通"志"，记住。

【繁简字对照】

妇——婦　　礼——禮

【古文知识】

"者"字的用法

古代汉语中的"者"字的用法，主要是作代词和助词。作代词的时候，有两种情况：

第一、可以出现在动词、形容词或词组之后，指代人或事物，例如：

1. 耕者忘其犁，锄者忘其锄。(《汉乐府·陌上桑》)
2. 从其所契者入水求之。(《吕氏春秋·察今》)

第二、用在数词后，起指代作用，表示几种人、几件事情等。例如：

3. 二者用精至矣！(《论衡·订鬼》)(两种人)
4. 此数者用兵之患也。(《赤壁之战》)(几件事)
5. 此五者，知胜之道也。(《孙子兵法·谋攻》)(五种情况)

"者"作助词，主要有以下几种情况：

第一、用在判断句、叙述句、描写句主语的后面，表示停顿：

6. 廉颇者，赵之良将也。(《史记·廉颇蔺相如列传》)
7. 兵者，诡道也。(《孙子兵法·计篇》)
8. 北山愚公者，年且九十，面山而居。(《列子·汤问》)

第二、用在因果句、假设句第一个分句后面，表示停顿：

9. 而安陵以五十里之地存者，徒以有先生也。(《战国策·魏策四》)
10. 伍奢有二子，不杀者，为楚国患。(《史记·楚世家》)

第三、用在数词谓语句中，出现在主语后面：

11. 韩子卢逐东郭逡，环山者三，腾山者五。(《战国策·齐策三》)

第四、用在时间词后：

12. 今者项庄拔剑舞，其意常在沛公。(《史记·项羽本纪》)
13. 昔者吾舅死于虎。(《礼记·檀弓下》)

14. 顷者足下离故土,临安定。(《汉书·刘敞传附》)

【练习】

一、请回答下列问题:
　　1. 孔子在哪儿见到这个妇人?
　　2. 这个妇人为什么哭?她的家人怎么了?
　　3. 这个妇人为什么不搬家?
　　4. 为什么孔子说:"苛政猛于虎也"?

二、请翻译下列句子,并请注意画线的词语:
　　1. 孔子<u>过</u>泰山<u>侧</u>
　　2. <u>子之</u>哭也,<u>壹</u>似重有忧者
　　3. <u>昔者</u>吾<u>舅</u>死于虎
　　4. <u>何为</u>不去也
　　5. <u>小子识之</u>
　　6. <u>苛</u>政猛<u>于</u>虎也

三、分辨下列句子中"于"的不同用法:
　　1. 赵氏求救于齐。
　　2. 青,取之于蓝,而青于蓝。
　　3. 吾与汝毕力平险,指通豫南,达于汉阴,可乎?
　　4. 人固有一死,或重于泰山,或轻于鸿毛。
　　5. 千里之行,始于足下。
　　6. 有备则治人,无备则治于人。

四、请把下面的句子翻译为现代汉语,注意"者"字的用法:
　　1. 肉食者谋之,又何间焉?
　　2. 二者不可得兼,舍鱼而取熊掌者也。
　　3. 子瑜者,亮兄瑾也。
　　4. 鲁仲连辞让者三,终不肯受。
　　5. 今者出,未辞也,为之奈何?
　　6. 数者,臣主之术而国之要也。

7. 且将军大势可以拒操者,长江也。

【阅读】

教学相长(《礼记·学记》)

玉不琢①,不成器;人不学,不知道②。是故古之王者建国君民③,教学为先。兑命曰④:"念终始典于学⑤。"其此之谓乎⑥!虽有佳肴,弗食,不知其旨也⑦;虽有至道⑧,弗学,不知其善也。是故学然后知不足⑨,教然后知困。知不足,然后能自反也⑩;知困,然后能自强也。故曰:教学相长也⑪。

---

① 琢:雕刻玉石。
② 道:道理。
③ 君:名词用如动词,统治、治理。
④ 古人认为"兑"是"说"(yuè)的误字,《尚书》有《说命》篇。"念终始典于学",见于今本《说命下》。
⑤ 典:经常。
⑥ 其此之谓乎:大概是说这个情况吧!
⑦ 旨(zhǐ):美味。
⑧ 至道:极好的道理。
⑨ 是故:因此。
⑩ 自反:反过来要求自己。
⑪ 长(zhǎng):提高,推进。教学相长:教和学是互相促进的。

十九　齐人攫金[1]（《列子·说符》）

昔齐人有欲金者[2]，清旦衣冠而之市[3]，适鬻金者之所[4]，因攫其金而去[5]。吏捕得之[6]，问曰："人皆在焉[7]，子攫人之金何[8]？"对曰[9]："取金之时，殊不见人[10]，徒见金[11]耳。"

【作品介绍】

《列子》相传是先秦列御寇所著，今本《列子》八篇。从内容和语言上看，一般认为是魏晋人的作品。书中保存了不少民间故事、寓言和神话传说。

《齐人攫金》这篇文章讽刺了在利益面前，无所顾忌，只想达到自己目的的人。

【注释】

[1] 攫（jué）：鸟用爪迅速抓取，引申为夺取。
[2] 昔（xī）：从前。齐：周代国名，在现在山东省东部、北部。欲金：希望得到金子。
[3] 清旦：清晨，清早。衣冠：名词用如动词，穿好衣服，戴上帽子。之：动词，到……去。
[4] 适：往，到……去。鬻（yù）：卖。所：处所。
[5] 因：连词，表示先后的承接，这里相当于"于是"。去：离开。
[6] 吏：小官，差役。
[7] 焉：代词，那里。
[8] 子：你。何：为什么。
[9] 对：回答。
[10] 殊：完全。
[11] 徒：只，仅仅。耳：罢了。

【繁简字对照】

适①——適　　　　见——見

【古文知识】

使动用法

所谓"使动用法",指的是主语使得宾语作出某种动作,就是说,动作是宾语发出的,是主语使宾语作的。遇到这样的古文,在理解的时候,就要特别小心,仔细考虑。例如:

1. <u>尝</u>人,人死;<u>食</u>狗,狗死。(《吕氏春秋·上德》)

   ("尝人"是"让人尝","食狗"是"使狗食"。)

2. 夫子所谓<u>生</u>死而<u>肉</u>骨也。(《左传·襄公二十二年》)

   ("生死"是"使死者活过来"。"肉骨"是"使白骨长肉"。)

3. 故远人不服,则修文德以<u>来</u>之。既<u>来</u>之,则<u>安</u>之。(《论语·季氏》)

   ("来之"是"使之来","安之"是"使之安"。)

4. 项伯杀人,臣<u>活</u>之。(《史记·项羽本纪》)

   ("活之"是"使之活"。)

活用为动词的形容词、名词、数词等,也可以有使动的用法。例如:

5. 古之善为道者,非以<u>明</u>民,将以<u>愚</u>民。(《老子》第六十五章)

   (古代善于行道的人,不是用道去使老百姓聪明,而是用道使他们愚蠢。)

6. <u>域</u>民不以封疆之界,<u>固</u>国不以山溪之险,<u>威</u>天下不以兵革之利。(《孟子·公孙丑下》)

   (限制百姓不靠国土的界限,巩固国家不靠山河的险阻,征服天下不靠兵器的锋利。)

7. 春风又<u>绿</u>江南岸。(王安石《泊船瓜州》)

   (春风又使江南绿。)

8. 故王不如<u>东</u>苏子,秦必疑齐而不信苏子矣。(《史记·苏秦列传》)

   (所以,大王不如叫苏代往东方去,那么秦国就一定怀疑齐国并且不相信苏代了。)

---

① 汉字繁体字系统"适"和"適"是两个字。"适"读 kuò,属罕用字。"適"简化为"适",读 kuò 的适改用它的古字"适"。

9. 孰能一之？（《孟子·梁惠王上》）

（谁能使天下统一？）

【练习】

一、请回答下列问题：

1. 这个"攫金"的人离开家时紧张吗？
2. 他到什么地方拿金子？
3. 谁抓住了这个"攫金"者？
4. 他为什么敢拿别人的金子？

二、请翻译下列句子，并指出画线字的意思：

1. 昔齐人有<u>欲</u>金者
2. <u>清旦衣冠而之</u>市
3. <u>适鬻</u>金者之所
4. <u>因攫</u>其金<u>而</u>去
5. 取金之时，<u>殊</u>不见人，<u>徒</u>见金<u>耳</u>

三、请利用本课学过的词语解释下列词语：

徒——徒有其名　　家徒四壁　　徒劳一场

对——无言以对　　对答如流

衣冠——衣冠禽兽

四、请将下列句子翻译成现代汉语，注意画线的词语：

1. 民不畏死，奈何以死<u>惧</u>之？（《老子》第七十四章）
2. 秦王恐其<u>破</u>璧。（《史记·廉颇蔺相如列传》）
3. 能<u>富贵</u>将军者，上也。（《史记·魏其武安列传》）
4. 胥某谓曰："予我千金，吾<u>生</u>若。"（方苞《狱中杂记》）（若：你。）
5. 是以君子<u>远</u>庖厨也。（《孟子·梁惠王上》）
6. 凡用兵攻城之本，在乎<u>壹</u>民。（《荀子·议兵》）

五、请解释下列词语中画线的词语：

1. <u>干</u>杯

2. <u>繁荣</u>经济
3. <u>端正</u>态度
4. <u>丰富</u>课余生活

【阅读】

夸父逐日（《列子·汤问》）

　　夸父不量力[1]，欲追日影，逐之于隅谷之际[2]。渴，欲得饮，赴饮河渭[3]。河渭不足，将走北饮大泽[4]。未至，道渴而死[5]。弃其杖，尸膏肉所浸[6]，生邓林[7]。邓林弥广数千里焉[8]。

---

[1] 夸父(kuā fǔ)：神话中的人物。
[2] 隅(yú)谷：又叫"虞渊"，传说为日入之处。
[3] 河：黄河。渭：渭水。
[4] 走：跑。大泽：大水。
[5] 道：状语，半道上。
[6] 尸：尸体。膏：脂肪。浸(jìn)：渗入。
[7] 邓林：神话传说中的树林。
[8] 弥(mí)：遍。焉：在那里。

二〇　塞翁失马[1]　（《淮南子·人间训》）

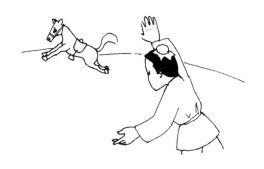

近塞上之人,有善术者[2],马无故亡而入胡[3]。人皆吊之[4],其父曰[5]:"此何遽不为福乎?[6]"居数月[7],其马将胡骏马而归[8]。人皆贺之[9],其父曰:"此何遽不能为祸乎?"家富良马[10],其子好骑,堕而折其髀[11]。人皆吊之,其父曰:"此何遽不为福乎?"居一年,胡人大入塞[12],丁壮者引弦而战[13],近塞之人,死者十九[14]。此独以跛之故[15],父子相保[16]。

【作品介绍】

《淮南子》是西汉贵族淮南王刘安及其门客所撰写的一部著作,共二十一卷。本名为《鸿烈》。全书的基本思想属于道家。书中保存了大量古代的神话故事,曲折地反映了远古人民的生活和思想情况。张双棣《淮南子校释》可供参考。

在这篇文章中,通过塞翁对待福祸的态度,说明了事物之间存在着的辩证关系,表现了中国古代辩证的哲学思想。

【注释】

[1] 塞:边塞。塞翁:住在边塞一带的一个老人。
[2] 善:擅长。术:占卜,推测人的吉凶祸福。
[3] 故:原因。亡:逃跑,逃亡。这里指走失。胡:指长城外的少数民族地区。
[4] 吊(diào):对遇到不幸的人表示慰问。
[5] 父(fǔ):老者。这里指塞翁。
[6] 遽(jù):就。何遽……:怎么就……?
[7] 居:过了(……时间)。

[8] 将(jiāng)：带着。

[9] 贺：祝贺,庆贺。

[10] 富：形容词作动词用,富有,有很多。

[11] 堕(duò)：掉下来,坠落。折：这里是摔断。髀(bì)：大腿骨。

[12] 大入塞：大举进攻边塞。

[13] 丁壮：成年男子。引：拉开。弦(xián)：弓弦。引弦：这里指拿起武器。

[14] 十九：十分之九。

[15] 跛(bǒ)：脚瘸(qué)。

[16] 保：保全性命。独：只。

【繁简字对照】

术①——術   堕——墮   壮——壯

【古文知识】

意动用法

意动用法,是主语认为宾语怎么样。表示意动用法的,主要是表示心理活动的动词和活用为动词的形容词。例如：

1. 王吉兹卜。(甲骨卜辞,引自《殷墟卜辞综述》)
   (王认为这个占卜吉利。)

2. 孟尝君怪之。(《战国策·齐策四》)
   (孟尝君对他的回答感到奇怪。)

3. 然则吾大天地而小毫末,可乎?(《庄子·秋水》)
   (那么,我以天地为大,以毫末为小,可以吗?)

4. 孔子登东山而小鲁,登泰山而小天下。(《孟子·尽心上》)
   (孔子登上东山就觉得鲁国小了,登上泰山就觉得天下小了。)

5. 叟不远千里而来,亦将有以利吾国乎?(《孟子·梁惠王上》)
   (老先生不怕千里的遥远来到我国,大概有使我国获利的办法吧?)

6. 一人横行于天下,武王耻之。(《孟子·梁惠王下》)
   (纣王一人横行于天下,武王认为这是羞耻的。)

---

① "术"和"術"本来是两个字。"术"读 zhú,如"白术""苍术"。简化字以"术"代替了"術"。

7. 吾子好道而可吾文。（柳宗元《答韦中立论师道书》）

（您爱好道并且认为我的文章可以。）

一些活用为动词的名词，也可以表示意动的意思。例如：

8. 孟尝君客我。（《战国策·齐策四》）

（孟尝君把我当作客人。）

9. 师文王，大国五年，小国七年，必为政于天下矣。（《孟子·离娄上》）

（把周文王当作老师，大国只要五年，小国只要七年，就一定能在天下推行他的政令了。）

10. 纵江东父老怜而王我，何面目见之？（《史记·项羽本纪》）

（即使江东的父老百姓同情我把我当作王对待，我又有什么脸面去见他们呢？）

【练习】

一、请回答下列问题：

1. 塞翁丢失马的时候很着急吗？
2. 塞翁有了很多马的时候，很高兴吗？
3. 塞翁的儿子跌断腿的时候，他很难过吗？
4. 塞翁父子保全性命的原因是什么？

二、请翻译下列句子，并请注意画线的部分：

1. 有善术者
2. 马无故亡而入胡
3. 人皆吊之
4. 此何遽不为福乎
5. 居数月
6. 其马将胡骏马而归
7. 丁壮者引弦而战
8. 近塞之人，死者十九
9. 父子相保

三、根据本课内容，解释下列句子：

1. 塞翁失马，安知非福？
2. 祸兮福之所倚，福兮祸之所伏。

四、请将下列句子翻译成现代汉语,并请注意它的意动用法:
1. 是故君子耻不修,不耻见污;耻不信,不耻不见信;耻不能,不耻不见用。(《荀子·非十二子》)
2. 滕公奇其言,壮其貌。(《史记·淮阴侯列传》)
3. 人主自智而愚人,自巧而拙人。(《吕氏春秋·知度》)
4. 农夫渔父过而陋之。(柳宗元《钴鉧西小丘记》)
5. 其家甚智其子,而疑邻人之父。(《韩非子·说难》)
6. 老吾老,以及人之老;幼吾幼,以及人之幼。(《孟子·梁惠王上》)
7. 邑人奇之,稍稍宾客其父。(王安石《伤仲永》)(稍稍:渐渐)

【阅读】

共工怒触不周山(《淮南子·天文训》)

昔者共工与颛顼争为帝①,怒而触不周之山②。天柱折③,地维绝④。天倾西北⑤,故日月星辰移焉;地不满东南⑥,故水潦尘埃归焉⑦。

---

① 共(gōng)工:古代传说中的人物。颛顼(zhuān xū):古代传说中的五帝之一,黄帝的孙子。
② 触(chù):撞。不周之山:不周山。神话传说中在西北的一座有缺口的大山。或说就是昆仑山。
③ 天柱:撑天的柱子。
④ 维:纲维,网上的绳子。绝:断。地维绝:拴地的绳子断了。古人认为大地的四周有绳子拴着。
⑤ 倾西北:向西北倾斜。
⑥ 地不满东南:地的东南方塌陷了。
⑦ 水潦(lǎo):积水。

二十一　兵者，诡道也(《孙子兵法·计篇》)

兵者[1]，诡道也[2]。故能而示之不能[3]，用而示之不用，近而示之远，远而示之近。利而诱之[4]，乱而取之[5]，实而备之[6]，强而避之，怒而挠之[7]，卑而骄之[8]，佚而劳之[9]，亲而离之[10]，攻其无备[11]，出其不意[12]。此兵家之胜[13]，不可先传也[14]。

【作品介绍】

《孙子兵法》的作者是春秋时代大军事家孙武。孙武，字长卿，齐国人。曾以《兵法》十三篇见吴王阖闾(hélú)，被任为将，率兵攻破楚国。所著《孙子兵法》是我国最早、最杰出的军事著作。郭化若《十一家注孙子(附今译)》可供参考。

在这篇文章中，孙子讲了用兵打仗最重要的原则之一，就是要给敌人以假象，迷惑敌人，这样才能获胜。

【注释】

[1] 兵：兵器，也指军事，这里引申为"用兵"。
[2] 诡(guǐ)：欺诈。道：法则，规律。诡道：欺诈的行为。
[3] 故：连词，因此。而：转折连词，却。示：向……显示。之：代词，这里指敌人。
[4] 利：用利益，用好处。而：顺接连词。诱：引诱，诱惑。
[5] 乱：形容词用如动词，扰乱，造成混乱。
[6] 实：充实，有实力。备：防备。
[7] 怒：动词的使动用法，使……怒，激怒。挠(náo)：阻挠。
[8] 卑：用自卑的言辞。骄：使动用法，使……骄傲。
[9] 佚(yì)：同"逸"，安闲。劳：使动用法，使……疲劳。
[10] 亲：指敌人亲密团结。离：离间，这里也是使动用法，使……分离。
[11] 攻其无备：攻打他没有防备的地方。
[12] 出其不意：出于敌人没有意想到的(地方、办法)。
[13] 胜：妙。

[14] 传：传授。

【繁简字对照】

孙——孫　　　劳——勞　　　胜——勝　　　挠——撓
乱——亂

【古文知识】

"所"字的用法

在古代汉语中，"所"字除了用作名词，表示"场所、地点"以外，还有很多用法，其中最主要的是用作代词、助词。

作为代词的"所"，可以用在动词或词组前，组成"所字结构"，用来指代人、物或处所，使它们变成名词性的。例如：

1. 燕王，吾所立。(《五代史·伶官传序》)
   （燕王，是我立的人。）
2. 取舞阳所持地图！(《史记·刺客列传》)
   （拿过来舞阳拿着的地图！）
3. 故俗之所贵，主之所贱也。(《论贵粟疏》)
   （所以一般人珍惜的东西，是国王您轻视的东西。）

"所"用在介词词组的前面，可以表示原因、方法、工具等意义。例如：

4. 亲贤臣，远小人，此先汉所以兴隆也。(诸葛亮《出师表》)
   （亲近贤臣，疏远小人，这就是先汉兴隆的原因。）
5. 吾知所以距子矣。(《墨子·公输盘》)
   （我知道用来抵御你的方法了。）
6. 师者，所以传道受业解惑也。(韩愈《师说》)
   （老师，是传授道理、讲授学业、解除疑难的人。）
7. 所为见将军者，欲以助赵也。(《战国策·赵策三》)
   （见将军的目的，是打算帮助赵国。）

此外，"所"作为助词，还用在动词前面，组成"为……所"格式，表示被动。例如：

8. 数十年，竟为秦所灭。(《史记·屈原贾生列传》)

(几十年竟然被秦国消灭。)

"所"用在数量词的后面,表示约数"……左右"的意思。例如:

9. 父去里所,复还,曰:"孺子可教矣!"(《史记·留侯世家》)
   (老人离开了一里左右,又回来,说:"这个小子可以教一教了!")
10. 从弟子女十人所。(《史记·西门豹治邺》)
    (跟来的女弟子十人左右。)

【练习】

一、请回答下列问题:
1. 孙子认为,军事作战时,应该对敌人说实话吗?
2. 孙子认为,对实力强大的敌人怎么办?
3. 孙子认为,对内部很团结的敌人怎么办?
4. 孙子认为,打仗之前的保密工作重要吗?
5. 在这篇文章中,孙子谈了几种用兵的"诡道"?

二、请翻译下列句子,并请注意画线词语的意义:
1. 兵者,诡道也
2. 故能而示之不能
3. 利而诱之,乱而取之
4. 实而备之,强而避之
5. 怒而挠之,卑而骄之
6. 佚而劳之,亲而离之

三、用本课学过的内容,把下面的词语组成词组:

诡(　)　利(　)　诱(　)　乱(　)　实(　)
备(　)　避(　)　怒(　)　挠(　)　卑(　)
骄(　)　逸(　)　离(　)　传(　)

四、请解释下列有关军事方面的成语：

1. 兵不厌诈
2. 兵贵神速
3. 神机妙算
4. 按兵不动
5. 声东击西
6. 寡不敌众
7. 乱中取胜
8. 背水一战
9. 养兵千日，用兵一时
10. 三十六计，走为上
11. 知己知彼，百战不殆

五、请把下面的句子翻译成现代汉语，并指出"所"字的用法：

1. 马者，王之所爱也。(《史记·滑稽列传》)
2. 见渔人，乃大惊，问所从来。(陶渊明《桃花源记》)
3. 是故无贵无贱，无长无少，道之所存，师之所存也。(韩愈《师说》)
4. 今庆已死十年所。(《史记·扁鹊仓公列传》)
5. 嬴闻如姬父为人所杀。(《史记·魏公子列传》)

【阅读】

兵者，国之大事 (《孙子兵法·计篇》)

孙子曰："兵者，国之大事，生死之地，存亡之道，不可不察也①。"

---

① 察：细看，意思是仔细观察，认真思考。

二十二　王顾左右而言他[1]《孟子·梁惠王下》

孟子谓齐宣王曰[2]:"王之臣有托其妻子于其友而之楚游者[3]。比其反也[4],则冻馁其妻子[5],则如之何[6]?"王曰:"弃之[7]。"曰:"士师不能治士[8],则如之何?"曰:"已之[9]。"曰:"四境之内不治[10],则如之何?"王顾左右而言他。

【作品介绍】

孟子(约公元前372—约前289),名轲,字子舆,邹(今山东省邹县东南)人,战国时代思想家、政治家、教育家,是继孔子之后儒家学派的最重要的代表人物。《孟子》是辑录孟子言行的书,现存七篇,每篇各分上下篇。

本篇孟子通过对不称职的朋友、地方官的批评,进而提出了对不称职的齐宣王的批评。对孟子的批评,齐宣王则不愿意接受。

【注释】

[1] 顾:回头看。言:说,谈论。他:别的,其他。

[2] 谓……曰:对……说。齐宣王:战国时代齐国国君。

[3] 托:托付,委托。妻子:妻子儿女。于:介词,给,对。之:动词,到……去。游:游历。

[4] 比:等到……时候。反:通"返"。

[5] 冻馁(něi):使……挨冻受饿。

[6] 如之何:把……怎么办。如:动词,处置、对付。之:代词,"如"的宾语。何:疑问代词,怎么、怎样。

[7] 弃:抛弃、舍弃。这里指绝交。

[8] 士师:司法官。治:管理。

[9] 已：动词，停止。

[10] 境：边境。四境：指全国。不治：不能管理(好)。

【繁简字对照】

顾——顧　　　冻——凍　　　弃——棄　　　馁——餒

【古文知识】

"是"字的用法

在汉代以前，"是"并不用来表示判断，它主要作指示代词和助词。作指示代词时是近指，表示"这、这个、这样"等等。例如：

1. 是谓乱军取胜。(《孙子·谋攻》)

   (这个叫做扰乱敌军而获胜。)

2. 淫侈之俗日日以长，是天下之大贼也。(贾谊《论积贮疏》)

   (过分浪费的习俗一天天地增长，这是天下的大害。)

3. 吾祖死于是，吾父死于是。(柳宗元《捕蛇者说》)

   (我的祖父死在这件事上，我的父亲死在这件事上。)

4. 若士必怒，伏尸二人，流血五步，天下缟素，今日是也。《战国策·魏策四》

   (如果士发怒，死的是两个人，流血不过五步远，但是天下人都为士穿白服吊祭，今天就是这样。)

有时"是"作宾语，提前到介词的前面。例如：

5. 是故弟子不必不如师。(韩愈《师说》)

   (因为这个原因，学生不一定不如老师。)

6. 是以十九年而刀刃若新发于硎。(《庄子·养生主》)

   (因为这个原因十九年了我的刀刃还像刚在磨刀石上磨过的一样。)

"是"作助词，主要是出现在动词谓语的前面，作宾语前置的标志。例如：

7. 将虢是灭，何爱于虞？(《左传·僖公五年》)

   (就要消灭虢国了，对虞国有什么爱惜呢？)

汉代以后，"是"也作谓语，表示判断。例如：

8. 夜梦见老父曰："余，是所嫁妇人父也。"(《论衡·死伪》)

9. 问今是何世,乃不知有汉,无论魏晋。(陶渊明《桃花源记》)

(问现在是什么时代,竟然不知有汉代,更不要说魏晋了。)

【练习】

一、请回答下列问题:

1. 孟子向齐宣王举了一个什么例子?
2. 孟子是怎么一步一步地说出自己的看法的?
3. 齐宣王是怎么回答孟子的问题的?

二、请翻译下列句子,并写出画线的词语的意思:

1. 王之臣有托其妻子于其友而之楚游者
2. 比其反也
3. 则冻馁其妻子
4. 则如之何
5. 已之
6. 四境之内不治
7. 王顾左右而言他

三、分辨下列句子中的"之"(1. 助词"……的" 2. 代词"他、它、她" 3. 助词"主语+之+谓语" 4. 动词"到……去"):

1. 四境之内
2. 托其妻子于其友而之楚游者
3. 弃之
4. 已之
5. 观百兽之见我而敢不走乎
6. 近塞上之人有善术者

四、请利用本课学过的内容,解释下列词语:

1. 他乡遇故知
2. 游历名山
3. 天下大治
4. 学,不可以已
5. 瞻前顾后
6. 惟我独尊,岂有他哉?

五、把下列句子翻译成现代汉语，并指出"是"的用法：
1. 比其反也，非彼死则臣必死矣，是故哭。（《吕氏春秋·悔过》）
2. 曰："无伤也，是乃仁术也，见牛未见羊也。"（《孟子·梁惠王上》）
3. 古者天下散乱，莫之能一，是以诸侯并作。（《史记·秦始皇本纪》）
4. 余虽与晋出入，余唯利是视。（《左传·成公十三年》）
5. 遽契其舟，曰："是吾剑之所从坠。"（《吕氏春秋·察今》）
6. 是鸟也，海运则将徙于南冥。（《庄子·逍遥游》）

【阅读】

揠苗助长① （《孟子·公孙丑上》）

宋人有闵其苗之不长而揠之者②，茫茫然归③，谓其人曰④："今日病矣⑤，予助苗长矣⑥。"其子趋而往视之⑦，苗则槁矣⑧。

天下之不助苗长者寡矣！以为无益而舍之者，不耘苗者也⑨；助之长者，揠苗者也，非徒无益⑩，而又害之。

---

① 揠（yà）：拔。
② 闵（mǐn）：通"悯"，忧愁。
③ 茫茫然：疲劳的样子。
④ 其人：这里指他的家人。
⑤ 病矣：病得厉害，这里指太累了。
⑥ 予：第一人称代词，我。
⑦ 趋：快走。
⑧ 槁（gǎo）：枯干。
⑨ 耘：除草。
⑩ 非徒：不仅。益：好处。

二十三　鱼，我所欲也（《孟子·告子上》）

孟子曰："鱼，我所欲也[1]；熊掌[2]，亦我所欲也。二者不可得兼[3]，舍鱼而取熊掌者也[4]。生，亦我所欲也；义，亦我所欲也。二者不可得兼，舍生而取义者也。生亦我所欲，所欲有甚于生者[5]，故不为苟得也[6]；死亦我所恶，所恶有甚于死者[7]，故患有所不辟也[8]。如使人之所欲莫甚于生[9]，则凡可以得生者[10]，何不用也？使人之所恶莫甚于死者，则凡可以辟患者，何不为也[11]？由是则生而有不用也[12]，由是则可以辟患而有不为也。是故所欲有甚于生者，所恶有甚于死者。非独贤者有是心也[13]，人皆有之，贤者能勿丧耳[14]。"

【作品介绍】

这是孟子的名篇。孟子反复比较、层层推进，详细地阐明了道义重于生命的道理，表现了孟子为了取得"义"而不惜舍弃生命的决心。

【注释】

[1] 欲：动词，想要。所欲：所字结构，指要的东西。
[2] 熊掌：熊的脚掌。是一种珍贵的食品。
[3] 得兼：同时得到。
[4] 舍(shě)：动词，舍弃，放弃。者也：语气词连用。
[5] 甚于生者：比生命更重要的东西。
[6] 苟(gǒu)：苟且，放弃原则。
[7] 恶(wù)：憎恶，讨厌。
[8] 患：祸患，灾难。辟：通"避"。所不辟：不躲避的。

[9] 如使:如果,假使。同义词连用。莫:没有什么……。

[10] 则:那么。凡:一切,所有。可以:可以用这个……。

[11] 为(wéi):动词,做。

[12] 是:此,这。

[13] 非独:不仅。贤者:品德高尚的人。心:思想,本性。

[14] 勿:不。耳:罢了,而已。

【繁简字对照】

义——義　　　丧——喪　　　鱼——魚　　　恶——惡

【古文知识】

"莫"字的用法

在古代汉语中,"莫"的主要用法是作否定性无指代词和副词。

(一)"莫"作否定性无指代词,充当句子的主语,表示"没有谁、没有什么、没有什么地方"等意思。例如:

1. 溥天之下,莫非王土。(《诗经·北山》)

 (天底下,没有什么地方不是王的土地。)

2. 人谁无过,过而能改,善莫大焉。(《左传·宣公二年》)

 (谁能没有错,犯了错误能改正,好的事情中没有什么比这个重要的了。)

3. 吾盾之坚,物莫能陷也。(《韩非子·矛与盾》)

 (我的盾牌很坚固,任何东西没有能刺破它的。)

4. 王使屈平为令,众莫不知。(《史记·屈原贾生列传》)

 (王让屈原作令,众人没有谁不知道这件事。)

(二)"莫"作副词,可以表示否定,例如:

5. 三岁贯女,莫我肯顾。(《诗经·硕鼠》)

 (多年为你服务,却不肯照顾我。)

(三)"莫"也可以表示禁止,"不要","别"。例如:

6. 莫用众人之议也!(《赤壁之战》)

 (别采用众人的意见!)

【练习】

一、请回答下列问题:
1. 孟子认为道义和生命,哪一个是最重要的?
2. 孟子认为如果人们太看重生命,会有什么问题?
3. "舍身取义"只有圣人才能做到吗?

二、请指出下列句子中画线字的意义:
1. <u>舍</u>鱼而<u>取</u>熊掌者也
2. <u>故</u>不为<u>苟</u>得也
3. <u>如使</u>人之<u>所欲</u>莫甚于生
4. 则<u>凡</u>可以<u>辟患</u>者,何不<u>为</u>也
5. 非独贤者有<u>是</u>心也
6. 贤者能<u>勿丧</u>耳

三、请翻译下列句子,并指出它们的语法特点:
1. 鱼,我所欲也。
2. 所欲有甚于生者,故不为苟得也。
3. 故患有所不辟也。
4. 使人之所恶莫甚于死者,则凡可以辟患者,何不为也?

四、请把下列句子翻译成现代汉语,注意其中"莫"的用法:
1. 东西南北,莫可奔走。(《盐铁论·非鞅》)
2. 吾所以待侯生者备矣,天下莫不闻。(《史记·魏公子列传》)
3. 时时为安慰,久久莫相忘。(《玉台新咏·古诗为焦仲卿妻作》)
4. 莫等闲,白了少年头,空悲切。(岳飞《满江红》)

【阅读】

弈秋① （《孟子·告子上》）

弈秋，通国之善弈者也②。使弈秋诲二人弈③：其一人专心致志，惟弈秋之为听④；一人虽听之，一心以为有鸿鹄将至⑤，思援弓缴而射之⑥。虽与之俱学，弗若之矣。为是其智弗若与⑦？曰："非然也⑧。"

---

① 弈(yì)：下棋。秋：人名，因善下棋，故名弈秋。
② 通国：全国。
③ 使：假使。诲：教。
④ 惟：只。之：助词，把宾语"弈秋"提前到动词"听"的前面。
⑤ 鸿鹄(hú)：天鹅。
⑥ 援：拿过来。缴(zhuó)：拴在箭上的生丝绳。
⑦ 为(wèi)：因为。是：指不用心听讲的那个人。其：第三人称代词，他的。若：如，及。与：疑问语气词。
⑧ 然：这样。

二十四　明察秋毫[1]（《孟子·梁惠王上》）

　　（孟子）曰："有复于王者曰[2]：'吾力足以举百钧[3]，而不足以举一羽[4]；明足以察秋毫之末[5]，而不见舆薪[6]。'则王许之乎[7]？"

　　曰："否。"

　　"今恩足以及禽兽[8]，而功不至于百姓者[9]，独何与[10]？然则一羽之不举[11]，为不用力焉[12]；舆薪之不见，为不用明焉；百姓之不见保[13]，为不用恩焉。故王之不王，不为也[14]，非不能也。"

　　曰："不为者与不能者之形[15]，何以异[16]？"

　　曰："挟太山以超北海[17]，语人曰[18]：'我不能。'是诚不能也[19]。为长者折枝[20]，语人曰：'我不能。'是不为也，非不能也。故王之不王[21]，非挟太山以超北海之类也；王之不王，是折枝之类也。老吾老[22]，以及人之老[23]，幼吾幼，以及人之幼[24]：天下可运于掌[25]。"

【作品介绍】
　　这篇文章中，孟子提出能否实行"仁政"，关键在于国君是否真的愿意做。现在天下没有"仁政"，是因为国王不愿意实行，而并不是他们做不到。孟子提出，实行"仁政"就是要做到"老吾老，以及人之老；幼吾幼，以及人之幼"。

【注释】
[1] 明：视力。察：等于说看得清楚。毫：毛。秋季兽类的新绒毛，最细。
[2] 复：告诉。
[3] 足：足够。以：介词，用。钧（jūn）：古代重量单位，三十斤。
[4] 一羽：一根羽毛。
[5] 明：视力。末：末端。
[6] 不见：看不见。舆：车。薪：柴。
[7] 许：相信。

[8] 足：足够。以：介词，用，拿。后面可以认为省略了一个介词宾语"之"，代指"思"。及：达到。

[9] 功：功德，功绩。至：到达。

[10] 独何与：偏偏是什么原因呢？与：疑问语气词。

[11] 然则：然而。之：助词，用于主谓结构之间，取消句子独立性。不举：举不起来。

[12] 为(wèi)：因为。焉：语气词，用于判断句，加强语气。

[13] 见保：被保护。见：被动标志。

[14] 为(wéi)：做。

[15] 形：具体的表现。

[16] 何以：根据什么。异：不同，这里是动词的用法，"区别"义。

[17] 挟(xié)：夹在胳膊下。太山：即泰山。超：跳过。北海：渤海。

[18] 语(yù)：告诉。

[19] 是：这个。诚：真的。

[20] 长(zhǎng)者：老人。枝：一说同"肢"。折枝：弯腰。

[21] 王之不王(wàng)：之：助词，取消句子独立性。第二个"王"是动词，"做天下的王"义。

[22] 老(第一个)：用如动词，尊敬老人。老(第二个)：名词，老者。

[23] 以：介词，用，拿(这种感情)。及：到达。人：别人的。

[24] 幼(第一个)：用如动词，爱护(幼儿)。幼(第二个)：小孩。

[25] 运：转动。这句话是比喻得到天下很容易。

【繁简字对照】

舆——輿　　　类——類　　　运——運

【古文知识】

"或"字的用法

在古代汉语中，"或"可以作无定指示代词，还可以作副词。

作无定指示代词时，"或"可以代人、代事物、代时间、代处所等，用来表示"有人"、"有的"、"有什么(东西)"、"有什么(地方)"。例如：

1. 兵刃既接，弃甲曳兵而走。或百步而后止，或五十步而后止。(《孟子·梁惠王上》)

   (兵器已经接触上，士兵丢弃铠甲拖着兵器就逃跑。有的人跑了五十步以后停止，有的人跑了一百步以后停下来。)

二十四 明察秋毫

2. 奇计或颇秘,世莫能闻也。(《史记·陈丞相世家》)

（奇异的计谋有的很神秘,世上的人没有听到过。）

3. 又入水击蛟。蛟或浮或没……。(《世说新语·自新》)

（又进入水中击打蛟龙,蛟龙一会儿浮上来,一会儿沉下去……）

作副词,"或"表示测度,是"或许"、"大概"的意思。例如：

4. 莫如以我所长攻敌所短,……或能免乎？(《清稗类抄·冯婉贞》)

（不如用我们的长处,去攻击敌人的短处,……或许能避免这场灾祸吧？）

【练习】

一、请回答下列问题：

1. 孟子是用什么方法证明齐宣王不愿意实行仁政的？
2. 孟子认为"不为"与"不能"的区别是什么？
3. 孟子认为齐宣王应该怎么做？

二、请翻译下列句子,并指出画线的词语的意思：

1. 有<u>复</u>于王者曰
2. <u>明</u>足以察秋毫之末,而不见<u>舆薪</u>
3. 则王<u>许</u>之乎
4. 而<u>功不至</u>于百姓者,<u>独</u>何<u>与</u>
5. 何以<u>异</u>
6. <u>是诚</u>不能也

三、请翻译下列句子,并指出它们的语法特点：

1. 百姓之不见保,为不用恩焉。
2. 老吾老,以及人之老；幼吾幼,以及人之幼。
3. 故王之不王,不为也,非不能也。

四、请翻译下列句子,并请注意"或"字的用法和它的意思：

1. 或以为死,或以为亡。《史记·陈涉世家》
2. 一夫不耕,或为之饥,一妇不织,或为之寒。(贾谊《新书·无蓄》)
3. 云霞明灭或可睹。(李白《梦游天姥吟留别》)

【阅读】

愿安承教①（《孟子·梁惠王上》）

梁惠王曰："寡人愿安承教。"孟子对曰："杀人以梃与刃②，有以异乎③？"曰："无以异也。""以刃与政，有以异乎？"曰："无以异也。"曰："庖有肥肉④，厩有肥马⑤，民有饥色，野有饿莩⑥，此率兽而食人也。兽相食⑦，且人恶之⑧；为民父母行政，不免于率兽而食人，恶在其为民父母也⑨？"

---

① 安：乐意。承：接受。教：教诲。
② 梃（tǐng）：木棒。
③ 异：不同，区别。以：介词，用来。
④ 庖（páo）：厨房。
⑤ 厩（jiù）：马棚。
⑥ 莩（piáo）：饿死者的尸体。野：野外。
⑦ 相：互相。
⑧ 且：尚且，还。恶（wù）：厌恶。
⑨ 恶（wū）：疑问代词。其：指示代词，这里指行政者。"恶在其为民父母者"，等于说"在哪方面他可以作百姓的父母呢？"

二十五　御之妻（《晏子春秋·内篇杂上》）

晏子为齐相[1]。出,其御之妻从门间而窥[2]。其夫为相御[3],拥大盖[4],策驷马[5],意气扬扬,甚自得也[6]。既而归[7],其妻请去[8]。夫问其故,妻曰:"晏子长不满六尺[9],相齐国[10],名显诸侯[11]。今者妾观其出[12],志念深矣,常有以自下者[13]。今子长八尺,乃为人仆御[14];然子之意[15],自以为足,妾是以求去也[16]。"其后,夫自抑损[17]。晏子怪之[18],御以实对,晏子荐以为大夫[19]。

【作品介绍】

晏婴(?—前500),字平仲。春秋时齐国大夫,政治家。继其父位为齐大夫,历仕灵公、庄公、景公三世。《晏子春秋》为后人所编,是记叙晏婴言行的书。书约成于战国末期。全书共二百一十五章,分内外篇,主要由短篇故事组成。此书反映了晏婴省刑薄敛、提倡节俭的政治主张。

在这篇文章中,借车夫之妻的言论,提出了为人不可自满,不可自以为是的主张。

【注释】

[1] 为:做。相:官名,辅佐国王的大臣。
[2] 其:代词,他的。御(yù):驾驭马车。这里指赶马车的车夫。间(jiàn):缝隙。窥(kuī):从小孔、细缝中偷看。
[3] 为(wèi):介词,给,为……做……。
[4] 拥:抱,掌握。大盖:古代马车上有车盖,这里用"盖"表示"车"。

[5] 策:竹制的马鞭。这里是"赶马"的意思。驷(sì)马:共拉一辆车的四匹马。
[6] 甚:非常,很。自得:自觉得意,自己很满足。
[7] 既而:副词,不久。归:回家。
[8] 请:请允许。去:离开。这里指不和他作夫妻了。
[9] 长:这里指身高。不满:不足,不到……。
[10] 相:这里是"做……的相"义,名词用如动词。
[11] 显:显扬,传扬。"诸侯"前省略了"于"。
[12] 今者:现在。这里是"刚才"的意思。妾:女子的自我谦称。
[13] 以:认为。下:低下,不如别人。
[14] 乃:却。仆御:当差、赶马车。
[15] 然:然而。意:情态、神态。
[16] 是:指示代词,这个。以:因为。是以:因为这个,因此。去:离开。
[17] 抑:向下压,压制。损:减少。
[18] 怪之:以之为怪,认为这件事很奇怪。怪,是形容词的意动用法。
[19] 荐:推荐。以为:以之为,让他作……。

【繁简字对照】

盖——蓋	气——氣	窥——窺	拥——擁
扬——揚	显——顯	荐——薦	御①——禦
仆②——僕			

【古文知识】

"何"字的用法

在古代汉语中,"何"字的使用频率很高,用法也很复杂。它主要作疑问代词,在句子中可以充当主语、宾语,也可以作叙述句或判断句的谓语。它的用法主要有以下几种:

(一)作动词或介词的宾语,一般前置。例如:

1. 内省不疚,夫何忧何惧?(《论语·颜渊》)

---

① "御"的基本意思是"驾驶",如"驾御""御车",也可以表示跟皇帝有关的,如"御用""御览"。本课的"御"为驾驶义。"禦"表示抵抗,如"防禦""禦寒"。第二十八课的"御"为抵抗义。简化字一律用"御"。

② "奴僕"的"僕(pú)"简化时合并于"前仆后继"的"仆(pū)"。

2. 问："何以战？"(《左传·庄公十年》)
3. 且问备曰："豫州今欲何至？"(《三国志·蜀书·先主传》裴注引《江表传》)

(二)用于名词或名词性词组前，意为"什么、什么样的"。例如：

4. 以此攻城，何城不克？(《左传·僖公四年》)
5. 不知天上官阙，今夕是何年？(苏轼《水调歌头》)

(三)作主语，一般代物，很少代人。这种用法比较少。例如：

6. 真人问曰："何为天经，何为地经……何为生经，何为死经？"(《太平经》卷七十三)

(四)作谓语，询问道理。例如：

7. 所以然者何？水土异也。(《晏子春秋·内篇杂下》)

(五)用在谓语动词前，作状语，询问原因。例如：

8. 先生坐，何至于此！(《战国策·魏策四》)
9. 夫子何哂由也？(《论语·先进》)
10. 巫妪何久也？(《史记·滑(gǔ)稽列传》)

【练习】

一、请回答下列问题：
 1. 车夫的神态怎么样？
 2. 车夫的妻子为什么要离开他？
 3. 晏子为什么推荐车夫做了大夫？

二、请翻译下列句子，并注意画线的词语的意思：
 1. 其<u>御</u>之妻从门<u>间</u>而窥
 2. <u>拥</u>大盖，<u>策</u>驷马，意气扬扬，甚自得也
 3. <u>既而</u>归，其妻请<u>去</u>
 4. 晏子<u>长</u>不满六尺
 5. 晏子<u>荐</u>以为大夫
 6. 今子长八尺，<u>乃</u>为人仆御

7. 妾以是求去也

三、翻译下列句子，并请注意它们的语法特点：
　　自以为足　　　晏子怪之　　　名显诸侯

四、请将下列句子翻译成现代汉语，并注意"何"的用法：
1. 邻国之民不加少，寡人之民不加多，何也？（《孟子·梁惠王上》）
2. 人曰："何不试之以足？"（《韩非子·外储说左上》）
3. 君美甚，徐公何能及君也？（《战国策·齐策一》）
4. 轸不之楚，何归乎？（《史记·张仪列传》）（轸：陈轸，人名。）
5. 不无善画者，莫能图，何哉？（《史记·田儋列传》）
6. 权知其意，执肃手曰："卿欲何言？"（《三国志·吴书·周瑜鲁肃吕蒙传》）

【阅读】

竭池求珠（《吕氏春秋·必己》）

　　宋桓司马有宝珠①，抵罪出亡②。王使人问珠之所在③，曰："投之池中。"于是竭池而求之④，无得⑤，鱼死焉⑥。

---

① 宋：春秋时代国名，今河南省北部。桓司马：指桓魋(tuī)，当时任宋国司马，掌握军政的官。
② 抵：当。出亡：逃亡到国外。
③ 王：指宋景公。所在：放置的地方。
④ 竭(jié)：使动用法，"使……尽"。
⑤ 无得：没有得到。
⑥ 焉：语气词，用于句尾，表示陈述语气。

二十六　晏子使楚（《晏子春秋·内篇杂下》）

晏子将使楚[1]。楚王闻之，谓左右曰："晏婴，齐之习辞者也[2]，今方来[3]，吾欲辱之，何以也[4]？"左右对曰："为其来也[5]，臣请缚一人过王而行[6]。王曰：'何为者也？'对曰：'齐人也。'王曰：'何坐[7]？'曰：'坐盗。'"

晏子至，楚王赐晏子酒。酒酣[8]，吏二缚一人诣王[9]。王曰："缚者曷为者也[10]？"对曰："齐人也，坐盗。"王视晏子曰："齐人固善盗乎[11]？"晏子避席对曰[12]："婴闻之：橘生淮南则为橘[13]，生于淮北则为枳[14]，叶徒相似[15]，其实味不同[16]。所以然者何[17]？水土异也。今民生长于齐不盗，入楚则盗，得无楚之水土使民善盗耶[18]？"王笑曰："圣人非所与熙也[19]，寡人反取病焉[20]。"

【作品介绍】

本文记叙了晏婴出使楚国的一次经历。楚王本想侮辱晏婴，反倒自取其辱。突出地表现了晏婴善于辞令、能言善辩的能力。

【注释】

[1] 使：动词，出使。
[2] 习：善于，熟练。辞：言辞。习辞：很会说话。
[3] 方：正在。
[4] 何：疑问词。以：介词，用。何以：用什么（办法）。
[5] 为：介词，当。
[6] 臣请：请允许我。过：经过，从……旁边走过。
[7] 坐：犯罪。何坐：犯了什么罪。

[8] 酣(hān)：喝酒喝得很舒服。

[9] 诣(yì)：到，来到。吏二：两个小官吏。

[10] 曷(hé)：疑问代词，意思同"何"。

[11] 固：副词，本来就。善：擅长。

[12] 避席：离开座席(表示尊敬)。对：回答。

[13] 淮：淮河。则：就。为：是。

[14] 枳(zhǐ)：树名，果实形似橘子，味苦，不是橘树。

[15] 徒：只是。

[16] 其：它的。实：果实。味：味道。

[17] 然者：这样的(原因)。何：谓语，是什么。

[18] 得无……耶：莫非……吗，难道……吗。耶：疑问语气词。

[19] 与：后面省略宾语。熙(xī)：通"嬉"。戏弄，捉弄。

[20] 反：反而。病：特别不好的结果。

【繁简字对照】

叶①——葉　　　视——視

【古文知识】

"乃"字的用法

在古代汉语中，"乃"主要作副词、第二人称代词，也和其他词语构成固定用法。

第一，作副词，这是"乃"最主要的用法。

（一）表示事理原因，是"就、才、才是"的意思。例如：

1. （庞涓）自以为能不及孙膑，乃阴使召孙膑。(《史记·孙子吴起列传》)

2. 众既寖盛，乃相与为约："杀人者死，伤人者偿创。"(《后汉书·刘盆子传》)

3. 悉使羸兵负草填之，骑乃得过。(《三国志·魏书》)

（二）表示转折，是"却"的意思。例如：

4. 已得履，乃曰："吾忘持度。"(《韩非子·外储说左上》)

---

① "叶"本来读 xié，表示和洽，如"叶韵"。因为不常用，简化字便用来代替"樹葉"的"葉"。

5. 天下胜者众矣,而霸者乃五。(《吕氏春秋》卷十四)

(三)表示出乎意料,是"竟然、竟"的意思。例如:

6. 巫医乐师百工之人,君子不齿,今其智乃反不能及,其可怪也欤!(韩愈《师说》)

7. 问今是何世,乃不知有汉,无论魏晋。(陶潜《桃花源记》)

第二,作第二人称代词,是"你"或"你的"的意思。例如:

8. 王师北定中原日,家祭无忘告乃翁。(陆游《示儿诗》)

第三,"无乃",表示委婉语气,是"恐怕、未免"的意思。例如:

9. 先君有共德,而君纳诸大恶,无乃不可乎?(《左传·庄公二十四年》)
10. 师劳力竭,远主备之,无乃不可乎?(《左传·僖公三十二年》)

【练习】

一、请回答下列问题:

1. 晏子是谁?他有什么特点?
2. 楚王准备怎么欢迎他?
3. 晏子是如何反驳楚王的?
4. 最后,楚王达到目的了吗?

二、请翻译下列句子,并注意画线词语的意思:

1. 晏子将<u>使</u>楚
2. 晏婴,齐之<u>习辞</u>者也
3. 今<u>方</u>来,吾欲辱之,何<u>以</u>也
4. <u>为</u>其来也,臣请缚一人<u>过</u>王而行
5. 王曰:"何<u>坐</u>?"曰:"坐盗。"
6. 酒<u>酣</u>,吏二缚一人<u>诣</u>王
7. 叶<u>徒</u>相似,其实味不同
8. <u>得无</u>楚之水土使民善盗耶
9. 圣人非所与<u>熙</u>也,寡人反取<u>病</u>焉

三、根据本课文意,解释下列句子:
1. 士可杀,不可辱。
2. 恶言不出于口,忿言不返于身。
3. 圣人之情见乎辞。
4. 以其人之道,还治其人之身。

四、请将下列句子翻译成现代汉语,并请注意"乃"的用法:
1. 出三日而五灾至,无乃不可乎?(《荀子·儒效》)
2. 刿曰:"肉食者鄙,未能远谋。"乃入见。(《左传·庄公十年》)
3. 相如视秦王无意偿赵城,乃前曰:"璧有瑕,请指示王。"(《史记·廉颇蔺相如列传》)
4. 今欲发之,乃肯从我乎?(《汉书·翟义传》)(发:发兵)
5. 暮婚晨告别,无乃太匆忙。(杜甫《新婚别》)

【阅读】

韩信将兵① (《史记·淮阴侯列传》)

上尝从容与信言诸将能不②,各有差③。上问曰:"如我能将几何④?"信曰:"陛下不过能将十万。"上曰:"于君何如⑤?"曰:"臣多多而益善耳⑥。"上笑曰:"多多益善,何为为我禽⑦?"信曰:"陛下不能将兵,而善将将⑧,此乃信之所以为陛下禽也⑨。"

---

① 韩信:汉初大将,曾被封为三齐王,善于将兵,著有《兵法》三篇。今已散失。
② 上:汉高祖刘邦。尝:曾经。从容:随意地。
③ 差:差异,不同。
④ 如我:像我这样的。将(jiàng):动词,率领。几何:多少。
⑤ 如何:怎么样。君:你。
⑥ 多多益善:越多越好。
⑦ 何为:为什么。为我禽:被我擒。楚汉战争的时候,韩信原是项羽的部下,后来归顺刘邦。禽:通"擒"。
⑧ 将将:指挥将领。
⑨ 之所以:表示"……的原因"。为:被……。

二十七　曹刿论战[1]《左传·庄公十年》

十年春[2],齐师伐我[3]。公将战[4]。曹刿请见[5]。其乡人曰[6]:"肉食者谋之[7],又何间焉[8]?"刿曰:"肉食者鄙[9],未能远谋。"

乃入见。问:"何以战[10]?"公曰:"衣食所安[11],弗敢专也。必以分人[12]。"对曰:"小惠未遍[13],民弗从[14]也。"公曰:"牺牲玉帛[15],弗敢加也[16],必以信[17]。"对曰:"小信未孚[18],神弗福也[19]。"公曰:"小大之狱[20],虽不能察,必以情[21]。"对曰:"忠之属也[22],可以一战[23]。战,则请从[24]。"

公与之乘[25]。战于长勺[26]。公将鼓之[27]。刿曰:"未可。"齐人三鼓[28]。刿曰:"可矣。"齐师败绩[29]。公将驰之[30]。刿曰:"未可。"下视其辙[31],登轼而望之[32],曰:"可矣!"遂逐齐师。既克[33],公问其故,对曰:"夫战[34],勇气也。一鼓作气[35],再而衰[36],三而竭。彼竭我盈[37],故克之。夫大国,难测也,惧有伏焉[38]。吾视其辙乱,望其旗靡[39],故逐之。"

【作品介绍】

春秋时,齐与鲁是邻国,齐强鲁弱。鲁庄公十年(前684)的春天,齐桓公小白因为鲁国曾帮助公子纠与自己争位,兴师讨伐鲁国。这就是曹刿所论的"长勺之战"。这篇文章是古文名篇,它讲了战争取胜的道理,一是要符合民心,一是要恰当地把握战机。

【注释】

[1] 曹刿(guì):人名。论:评论,分析。
[2] 十年:鲁庄公十年,即周庄王十三年(公元前684)。
[3] 伐:出兵打仗。我:因为是为鲁国史书《春秋》作传,所以称鲁为"我",鲁国在今山

东省的西南部,都城为曲阜。

[4] 公:指鲁庄公。

[5] 见:拜见。

[6] 乡人:指同一乡的人。

[7] 肉食者:吃肉的人。指享有厚禄的高官,有权势的人。谋:计议,商量,打算。

[8] 何:何必。间(jiàn):动词,这里是"介入"、"参与"的意思。

[9] 鄙(bǐ):指目光短浅。

[10] 何以战:凭什么条件作战呢? 何:什么,疑问代词作宾语,提到介词之前。以,介词,凭借,靠。

[11] 所安:安生的东西。所:指代动词表示的动作作为对象,与动词结合成为一个名词性词组。

[12] 以:用,这里省略了复指"衣食"的"之"。分人:分给别人。

[13] 惠:恩惠,(给人)好处。遍:普遍,遍及。

[14] 弗:不。从:听从,跟从。

[15] 牺牲:名词,指祭神用的牛、羊、猪等。帛(bó):丝织品的总称。玉帛:这里指钱财。

[16] 加:增加,这里指(祝告辞中)虚报数量。

[17] 信:诚实,意思是说实话。

[18] 孚(fú):信用,得到(神灵的)信任。

[19] 福:动词,降福,保佑。

[20] 狱(yù):,诉讼,官司。

[21] 察:详审,明察,仔细考察。情:情理,实情。

[22] 忠:尽心竭力。属:类。

[23] 以:介词,用来……。一战:打一次仗。

[24] 请:请允许(我)。从:随从。

[25] 乘(chéng):坐在战车里。

[26] 长勺:地名,在今山东省莱芜县东北。

[27] 鼓:动词,击鼓,敲鼓。古时击鼓进军,鸣金收兵。之:代指鲁国军队。鼓之:为他们敲鼓(让他们前进)。

[28] 三鼓:击了三次鼓。

[29] 败绩:溃败。

[30] 驰:驱马(追击)。

[31] 辙(zhé):车轮压过的印。

[32] 轼(shì):车前扶手的横木。望:(向远处)看。

[33] 既:已经。克:战胜。

[34] 夫:发语词,用在句首。下文"夫大国"同。

[35] 一鼓:打一次鼓。作:起来,兴起。气:士气。
[36] 再:二次,这里是"击两次(鼓)"。这句与下一句都省略了"鼓"。衰:减弱。
[37] 彼:他,他们。竭:尽。盈:充满。
[38] 伏:伏兵,埋伏。焉:在那里。
[39] 靡(mí):倒。

【繁简字对照】

| 属——屬 | 惧——懼 | 乡——鄉 | 牺——犧 |
| 刿——劌 | 败——敗 | 难——難 |

【古文知识】

介词"于"的用法

在古代汉语中,"于"是一个使用频率很高的介词。"于"在句子中的作用可以分成几个大类。

第一、介绍出动作行为发生的处所、时间、范围,可以翻译为"从、在、到"。例如:

1. 青,取之于蓝而青于蓝。(《荀子·劝学》)
2. 子墨子闻之,起于鲁。(《墨子·公输》)
3. 战于长勺。(《左传·庄公十年》)
4. 箕畚运于渤海之尾。(《列子·汤问》)
5. 荆国有余于地而不足于民。(《墨子·公输》)

"在于""至于"连用的时候,"于"只起介词的作用,不必翻译。例如:

6. 东至于海,西至于河。(《左传·僖公四年》)
7. 谈说之士资在于口,处士资在于意,勇士资在于气,技艺之士资在于手,商贾之士资在于身。(《商君书·算地》)

第二、介绍出行为动作的对象,可翻译为"给、向、对"。例如:

8. 赵氏求救于齐。(《战国策·赵策四·触龙说赵太后》)
9. 四境之内,莫不有求于王。(《战国策·齐策一》)
10. 操蛇之神闻之,惧其不已也,告之于帝。(《列子·汤问》)
11. 爱其子,择师而教之;于其身也,则耻师焉,惑矣。(韩愈《师说》)

第三、用于比较句,介绍出比较的对象。例如:

12. 苛政猛于虎也。(《礼记·檀弓下》)
13. 楚国之食贵如玉,薪贵于桂。(《战国策·楚策三》)

第四、介绍出行为动作的原因,可以翻译为"由于、因为"。例如:

14. 然后知生于忧患,而死于安乐也。(《孟子·告子下》)
15. 业精于勤荒于嬉。(韩愈《进学解》)

第五、用于被动句,介绍出行为动作的主动者。例如:

16. 臣诚恐见欺于王而负赵……(《史记·廉颇蔺相如列传》)
17. 权勃然曰:"吾不能举全吴之地,十万之众,受制于人。……"(《三国志·蜀书·诸葛亮传》)

【练习】

一、解释下列各词,并写上拼音:

鄙	遍
孚	竭
盈	驰
辙	克
牺牲	乘

二、说明下列画线词语的意思:
1. 曹刿<u>请见</u>   战,则<u>请从</u>
2. 肉食者<u>谋</u>之,又何<u>间</u>焉
3. 必以<u>信</u>
4. <u>可以</u>一战   齐人<u>三鼓</u>   一鼓作气,<u>再</u>而衰,三而<u>竭</u>
5. 肉食者<u>鄙</u>,未能远谋   衣食所安,<u>弗敢专</u>也   小大之狱,虽<u>不能察</u>,必以情   刿曰:"<u>未可</u>。"

三、将下列句子翻译成现代汉语:
1. 夫战,勇气也。
2. 夫大国,难测也。
3. 衣食所安,弗敢专也。

四、请翻译下列句子,并写出介词"于"的用法:
1. 冰,水为之,而寒于水。(《荀子·劝学》)
2. 君子生非异也,善假于物也。(《荀子·劝学》)
3. 庞涓恐其贤于己。(《史记·孙子吴起列传》)
4. 此所谓战胜于朝廷。(《战国策·齐策一》)
5. 贫生于不足,不足生于不农。(晁错《论贵粟疏》)
6. 夫定国之术,在于强兵足食。(曹操《置屯田令》)
7. 苟全性命于乱世,不求达闻于诸侯。(《三国志·蜀书·诸葛亮传》)
8. 事急矣,请奉命求救于孙将军。(《三国志·诸葛亮传》)

【阅读】

龚遂治渤海(《汉书·龚遂传》)

遂见齐俗奢①,好末技②,不田作,乃躬率以俭约③,劝民务农桑,令口种一树榆④,百本薤⑤,五十本葱,一畦韭⑥,家二母彘⑦,五鸡。民有带持刀剑者,使卖剑买牛,卖刀买犊⑧……春夏不得不趋田亩,秋冬课收敛⑨,益蓄果实菱芡⑩。劳来循行⑪,郡中皆有畜积⑫,吏民皆富实。狱讼止息。

---

① 遂:龚遂,西汉著名的"循吏"(后世称为清官)。齐:指战国时齐国地域。汉代曾在今天津以南至山东马颊河一带沿渤海地区设渤海郡。奢(shē):奢侈,不节俭。
② 好:喜爱。末技:指工商业。古代人们把从事农业生产称为"务本"。
③ 乃:就。躬:副词,引申为亲自。率:带头。
④ 口:指每一个人。榆:榆树,它的皮和叶在荒年时可以充饥。
⑤ 薤(xiè):蔬菜的名字,形似韭菜。
⑥ 畦(qí):有土埂围着的排列整齐的田地,多为长方形的。
⑦ 彘(zhì):猪。
⑧ 犊(dú):小牛。
⑨ 课:动词,征收(赋税),这里指督促。收敛:指收割庄稼。
⑩ 菱:菱角。芡(qiàn):芡实,又叫鸡头米。都是自然生长的植物,可食。
⑪ 劳(lào)来:双声连绵词,义为劝勉鼓励。循行:指到处去巡视。
⑫ 畜:通"蓄"。这里引申为"储藏"。

二十八　翳桑之饿人（《左传·宣公二年》）

初[1]，宣子田于首山[2]，舍于翳桑[3]。见灵辄饿[4]，问其病[5]，曰："不食三日矣。"食之[6]，舍其半[7]，问之，曰："宦三年矣[8]，未知母之存否[9]，今近焉[10]，请以遗之[11]。"使尽之[12]，而为之箪食与肉[13]，寘诸橐以与之[14]。既而与为公介[15]，倒戟以御公徒而免之[16]。问其故，对曰："翳桑之饿人也！[17]"问其名居[18]，不告而退[19]。

【作品介绍】

本文介绍了宣子当初救过的人，在宣子遇到危难的时候，挺身相助的事情，体现了古人"知恩必报"的思想。

【注释】

[1] 初：当初，这里是追述往事的习惯说法。

[2] 宣子：赵盾，晋国的正卿（相当于首相）。谥（shì）号为宣子（谥号：按封建礼仪，人死了以后，根据他生前的业绩，评定褒贬，给予的称号）。田：通"畋"，打猎。首山：又名首阳山，在今山西永济县南。

[3] 舍（shè）：住一个晚上。行军或打猎在外边某地住一晚上叫"舍"。翳（yī）桑：地名。

[4] 灵辄（zhé）：人名。饿：上古汉语中，"饿"是特别严重的饥饿，指因为没有饭吃，受到死亡的威胁。而一般肚子饿，叫"饥"。

[5] 病：很严重的病，有生命危险了，一般的生病叫"疾"。

[6] 食（sì）：动词的使动用法，"给……吃"。之：这里代指灵辄。

[7] 舍（shě）其半：留下食物的一半（不吃）。

[8] 宦（huàn）：用作动词，当贵族的奴仆。

[9] 未知母之存否：不知道母亲在不在。"之"，助词，取消句子"母存否"的独立性，使它词组化，做"知"的宾语。

[10] 今：现在。近：靠近，离……近了。

[11] 请以遗（wèi）之：请允许我把这个送给她。遗：送给。

[12] 使尽之:"使之尽之"的省略。使:让。之:他。尽:形容词用如动词,"吃完",之:食物。

[13] 而:而且。为(wéi):给。之:他(灵辄)。箪(dān):盛饭用的竹筐。食:食物,饭。

[14] 寘(zhì):放置。诸:"之于"的合音字。橐(tuó):口袋。以:连词,相当于"而"。

[15] 既而:不久。与:参加。为:作,成为。公:指晋灵公。介:甲士。

[16] 倒:调过头来。戟(jǐ):兵器。御(yù):挡住。公徒:晋灵公手下的人。晋灵公想谋害赵宣子,赵宣子逃跑的时候,灵辄把戟倒过来,挡住了晋灵公手下的人。免:使动用法,使……免于难。之:代词,这里指赵宣子。

[17] 对:回答。饿人:因饥饿而病倒的人。

[18] 名:姓名。居:住处。

[19] 退:离开。

【繁简字对照】

灵——靈　　　　尽①——盡儘

【古文知识】

"以"字的用法(一)

在古代汉语中,"以"是一个出现频率很高的词。它可以作介词、连词等。在句子中的用法也很多。下面分别介绍。

"以"在句子中的第一个用法,是作介词。

(一)介绍出动作使用的工具、依据,可翻译为"用、拿、凭、按照、凭借、以……身份(名义、资格)"。例如:

1. 君若以德绥诸侯,谁敢不服?(《左传·僖公四年》)
2. 军中无以为乐,请以剑舞。(《史记·项羽本纪》)
3. (廉颇)以勇气闻名于诸侯。(《史记·廉颇蔺相如列传》)
4. 亚父以中尉为太尉。(《史记·绛侯周勃世家》)

(二)介绍出处置、率领的对象,可翻译为"把、率领"。例如:

5. 宫之奇以其族行。(《左传·僖公五年》)
6. 秦亦不以城予赵,赵亦终不予秦璧。(《史记·廉颇蔺相如列传》)

---

① 简化字"尽"包括了"盡、儘"两个繁体字。"盡"读 jìn 意思是完毕、全部。"儘"读 jǐn,意思是尽管、尽量。

7. 复以弟子一人投河中。(《史记·滑稽列传》)

(三)介绍出行为动作的原因,"因为、由于"。例如:

8. 左右以君贱之也,食以草具。(《战国策·齐策四》)(贱:认为……低贱。)

9. 扶苏以数谏故,上使外将兵。(《史记·陈涉世家》)

(四)介绍出行为动作的时间或处所。"在、从"。例如:

10. 田单以即墨攻破燕军。(《史记·田敬仲完世家》)

11. 今以长沙、豫章往,水道多绝,难行。(《汉书·西南夷传》)

【练习】

一、请回答下列问题:
  1. 宣子是怎么认识灵辄的?
  2. 灵辄为什么帮助宣子?
  3. 以后宣子见到过灵辄吗?

二、请翻译下列句子,并写出画线词语的意思:
  1. 宣子田于首山
  2. 舍于翳桑
  3. 见灵辄饿
  4. 问其病
  5. 舍其半
  6. 宦三年矣,未知母之存否
  7. 请以遗之
  8. 使尽之
  9. 而为之箪食与肉
  10. 既而与为公介

三、请翻译下列句子,并请注意它们的语法特点:
  1. 食之。
  2. 倒戟以御公徒而免之。

晏子饮景公酒（《说苑·贵德》）

晏子饮景公酒①，令器必新②。家老曰③："财不足，请敛于民④。"晏子曰："止。夫乐者⑤，上下同之。故天子与天下，诸侯与境内⑥，自大夫以下各与其僚，无有独乐；今上乐其乐，下伤其费⑦，是独乐者也。不可。"

---

① 晏子：晏婴。春秋时代的齐国人。任齐相三十余年。饮（yìn）：使动用法，让……喝酒。景公：齐景公，春秋时齐国国君。
② 器：酒器。
③ 家老：家臣之长，即大管家。
④ 请：请求。敛：征收。于：从
⑤ 夫：发语词，表示开始发表议论。乐：快乐。
⑥ 境内：全国所有的人。
⑦ 下：下边的人。伤：忧愁。费：花费，开销。

二十九 扁鹊见蔡桓公（《韩非子·喻老》）

扁鹊见蔡桓公[1]，立有间[2]，扁鹊曰："君有疾在腠理[3]，不治将恐深。"桓侯曰："寡人无疾。"扁鹊出，桓侯曰："医之好治不病以为功[4]。"居十日[5]，扁鹊复见，曰："君之病在肌肤，不治将益深[6]。"桓侯不应[7]。扁鹊出，桓侯又不悦。居十日，扁鹊复见曰："君之病在肠胃，不治将益深。"桓侯又不应。扁鹊出，桓侯又不悦[8]。居十日，扁鹊望桓侯而还走[9]。桓侯故使人问之[10]，扁鹊曰："疾在腠理，汤熨之所及也[11]；在肌肤，针石之所及也[12]；在肠胃，火齐之所及也[13]。在骨髓，司命之所属[14]，无奈何也[15]。今在骨髓，臣是以无请也[16]。"居十日，桓侯体痛，使人索扁鹊[17]，已逃秦矣。桓侯遂死。

【作品介绍】

《韩非子·喻老》用历史故事与民间传说来阐发《老子》思想的哲学文章。

这篇通过扁鹊数次指出蔡桓公的疾病而桓公不悦，最终桓公身亡的故事，讽刺了讳病忌医的人。

【注释】

[1] 扁鹊（què）：古代名医，姓秦，名越人。又称卢医，由于医术高明，人们就用传说中黄帝时名医扁鹊的名字来称呼他。蔡桓公：即桓侯，名封人，蔡国国君，公元前714年至前695年在位。

[2] 有间（jiàn）：一会儿。

[3] 腠（còu）理：中医学名称。这里指人体皮肤、肌肉的纹理。

[4] 不病：这里指没有病的人。以为功：把这个作为功劳。"以"后省去"之"。

[5] 居：与表示时间的词连用，相当于"……过了（……时间）"。

[6] 益：更加。

[7] 应（yìng）：回答，理睬。

[8] 悦(yuè)：高兴，喜欢。
[9] 望：远远地看到。还(huán)：返回。走：跑。
[10] 故：特意，专门。
[11] 汤熨(tàngwèi)：用热水焐(wù)、热药敷(fū)。汤：通"烫"。所：与动词或介词结合，构成名词性词组。及：达到。所及：达到的地方。
[12] 针石：石针，可用来刺入人体相关部位以治病。
[13] 火齐(jì)：火齐汤，清火的药。
[14] 司：动词，主管。司命：这里指主管生死的神。
[15] 无奈何：没有办法。
[16] 臣：官吏对君主的自称。以，介词，因为。是：这个。是以：因为这个。无请：不要再问什么。
[17] 索：寻找。

【繁简字对照】

医——醫　　　肤——膚　　　体——體　　　汤——湯
还——還

【古文知识】
"以"字的用法（二）

"以"的第二个用法，是在句子中作连词。

（一）连接两个并列的成分，或连接两个形容词，可翻译为"而且"。例如：

1. 治世之音安以乐。（《毛诗序》）
2. 夫夷以近，则游者众；险以远，则至者少。（王安石《游褒禅山记》）

连接两个动词性成分，表示动作连续，可不译。例如：

3. 虏魏太子申以归。（《史记·孙子吴起列传》）

连接两个动词，还表示目的，可翻译为"用来、以便"。例如：

4. 嘱余作文以记之。（范仲淹《岳阳楼记》）

连接两个动词性成分，也可以表示结果，可翻译为"因而、以致"。例如：

5. 不宜妄自菲薄，引喻失义，以塞忠谏之路也。（《三国志·蜀书·诸葛亮传》）

(二) 表示原因。例如：

6. 郑以救公误之,遂失秦伯。(《左传·僖公十五年》)

7. 以不能取容当世,故终身不仕。(《史记·张释之列传》)

(三) 连接状语和谓语,表示动作的方法、手段、情态、时间等。可不必翻译。例如：

8. 有好事者船载以入。(柳宗元《三戒·黔之驴》)

9. 箕踞以骂。(《史记·刺客列传》)

"以"的第三种用法是做动词,意思是"认为"。例如：

10. 皆以美于徐公。(《战国策·齐策一》)

11. (郑人)以其子为智,以巷人告者为盗。(《韩非子·说林下》)

【练习】

一、请回答下列问题：
1. 蔡桓公为什么不相信扁鹊?
2. 扁鹊对蔡桓公的病怎么评价?
3. 最后,扁鹊为什么望见蔡桓公就跑?
4. 蔡桓公最后相信扁鹊了吗?
5. 桓侯的病治好了吗?

二、请翻译下列句子,并指出画线词语的意思：
1. 医之好治不病以为功
2. 不治将益深
3. 桓侯又不应
4. 扁鹊望桓侯而还走
5. 桓侯故使人问之
6. 司命之所属
7. 臣是以无请也
8. 使人索扁鹊

三、请根据课文内容解释下面词语：
1. 求索
2. 司机
3. 望风而逃
4. 青春作伴好还乡
5. 精益求精
6. 一呼百应

四、请阅读下列句子,并请写出"以"的用法:
1. 桓公九合诸侯,不以兵车,管仲之力也。(《论语·宪问》)
2. 忠之属也,可以一战。(《左传·庄公十年》)
3. 齐侯以诸侯之师侵蔡。(《左传·僖公四年》)
4. 礼法以时而定。(《商君书·更法》)
5. 老臣以媪为长安君计短也。(《战国策·赵策》)
6. 天下有变,王割汉中以楚和。(《战国策·秦策一》)
7. 明法以绳天下。(《盐铁论·轻重》)
8. 不以物喜,不以己悲。(范仲淹《岳阳楼记》)

【阅读】

许由舍于家人 (《韩非子·说林下》)

尧以天下让许由①,许由逃之②,舍于家人③,家人藏其皮冠④。夫弃天下而家人藏其皮冠,是不知许由者也⑤。

---

① 尧(yáo):上古时的贤帝。让:禅让。许由:相传尧要把天下传让给他,他不肯接受,逃到箕山下,农耕而食。尧又请他作九州长官,他到颍水边洗耳,表示不愿意听。
② 之:代词,这里指"尧让天下之事"。
③ 舍:住宿。家人:普通人家。
④ 皮冠:古代打猎时戴的皮帽子。
⑤ 是:指示代词,这。者也:语气词连用,表示肯定的语气。

三〇　曾子之妻之市（《韩非子·外储说左上》）

曾子之妻之市[1]，其子随之而泣[2]，其母曰："女还[3]，顾反为女杀彘[4]。"妻适市来[5]，曾子欲捕彘杀之，妻止之曰："特与婴儿戏耳。[6]"曾子曰："婴儿非与戏也[7]，婴儿非有知也[8]，待父母而学者也[9]，听父母之教，今子欺之[10]，是教子欺也[11]。母欺子，子而不信其母，非所以成教也[12]"。遂烹彘也[13]。

【作品介绍】

本篇通过曾子因妻子的一句戏言而杀猪的故事，说明父母是孩子的第一位老师，对孩子的影响很大。为人父母者，应该注意对孩子的言传身教。

【注释】

[1] 之（市）：之：动词，往，到……去。市：集市、市场。

[2] 其：她的。之：代词：她。

[3] 其母：那个母亲。女（rǔ）：通"汝"，你。还（huán）：回家，返还原来的地方，或恢复原来的状态。

[4] 反：通"返"。 彘（zhì）：猪。

[5] 适：副词，刚刚，才。

[6] 特：副词，只不过。耳：……罢了。戏：开玩笑。

[7] 婴（yīng）儿：初生的小孩。在古代也泛指孩子或年幼的人。

[8] 非有：没有。

[9] 待：依赖，依靠。者也：语气词连用，表示肯定的语气。

[10] 今：现在。子：你。欺：欺骗。

[11] 是:指示代词,这。也:表示判断的语气词。子:孩子。

[12] 非:不是。所:特殊的指示代词,与后面的介词"以"、动词性词组"成教"组成一个名词性词组。不是成功的教育孩子的方法。

[13] 遂:于是就。烹(pēng):煮。

【繁简字对照】

杀——殺　　　儿——兒　　　戏——戲　　　婴——嬰

【古文知识】

"为"字的用法

古代汉语中,"为"的用法很多。主要的用法是在句子中作介词、语气助词、动词。

第一,作介词的"为"(wèi),有以下几个作用。

(一)用来介绍对象,可译为"给、替";行为所旁及的对象,可译为"对、向"。例如:

1. 秦王为赵王击缶。(《史记·廉颇蔺相如列传》)
2. 媪之送燕后也,持其踵而为之泣。(《战国策·赵策》)
3. 不足为外人道也。(陶潜《桃花源记》)

(二)用来介绍原因或目的,可译为"因为"、"为了";例如:

4. 天行有常,不为尧存,不为桀亡。(《荀子·天问》)
5. 天下熙熙,皆为利来,天下攘攘,皆为利往。(《史记·货殖列传》)

(三)介绍施事者,可译为"被"。例如:

6. 吾属今为之虏矣!(《史记·项羽本纪》)
7. 主辱军破,为天下笑。(《战国策·秦策三》)

第二,读 wéi,作语气助词,经常与"何""奚"合用,用在句尾,译为"……呢"。例如:

8. 夫子何命焉为?(《墨子·公输》)
9. 即为真王耳,何以假为?(《史记·淮阴侯列传》)

第三,读 wéi,作动词,基本意义是"做",可译为"制作、处置";也可以帮助表示判断,可译为"是、算"。例如:

10. 散木也，以为舟则沉，以为棺椁则速腐。(《庄子·人世间》)
11. 温故而知新，可以为师矣。(《论语·为政》)
12. 子墨子解带为城，以牒为械。(《墨子·公输》)

【练习】

一、请回答下列问题：
  1. 曾子的妻子和孩子说了什么？
  2. 曾子的妻子为什么阻止曾子杀猪？
  3. 曾子同意妻子的说法吗？
  4. 曾子最后为什么杀猪了？

二、请翻译下列句子，并指出下列句子中的画线词语的意思：
  1. 曾子之妻之市
  2. 女还，顾反为女杀彘
  3. 妻适市来
  4. 特与婴儿戏耳
  5. 待父母而学者也
  6. 是教子欺也
  7. 非所以成教也

三、利用本课学过的内容，解释下列词语：
  1. 人心不可欺
  2. 义无反顾
  3. 适得其反
  4. 所答非所问

四、翻译下列句子，并指出"为"的语法作用：
  1. 如今人方为刀俎，我为鱼肉，何辞为？(《史记·项羽本纪》)
  2. 具为天子言之。(《史记·大宛列传》)
  3. 为其老，强忍，下取履。(《史记·留侯世家》)
  4. 然则又何以兵为？(《荀子·议兵》)
  5. 庖丁为文惠君解牛。(《庄子·养生主》)
  6. 始知文章合为时而著，歌诗合为事而作。(白居易《与元九书》)
  7. 战而不克，为诸侯笑。(《左传·襄公十年》)
  8. 亡羊而补牢，未为迟也。(《战国策·楚策四》)

【阅读】

解狐举邢伯柳（《韩非子·外储说左下》）

解狐举邢伯柳为上党守①，柳往谢之②，曰："子释罪③，敢不再拜④！"曰："举子，公也⑤；怨子，私也。子往矣⑥，怨子如初也⑦！"

---

① 解(xiè)狐：人名。举：推举，举荐。守：官职。
② 往：到……去。谢：道歉，这里也有感谢的意思。
③ 释：释放，这里是"原谅"的意思。
④ 敢：岂敢。
⑤ 公也：是为了公。
⑥ 矣：表达一种命令的语气，可译作"吧"。
⑦ 怨：怨恨。初：当初。当初的样子。如：和……一样。

三十一　相不受鱼 (《史记·循吏列传》)

公仪休者,鲁博士也[1]。以高弟为鲁相[2]。奉法循理[3],无所变更,百官自正。使食禄者不得与下民争利[4],受大者不得取小[5]。客有遗相鱼者[6],相不受。客曰:"闻君嗜鱼[7],遗君鱼,何故不受也?"相曰:"以嗜鱼[8],故不受也。今为相,能自给鱼[9];今受鱼而免[10],谁复给我鱼者[11]?吾故不受也。"

【作品介绍】

《史记》,原名《太史公书》,西汉司马迁(约公元前145—?)著,约成书于汉武帝太初元年至征和二年间(公元前104—前91)。是中国第一部纪传体的通史。全书包括十二本纪、十表、八书、三十世家、七十列传。

【注释】

[1] 公仪休:姓公仪,名休。战国时期鲁穆公的相。"……者……":古代汉语的判断句。博士:中国古代的官名,秦及汉初,博士掌管古今史事及书籍典守。

[2] 以:因为,凭借。"弟"同"第"。高弟:古时考试或官吏考绩列入优秀的叫"高弟"。

[3] 循:遵循。理:道理,法则。

[4] 食禄(lù):享受国家俸禄。下民:平民百姓。

[5] 大:大的利益。不得:不能。

[6] 遗(wèi):赠送。

[7] 闻:听说。嗜(shì):特别喜欢。

[8] 以:因为。

[9] 给(jǐ):供给。

[10] 免:免职,免官。被动用法,"被免官"。
[11] 谁复给我鱼者:谁是再供给我鱼的人? 者:……的人。

【繁简字对照】
仪——儀　　　变——變　　　鲁——魯　　　给——給

【古文知识】
"而"字的用法
在古代汉语中,"而"的出现频率很高。在句子中主要是作连词、语气词、代词。

第一、作连词,连接状语和谓语,或者表示转折。例如:

1. 学而时习之,不亦说乎?(《论语·学而》)
2. 至之市,而忘操之。(《韩非子·外储说左上》)
3. 今臣之刀十九年矣,所解数千牛矣,而刀刃若新发于硎。(《庄子·养生主》)

或者表示行为的方式、手段、情态、时间、目的等等。例如:

4. 老妇恃辇而行。(《战国策·赵策》)
5. 北山愚公者,面山而居。(《列子·汤问》)

也可以连接主语和谓语,表示假设关系,可译为"如果"。例如:

6. 子产而死,其谁嗣之?(《左传·襄公三十年》)
7. 人而无信,不知其可也。(《论语·为政》)

第二,作语气词,用于句尾,表示感叹。可以译为"吧、啊"。例如:

7. 已而! 已而! 今之从政者殆而!(《论语·微子》)
8. 唐棣之华,偏其反而!(《论语·子罕》)

第三,作第二人称代词,经常作定语,"你的、你们的"。例如:

9. 汝知而心与左右手背乎?(《史记·孙子吴起列传》)
10. 吕后复问其次,上曰:"此后亦非而所知也。"(《史记·高祖本纪》)

此外,还有一些固定的用法,例如"而后",表示"然后才";"而已",表示"只有……罢了。"例如:

11. 古之人所以大过人者，无他焉，善推其所为而已矣。（《孟子·梁惠王上》）
12. 鞠躬尽瘁，死而后已。（诸葛亮《出师表》）

【练习】

一、请回答下列问题：
1. 公仪休是什么人？
2. 公仪休为什么不许食禄者与民争利？
3. 别人为什么送给他鱼？
4. 他为什么不接受别人送的鱼？

二、请翻译下列语句，并指出画线的词语的意思：
1. 公仪休<u>者</u>，鲁博士<u>也</u>
2. 受<u>大</u>者不得取小
3. 客有<u>遗</u>相鱼者
4. <u>闻</u>君嗜鱼
5. 能自<u>给</u>也
6. 今受鱼而<u>免</u>
7. 吾<u>故</u>不受鱼

三、根据本课的内容，解释下面的词语：
1. 自给自足
2. 听而不闻
3. 嗜财如命
4. 正人先正己
5. 循循善诱
6. 奉公守法
7. 更名改姓
8. 无功受禄

四、请将下列句子翻译成现代汉语，并指出"而"的作用：
1. 夫差！而忘越王之杀而父乎？（《左传·定公十四年》）
2. 一鼓作气，再而衰，三而竭。（《左传·庄公十年》）
3. 吾尝终日而思矣，不如须臾之所学也。（《荀子·劝学》）
4. 舟已行矣，而剑不行，求剑若此，不亦惑乎？（《吕氏春秋·察今》）
5. 王休甲息众，二年而后复之。（《史记·春申君列传》）
6. 子子孙孙无穷匮也，而山不加增，何苦而不平？（《列子·汤问》）
7. 古之兵，弓箭而已矣，槽矛无击，修戟无刺。（《淮南子·氾论》）

子罕以不贪为宝（《左传·襄公十五年》）

宋人或得玉①，献诸子罕②，子罕弗受。献玉者曰："以示玉人③，玉人以为宝也，故敢献之。"子罕曰："我以不贪为宝，尔以玉为宝。若以与我，皆丧宝也，不若人有其宝④。"

---

① 或：无定代词，有的人，有人。
② 子罕：春秋时代宋国的大夫，以廉洁闻名。诸："之于"的合音字，之：代词，它。
③ 玉人：制玉的工匠。
④ 不若：不如。

三十二　愚公移山（《列子·汤问》）

太行、王屋二山[1]，方七百里[2]，高万仞[3]，本在冀州之南，河阳之北[4]。北山愚公者[5]，年且九十[6]，面山而居[7]。惩山北之塞[8]，出入之迂也[9]，聚室而谋曰[10]："吾与汝毕力平险[11]，指通豫南[12]，达于汉阴[13]，可乎？"杂然相许[14]。其妻献疑曰[15]："以君之力[16]，曾不能损魁父之丘[17]，如太行、王屋何[18]？且焉置土石[19]？"杂曰："投诸渤海之尾[20]，隐土之北。"遂率子孙荷担者三夫[21]，叩石垦壤[22]，箕畚运于渤海之尾[23]。邻人京城氏之孀妻有遗男[24]，始龀[25]，跳往助之。寒暑易节[26]，始一反焉[27]。

河曲智叟笑而止之曰[28]："甚矣，汝之不惠[29]！以残年馀力，曾不能毁山之一毛；其如土石何[30]？"北山愚公长息曰[31]："汝心之固[32]，固不可彻[33]；曾不若孀妻弱子[34]。虽我之死，有子存焉。子又生孙，孙又生子，子又有子，子又有孙；子子孙孙，无穷匮也[35]，而山不加增，何苦而不平[36]？"河曲智叟亡以应[37]。

操蛇之神闻之[38]，惧其不已也，告之于帝[39]。帝感其诚[40]，命夸娥氏二子负二山[41]，一厝朔东[42]，一厝雍南[43]。自此，冀之南，汉之阴，无陇断焉[44]。

【作品介绍】

本篇讲述愚公率领全家人移走太行、王屋两座大山的故事，体现出坚决克服困难的精神。

【注释】

[1] 太行(háng)：山名，在现在山西和河北交界处，北起两省北部，南至两省与河南省交界处。王屋：山名，在现在山西省垣(yuán)曲和河南济源等县间。

[2] 方：方圆，面积。

[3] 仞(rèn)：古代的度量单位，约等于现在的七八尺。

[4] 冀(jì)州：古九州之一，包括现在的河北、山西两省以及河南省黄河以北、辽宁省辽河以西一带地方。河阳：现在河南省孟县一带地方。或说泛指黄河北岸。

[5] 愚公：虚构的人物。者：特殊代词，用在主语后，引出判断或说明。

[6] 且：副词，将，将近。

[7] 面：名词作副词，面对着……，面向。

[8] 惩(chéng)：苦于，受……之苦。塞(sè)：阻塞。

[9] 迂：曲，绕远。

[10] 聚：聚集。室：家人。谋：商量。

[11] 汝：你，你们。毕力：尽全力。平：铲平，除掉。险：险阻，指太行、王屋二山。

[12] 指通：直通。豫南：河南的南部。豫州，古九州之一，在现在的河南省。

[13] 达：到达。汉阴：汉水的南面。水的南面叫阴。如：淮阴、湘阴、汉阴。

[14] 杂然：纷纷地。许：赞许，赞成。

[15] 献疑：提出疑问。

[16] 以：凭。君：您。

[17] 曾不：连……也不……。魁父之丘：小土山。

[18] 如……何：把……怎么办？

[19] 且：再说。焉：在哪里。置：放，放置。

[20] 投：扔。诸："之于"的合音字。渤海之尾：渤海的边上。

[21] 遂：于是，就。荷(hè)：挑。夫：成年男子的通称。

[22] 叩：敲，敲打。扣石垦(kěn)壤(rǎng)：凿石头，挖土块。

[23] 箕畚(jīběn)：装土石的工具，箕：簸箕。畚：土筐。这里是名词做动词用，"用箕畚装土石"。

[24] 京城氏：姓京城的人。孀(shuāng)：丈夫死了妻子为孀，也称寡妇。遗男：孤儿，或是遗腹子。

[25] 龀(chèn)：换乳牙。指六七岁的年龄。始：刚刚。

[26] 易：动词，换。节：季节。

[27] 反：通"返"。焉：语气词。

[28] 河曲：地名。叟(sǒu)：老头。

[29] 惠(huì)：通"慧"，聪明。

[30] 其：用于"如……何"之前，加强反问语气。

[31] 长息:长叹,用来表示内心的感慨。
[32] 固:顽固。不可:不能。
[33] 彻:通。
[34] 不若:不如,比不上。
[35] 穷:尽,到头。匮(kuì):尽。
[36] 苦:忧愁。何苦:忧愁什么……。
[37] 亡(wú):通"无"。应(yìng):回答。
[38] 操:拿。操蛇之神:神话中管理山的神。
[39] 帝:这里指天帝。
[40] 感其诚:被动用法,被他的诚心感动。
[41] 夸娥氏:神话中力气很大的神。负:背。
[42] 一:一座山。厝(cuò):通"措",放置。朔(shuò)东:今山西省北部一带。
[43] 雍(yōng):今陕西、甘肃一带。
[44] 陇:通"垄",山岗,高地。陇断:高山阻隔。

【繁简字对照】

阴——陰	惩——懲	毕——畢	险——險
达——達	杂——雜	垦——墾	节——節
残——殘	彻——徹	陇——隴	断——斷
汉——漢			

【古文知识】

"则"字的用法

古代汉语中,"则"的用法大体上是作连词和副词。

一、作连词时,表示承接关系,可翻译为"就"、"便"。例如:

1. 居安思危。思则有备,有备无患。(《左传·襄公十一年》)
2. 战则请从。(《左传·庄公十年》)
3. 橘生淮南则为橘,生于淮北则为枳。(《晏子春秋·内篇杂下》)
4. 入则无法家拂士,出则无敌国外患者,国恒亡。(《孟子·告子下》)

作连词还可以表示转折关系,可翻译为"却"、"原来已经……";例如:

5. 滕,小国也,竭力以事大国,则不得免焉。(《孟子·梁惠王下》)
6. 其子趋而往视之,苗则槁矣。(《孟子·公孙丑上》)

表示让步关系,可翻译为"倒是、固然";

7. 滕君则诚贤君也。虽然,未闻道也。(《孟子·滕文公上》)
8. 美则美矣,而未大也。(《庄子·天道》)

还可以表示假设关系,可翻译为"如果"。

9. 今闻章邯降项羽,项羽乃号为雍王,王关中。今则来,沛公恐不得有此。(《史记·高祖本纪》)
10. 彼则肆然而为帝,过而遂正于天下,则连有赴东海而死耳。(《战国策·赵策三》)

二、"则"也经常作副词,用来帮助表示判断和肯定,可翻译为"便是"和"就"。例如:

11. 此则寡人之罪也。(《国语·越语上》)
12. 岂人主之子孙则必不善哉?(《战国策·赵策三》)
13. 此则岳阳楼之大观也。(范仲淹《岳阳楼记》)

【练习】

一、请回答下列问题:
1. 太行、王屋两座山原来在哪儿?
2. 北山愚公家原来的环境好吗?
3. 家里人都同意愚公的建议吗?
4. 智叟认为愚公的行为怎么样?
5. 愚公是怎么回答智叟的?
6. 最后,愚公移山成功了吗?

二、请翻译下面的语句,并指出画线的词语的意思:
1. <u>方</u>七百里,高万仞
2. 北山愚公<u>者</u>,年且九十
3. <u>惩山北之塞</u>,出入之<u>迂</u>也
4. <u>聚室而谋</u>曰
5. <u>杂然相许</u>
6. 其妻<u>献疑</u>曰

7. 且<u>焉</u>置土石
8. 投<u>诸</u>渤海之尾
9. 遂率子孙荷担者三<u>夫</u>
10. 叩石<u>垦壤</u>
11. 邻人京城氏之<u>孀</u>妻有<u>遗男</u>,始<u>龀</u>
12. 寒暑<u>易</u>节,始一<u>反</u>焉
13. <u>固</u>不可彻
14. 而山不加增,何<u>苦</u>而不平
15. 河曲智叟<u>亡</u>以<u>应</u>
16. 一<u>厝</u>朔东,一厝雍南

三、指出下列句子的语法特点或特殊用法:
1. 以君之力,曾不能损魁父之丘
2. 如太行、王屋何?
3. 以残年余力,曾不能毁山之一毛
4. 箕畚运于渤海之尾
5. 甚矣,汝之不惠!
6. 帝感其诚

四、请找出本课中的通假字。

五、请指出下列句子中"则"的用法:
1. 大寇则至,使之持危城,则必畔。(《荀子·议兵》)
2. 恶则恶矣,然非其急者也。(《管子·小匡》)
3. 北方有白雁,似雁而小,色白,秋深则来。(沈括《梦溪笔谈》)
4. 好问则裕,自用则小。(《尚书·仲虺之诰》)
5. 实欲言十则言百,百则言千矣。(《论衡·儒增》)
6. 是故财聚则民聚,财散则民散。(《礼记·大学》)
7. 今民生长于齐不盗,入楚则盗,得无楚之水土使民善盗耶?(《晏子春秋·内篇杂下》)
8. 今虽死乎此,比吾乡邻之死则已后矣。(柳宗元《捕蛇者说》)
9. 至则无可用,放之山下。(柳宗元《黔之驴》)

10. 巧则巧矣，未尽善也。（晋·傅玄《马先生传》）

【阅读】

道见桑妇（《列子·说符》）

  晋文公欲伐卫①，公子锄仰天而笑②。公问何笑③，曰："臣笑邻之人有送其妻适私家者④，道见桑妇⑤，悦而与言⑥。然顾视其妻⑦，亦有招之者矣⑧。臣窃笑此也⑨。"公寤其言⑩，乃止。

---

  ① 晋文公：春秋时晋国国君，名重耳，春秋五霸之一。卫：春秋时代国名，在今河北省南部和河南省北部一带。
  ② 公子锄：人名。
  ③ 何笑：笑什么。
  ④ 适：往，到……去。私家：自己的家。
  ⑤ 道：路，这里作状语，在半路上，途中。桑妇：采桑叶的妇女。
  ⑥ 悦：高兴。与言："与之言"的省略。
  ⑦ 然：然而。顾视：回头看。
  ⑧ 亦：也，同样。招：打手势招引。
  ⑨ 窃(qiè)：表自谦的副词，私下。
  ⑩ 寤(wù)：通"悟"，了解，明白。

三十三　螳螂捕蝉（《说苑·正谏》）

吴王欲伐荆[1]，告其左右曰[2]："敢有谏者，死。"舍人有少孺子者[3]，欲谏不敢，则怀丸操弹[4]，于后园，露沾其衣[5]，如是者三旦[6]。吴王曰："子来，何苦沾衣如此！"对曰："园中有树，其上有蝉，蝉高居悲鸣饮露，不知螳螂在其后也；螳螂委身曲附[7]，欲取蝉，而不知黄雀在其傍也[8]，黄雀延颈[9]，欲啄螳螂，而不知弹丸在其下也。此三者，皆务欲得其前利[10]，而不顾其后之有患也[11]。"吴王曰："善哉！"乃罢其兵[12]。

【作品介绍】

《说苑》的作者刘向（公元前77—前6)，本名更生，字子政，西汉时帝王家族，著名的经学家和散文家。编有历史故事集《说苑》和《新序》。

【注释】

[1] 吴王：指吴王寿梦。荆：楚国的别名。
[2] 左右：吴王身边的人。
[3] 舍人：君王的侍从者。少孺子：年轻人。
[4] 怀：名词做动词，怀里放着。丸：弹子。操：拿着。弹：弹弓。
[5] 沾(zhān)：浸湿。
[6] 如是者：像这样的情况。旦：早晨。
[7] 委身：弯曲身体。曲：弯曲。附：靠近。一说"附"通"跗"，"足背"义。
[8] 傍：通"旁"。
[9] 延：伸长。颈：脖子。

[10] 务:一定。

[11] 患(huàn):祸患。灾难。

[12] 罢:停止。兵:出兵。

【繁简字对照】

蝉——蟬　　谏——諫　　鸣——鳴　　弹——彈

园——園　　务——務　　沾①——沾霑　　树——樹

【古文知识】

"也"字的用法

在古代汉语中,"也"主要作语气词,出现在各种句子里,用来表示不同的语气。可以分为两个大类。

第一,用于句尾,表示肯定的语气。

(一)用在判断句尾,肯定事物是什么或不是什么,翻译时在主语和谓语之间加上"是"。用在因果关系句和陈述句尾,表示肯定事实,不译。例如:

1. 董狐,古之良史也。(《左传·宣公二年》)
2. 南冥者,天池也。(《庄子·逍遥游》)
3. 陈胜者,阳城人氏也,字涉。(《史记·陈涉世家》)
4. 离骚者,犹离忧也。(《史记·屈原列传》)
5. 老臣窃以为媪为长安君计短也。(《战国策·赵策四》)
6. 灭六国者,六国也,非秦也。(杜牧《阿房宫赋》)

(二)用于疑问句或祈使句中,可翻译为"呢、啊"等。例如:

7. 若为佣耕,何福贵也?(《史记·陈涉世家》)
8. 安陵君不听寡人,何也?(《战国策·魏策四》)
9. 孟尝君怪之,曰:"此谁也?"(《战国策·齐策四》)

(三)用在感叹句中,表示肯定的感叹,可翻译为"啊"。例如:

10. 先生之恩,生死而肉骨也。(明·马中锡《中山狼传》)

第二,用在句中,表示停顿,可不翻译。例如:

---

① 表示"浸润""润泽"的"霑"合并入"沾"。

11. 今也则亡,未闻好学者也。(《论语·雍也》)
12. 当是时也,禹八年于外,三过其门而不入。(《孟子·滕文公上》)
13. 又问焉。对曰:"午也可。"(《左传·襄公三年》)
14. 惧其不已也,告之于帝。(《列子·汤问》)

【练习】

一、请回答下列问题:
　1. 这个青年为什么每天到后花园来?
　2. 这个青年的话说明了什么道理?
　3. 最后,这个青年的目的达到了吗?

二、请翻译下面的语句,并指出画线的词语的意思:
　1. 吴王欲<u>伐</u>荆
　2. <u>敢</u>有谏者,死
　3. 则<u>怀</u>丸<u>操</u>弹
　4. <u>于</u>后园
　5. 如是者三<u>旦</u>
　6. 子来,何<u>苦</u>沾衣如此
　7. 螳螂<u>委</u>身曲<u>附</u>
　8. 黄雀<u>延</u>颈
　9. 此三者,皆<u>务</u>欲得其前<u>利</u>,而不<u>顾</u>其后之有<u>患</u>也

三、请根据本课的内容,解释下列词语:
　1. 除恶务尽　　　4. 螳螂捕蝉,黄雀在后
　2. 安民告示　　　5. 欲罢不能
　3. 文死谏,武死战　6. 除恶务尽

四、请阅读下列句子,指出其中"也"的用法:
　1. 小惠未遍,民弗从也。(《左传·庄公十年》)
　2. 然则乡之所谓知者,不乃为大盗积者也。(《庄子·胠箧》)
　3. 夫也不良,国人知之。(《诗经·陈风·墓门》)
　4. 武安君之死也,以秦昭王五十年十一月。(《史记·白起王翦列传》)

炳烛之明（《说苑·建本》）

刘 向

晋平公问于师旷曰①："吾年七十，欲学，恐已暮矣。"师旷曰："何不炳烛乎②？"平公曰："安有为人臣而戏其君乎③？"师旷曰："盲臣安敢戏君乎？臣闻之：少而好学，如日出之阳；壮而好学，如日中之光；老而好学，如炳烛之明。炳烛之明，孰与昧行乎④？"平公曰："善哉！"

---

① 师旷：晋国著名乐师，名旷。
② 何不：为什么不……。炳烛：点亮蜡烛。
③ 安有：哪有。戏：嘲弄，拿……开玩笑。
④ 孰与：何如，可译为"和……比，怎么样？"昧（mèi）：暗，不明。

三十四　桃花源记(晋·陶潜)

晋太元中[1],武陵人捕鱼为业[2]。缘溪行[3],忘路之远近。忽逢桃花林,夹岸数百步[4],中无杂树,芳草鲜美,落英缤纷[5]。渔人甚异之[6]。复前行,欲穷其林[7]。林尽水源,便得一山。山有小口,仿佛若有光,便舍船从口入。

初极狭[8],才通人。复行数十步,豁然开朗[9],土地平旷,屋舍俨然,有良田美池桑竹之属[10]。阡陌交通[11],鸡犬相闻。其中往来种作,男女衣着[12],悉如外人[13],黄发垂髫[14],并怡然自乐。见渔人,乃大惊,问所从来[15],具答之。便要还家[16],设酒杀鸡作食,村中闻有此人,咸来问讯[17]。自云先世避秦时乱,率妻子邑人来此绝境[18],不复出焉,遂与外人间隔[19]。问今是何世,乃不知有汉,无论魏晋[20]。此人一一为具言所闻,皆叹惋[21]。馀人各复延至其家[22],皆出酒食。停数日,辞去[23]。此中人语云:"不足为外人道也[24]。"

既出,得其船,便扶向路[25],处处志之[26]。及郡下[27],诣太守[28],说如此。太守即遣人随其往,寻向所志,遂迷,不复得路。

【作品介绍】

陶潜(365?—427),亦名陶渊明,字元亮,东晋时浔阳柴桑(今江西九江市附近)人。著名文学家,志趣高洁,不慕荣利,四十一岁任彭泽令时,弃官隐居。世称"靖节先生"。有《陶渊明集》传世。

【注释】

[1] 太元:晋武帝年号(376—396)。

[2] 武陵:地名,在今湖南常德县西。

[3] 缘:沿着,顺着。

[4] 夹岸:两岸。

[5] 缤(bīn)纷:繁多、零乱,常指落花纷纷而下的样子。

[6] 异:形容词意动用法,"认为……奇异"。异之:对……感到很惊奇。

[7] 穷:动词,探寻……的尽头。

[8] 狭(xiá):不宽。

[9] 豁(huò)然:开阔的样子。豁然开朗:常指从狭小的状态一下子变得开阔了。

[10] 属:类,……等东西。

[11] 阡陌(qiānmò):田间小路。南北为"阡",东西为"陌"。交:交互,交叉。通:通达,通畅。

[12] 衣着(zhuó):衣裳、服饰。

[13] 悉:完全,都。

[14] 黄发(fà):指老人,因老人头发从黑变白时,或变白以后,有的转为黄色。垂髫(tiáo):指儿童。髫,指古代儿童头上常留的小辫子。

[15] 所从来:从什么地方来的,指"来的地方是哪儿"。

[16] 要(yāo):通"邀",邀请。还(huán):回。

[17] 咸(xián):都,全部。讯:消息。

[18] 妻子:妻子和孩子。邑(yì)人:家乡人。绝境:与人世隔绝的地方。

[19] 间隔(jiàngé):隔离,不通音信。

[20] 无论:更不要说。乃:副词,竟,竟然。

[21] 叹惋(wǎn):惊叹,感慨。

[22] 延:请,引入,带到。

[23] 辞:告辞,道别,辞别。

[24] 不足:不值得。道:诉说。

[25] 向:原来。扶向路:沿着原来的路。

[26] 志:动词,作标记。

[27] 及:到。郡(jùn)下:郡治所在地,即武陵。

[28] 诣(yì):到……去,特指到尊长处。太守:官职名,郡的最高行政长官。

【繁简字对照】

业——業　　缘——緣　　缤——繽　　极——極
开——開　　旷——曠　　种——種　　叹——歎
寻——尋　　俨——儼　　惊——驚　　云①——云雲
发②——發

【古文知识】

"焉"字的用法

在古代汉语中,"焉"的用法主要有四个。

第一,"焉"作指示代词兼语气助词,用来指代处所、事物、人,同时表示陈述语气。例如:

1. 夫大国,难测也,惧有伏焉。(焉:在那里)(《左传·庄公十年》)
2. 人谁无过,过而能改,善莫大焉。(焉:比这个)(《左传·宣公二年》)
3. 三人行,必有我师焉。(焉:在这里)(《论语·述而》)
4. 昔者吾舅死于虎,吾夫又死焉。(焉:在这件事上)(《礼记·檀弓下》)

第二,"焉"作语气助词,有引起注意的作用。例如:

5. 虽我之死,有子存焉。(《列子·汤问》)
6. 寒暑易节,始一返焉。(《列子·汤问》)

第三,"焉"作疑问代词,作状语,可以指代处所,"哪儿";也可以表反问,"怎么、哪里"。例如:

7. 天下之父归之,其子焉往?(《孟子·离娄上》)
8. 且焉置土石?(往哪里)(《列子·汤问》)

第四,"焉"作形容词词尾,例如:

9. 穆穆焉,皇皇焉,济济焉,信天下之壮观也。(张衡《东京赋》)
10. 少焉,月出于东山之上,徘徊于斗牛之间。(苏轼《前赤壁赋》)

---

① 繁体字"雲"(雲霄、乌云)并入"云"(人云亦云)。
② 繁体字"發(fā)"和"髮(fà)"合并简化为"发(fā,fà)"。

【练习】

一、请回答下列问题：
1. 这个打鱼人是怎么找到世外桃源的？
2. 世外桃源的人们生活得怎么样？
3. 世外桃源的人们为什么来到这里？
4. 世外桃源的人们了解外边的世界吗？
5. 你喜欢这个世外桃源吗？为什么？

二、请翻译下面的语句，并解释带画线的词语：
1. 缘溪行
2. 渔人甚异之
3. 欲穷其林
4. 便舍船从口入
5. 初极狭，才通人
6. 复行数十步，豁然开朗
7. 阡陌交通
8. 便要还家
9. 咸来问讯
10. 率妻子邑人来此绝境
11. 乃不知有汉，无论魏晋
12. 馀人各复延至其家
13. 皆出酒食。停数日，辞去
14. 不足为外人道也
15. 便扶向路，处处志之
16. 诣太守

三、利用本课学过的词语解释下列词语：
1. 无以为业
2. 缘木求鱼
3. 狭路相逢
4. 咸受其益
5. 衣着华丽
6. 不辞而别
7. 如入无人之境
8. 穷源竟委

四、利用字典阅读张旭《桃花溪》诗：

  隐隐飞桥隔野烟，石矶西畔问渔船：
  桃花尽日随流水，洞在清谿何处边？

五、请翻译下列句子，并请注意"焉"的用法：
1. 积善成德，而神明自得，圣心备焉。（《荀子·劝学》）
2. 王笑曰："圣人非所与熙也，寡人反取病焉。"（《晏子春秋·内篇杂下》）
3. 鹤实有禄位，余焉能战？（《左传·闵公二年》）

4. 食其禄，焉避其难。(《三国志·魏书·王修传》)

5. 徐徐焉，实狼其中。(明·马中锡《中山狼传》)

【阅读】

永之氓（唐·柳宗元）

永之氓咸善游①，一日，水暴甚，有五六氓乘船绝湘水②。中济③，船破，皆游，其一氓尽力而不能寻常④。其侣曰："汝善游最也，今何后为⑤？"曰："吾腰千钱，重，是以后。"曰："何不去之？"不应，摇其首。有顷，益怠⑥。已济者岸上呼且号曰："汝愚之甚！蔽之甚！身且死⑦，何以货为⑧？"又摇其首，遂溺死⑨。

---

① 永：永州，在今湖南零陵县。氓(méng)：古代称百姓为氓。
② 绝：横渡。湘水：发源于湖南南部和广西东北部，流入洞庭湖。
③ 济：过河，渡。
④ 寻常：古代八尺为寻，二寻为常。这里指不太远的距离。
⑤ 后：方位词做动词用，落在后面。为：疑问语气词。
⑥ 益：更加。怠：疲倦。
⑦ 且：将要。
⑧ 货：钱。
⑨ 溺(nì)死：淹死。

三十五　爱莲说（宋·周敦颐）

水陆草木之花，可爱者甚蕃[1]。晋陶渊明独爱菊[2]；自李唐来[3]，世人甚爱牡丹[4]；余独爱莲之出淤泥而不染[5]，濯清涟而不妖[6]，中通外直，不蔓不枝[7]，香远益清[8]，亭亭净植[9]，可远观而不可亵玩焉[10]。

予谓菊，花之隐逸者也[11]；牡丹，花之富贵者也；莲，花之君子者也。噫[12]，菊之爱，陶之后鲜有闻[13]；莲之爱，同予者何人[14]？牡丹之爱，宜乎众矣[15]！

【作品介绍】

周敦颐（1017—1073），字茂叔，宋代道州道营（今湖南道县）人。他家居住在庐山莲花峰下，前有溪，世称濂溪先生。他是宋代理学的开创者。有《周元公集》传世。

这篇文章通过对莲花的爱慕和赞颂，表现了作者对美好理想的向往，对高尚情操的追求，对正直人格的仰慕。通过对牡丹的厌恶和鄙弃，表现出对趋附权贵、苟随时尚者的不满。

【注释】

[1] 蕃(fán)：茂盛。引申为众多。
[2] 陶渊明：即陶潜，晋代人，以甚爱菊著称。
[3] 李唐：即唐朝，唐朝皇帝姓李，故又称李唐。来：以来。
[4] 世人甚爱牡丹：唐朝李肇《唐国史补》："京城贵游尚牡丹。每春暮，车马若狂。种以求利，一本有直数万者。"刘禹锡诗："唯有牡丹真国色，花开时节动京城。"
[5] 淤(yū)泥：污泥。染：弄脏。

[6] 濯(zhuó):洗涤。清涟(lián):清澈的波纹。

[7] 蔓(wàn):细长而不能直立的茎,这里用如动词,"长(zhǎng)蔓"。枝:枝条。这里也用如动词,长枝条。

[8] 香:香气。益:更加。清:清冽。

[9] 亭亭:挺拔、直耸的样子。植:树立。

[10] 亵(xiè):不庄重的行为。亵玩:玩弄。

[11] 隐逸:遁世隐居。

[12] 噫:叹词。

[13] 鲜(xiǎn):很少。闻:听说。

[14] 予:第一人称代词,我。

[15] 宜:当然。

【繁简字对照】

爱——愛　　　莲——蓮　　　颐——頤　　　陆——陸
渊——淵　　　涟——漣　　　亵——褻

【古文知识】

"乎"字的用法

在古代汉语中,"乎"也是个使用频率很高的词,它可以作语气助词、介词、词尾。

第一,"乎"作语气助词,可以表示疑问或反问,"吗、呢"。例如:

1. 管仲俭乎?(《论语·八佾》)
2. 子将大灭卫乎?抑纳君而已乎?(《左传·哀公六年》)
3. 日食饮得无异乎?(《战国策·赵策四》)
4. 孰为(谓)汝多知乎?(《列子·汤问》)

表测度"吧"。例如:

5. 其陈桓公之谓乎?(《左传·隐公六年》)
6. 吾闻圣人不相,殆先生乎?(《史记·范雎蔡泽列传》)

表祈使,"吧"。例如:

7. 夫祛犹在,女其行乎!(《左传·僖公二十四年》)

表感叹,"啊、呀、吗"。例如:

8. 王侯将相宁有种乎?(《史记·陈涉世家》)
9. 长铗归来乎!食无鱼。(《史记·孟尝君列传》)
10. 将军岂有意乎?(《三国志·蜀书·诸葛亮传》)
11. 天乎!吾无罪。(《史记·秦始皇本纪》)

第二"乎"作介词,介绍处所或时间,"在、从、到";介绍直接涉及的对象(不译);介绍旁及的对象,"向、对";介绍比较的对象,"比"等。例如:

12. 以吾一日长乎尔,毋吾以也。(《论语·先进》)
13. 今虽死乎此,比吾乡邻之死则已后矣。(柳宗元《捕蛇者说》)
14. 吾亦疑乎是。(柳宗元《捕蛇者说》)
15. 生乎吾前者,其闻道也固先乎吾,吾从而师之。(韩愈《师说》)
16. 何忧乎驩兜?何迁乎有苗?(《尚书·皋陶谟》)
17. 游于江海,淹乎大沼。(《战国策·楚策四》)

第三,"乎"作词尾,用于形容词或副词的后面,表示情貌,作状语。翻译时可以不译。例如:

18. 奋其六翮,而凌清风,飘摇乎高翔。(《战国策·楚策四》)
19. 泊乎无为,澹乎自持。(《汉书·司马相如传》)

【练习】

一、请回答下列问题:
1. 作者喜欢什么植物?
2. 作者为什么喜爱这一植物?
3. 你知道中国古代知识分子"借物明志"的例子吗?

二、请翻译下列语句,并指出画线词语的意思:
1. 水陆草木之花,<u>可爱</u>者<u>甚蕃</u>
2. <u>自</u>李唐来,世人<u>甚</u>爱牡丹
3. 余独爱莲之<u>出淤泥而不染</u>
4. <u>濯</u>清涟而不<u>妖</u>,<u>中通外直</u>

5. 不蔓不枝，香远益清，亭亭净植
6. 可远观而不可亵玩焉
7. 予谓菊，花之隐逸者也
8. 菊之爱，陶之后鲜有闻
9. 牡丹之爱，宜乎众矣

三、请根据本课所学的内容解释下面词语：
  1. 出污泥而不染   3. 香远益清
  2. 亭亭玉立   4. 寡廉鲜耻

四、请翻译下列句子，并请写出"乎"的用法和意义：
1. 以无厚入有间，恢恢乎其于游刃必有余地矣！（《庄子·养生主》）
2. 舟已行矣，而剑不行。求剑若此，不亦惑乎？（《吕氏春秋·察今》）
3. 项王曰："壮士！能复饮乎？"（《史记·项羽本纪》）
4. 文帝曰："惜乎！子不遇时！"（《史记·李将军列传》）
5. 吾与汝毕力平险，指通豫南，达于汉阴，可乎？（《列子·汤问》）
6. 是故明乎为君之职分，则唐虞之世，人人能让，许由、务光非绝尘也。（柳宗元《捕蛇者说》）
7. 孰知赋敛之毒有甚是蛇者乎！（柳宗元《捕蛇者说》）

【阅读】

陋室铭①（唐·刘禹锡）

　　山不在高②，有仙则名③；水不在深，有龙则灵。斯是陋室④，唯吾德馨⑤。苔痕上阶绿⑥，草色入帘青⑦。谈笑有鸿儒⑧，往来无白丁⑨，可以调素琴⑩，阅金经⑪。无丝竹之乱耳⑫，无案牍之劳形⑬。南阳诸葛庐⑭，西蜀子云亭⑮，孔子曰："何陋之有？"⑯

---

① 刘禹锡（772—842），字梦得，唐代文学家、哲学家。陋（lòu）：狭小，简陋。铭：一种文体，古代常在碑版或器物上镂文刻字，用以记载史实或歌颂功德等等。后仿这种体裁写出的有韵律的散文，常称"铭"。
② 在：在于，因……决定。
③ 名：有名，著名。
④ 斯：代词，这。
⑤ 德：品德。馨（xīn）：芳香，能散发很远的香味。德馨：品德高尚，德行美好。
⑥ 苔（tái）：青苔，生长在阴湿地方的植物，紧贴地面生长。痕：痕迹。阶：台阶。
⑦ 帘（lián）：窗帘或门帘。这里指能透过光的纱帘或竹帘。
⑧ 鸿（hóng）：大。儒：读书人。鸿儒：学问渊博的人。
⑨ 白丁：没有官职的平民。这里指没有文化教养的人。
⑩ 调（tiáo）：指调音，弹奏。素：素雅。没有华丽的外表。
⑪ 金经：指用泥金写的佛经。
⑫ 丝竹：指丝竹等管弦乐器。
⑬ 案牍（dú）：指官府的文书，文件。劳形：使人疲劳，劳神伤身。
⑭ 南阳：地名，今湖南襄阳一带。诸葛：诸葛亮。诸葛庐：东汉末年诸葛亮曾隐居在南阳的草庐中。刘备三次到这里请他，他才出来辅佐刘备。
⑮ 子云：西汉辞赋家扬雄。他的住宅在现在的四川成都市。
⑯ 何陋之有：语出《论语·子罕》："子曰：'君子居之，何陋之有？'"意思是说：君子住的地方，有什么简陋的？何……之有：有什么……的？

三十六　病梅馆记（清·龚自珍）

江宁之龙蟠[1]，苏州之邓尉[2]，杭州之西溪[3]，皆产梅。或曰："梅以曲为美，直则无姿[4]；以欹为美[5]，正则无景[6]；以疏为美[7]，密则无态。固也。此文人画士心知其意，未可明诏大号[8]，以绳天下之梅也[9]；又不可以使天下之民，斫直[10]，删密，锄正，以夭梅病梅为业以求钱也[11]。梅之欹、之疏、之曲，又非蠢蠢求钱之民[12]，能以其智力为也。有以文人画士孤僻之隐明告鬻梅者[13]，斫其正，养其旁条；删其密，夭其稚枝[14]；锄其直，遏其生气[15]。以求重价。而江浙之梅皆病。文人画士之祸之烈至此哉[16]！

予购三百盆，皆病者，无一完者。既泣之三日，乃誓疗之。纵之[17]，顺之，毁其盆，悉埋于地，解其棕缚[18]。以五年为期，必复之全之[19]。予本非文人画士，甘受诟厉[20]，辟病梅之馆以贮之[21]。

呜呼！安得使予多暇日，又多闲田，以广贮江宁、杭州、苏州之病梅，穷予生之光阴以疗梅也哉[22]！

【作品介绍】

龚（gōng）自珍（1792—1841），字瑟（sè）人，号定庵，浙江仁和（今杭州市）人，清代杰出的思想家、文学家，反对封建专制，要求进行社会改革。其优秀的诗文，对近代文学有很大影响。著有《定庵全集》。

本篇是龚自珍散文的代表作，通过对江南梅树因受人工的束缚而变为畸形变态的描写，控诉封建统治者禁锢思想、扼杀人才的罪恶，抒发了解放人才和个性自由的理想。

【注释】

[1] 江宁：清代江宁府，今南京市。龙蟠(pán)：龙蟠里，在南京市清凉山下。

[2] 邓尉：山名，在苏州市西南，相传汉时邓尉曾在此隐居，因此叫邓尉山。

[3] 西溪：在杭州灵隐山西北。

[4] 姿：姿态。

[5] 欹(qī)：斜，歪。

[6] 正：指枝干端正。无景：没有景致。

[7] 疏：稀少。

[8] 明：公开地。诏：上告下。号：大叫。

[9] 绳：木匠用来取直的墨绳，这里作动词用，是"衡量"的意思。

[10] 斫(zhuó)：砍。直：这里指直的树枝。

[11] 夭(yāo)：早死。这里是使动用法，使……早死。

[12] 蠢蠢(chǔnchǔn)：纷纷乱动的样子。

[13] 孤癖(pì)：奇特的嗜(shì)好。隐：隐衷，心理。鬻(yù)：卖。

[14] 稚枝：幼枝。

[15] 遏(è)：阻止，妨碍。生气：生机，生命力。

[16] 烈：酷暴。

[17] 纵之：把它放开，解放它。

[18] 棕缚：棕绳束缚。

[19] 复之：恢复它的自然形态。全之：保全它的生机。

[20] 甘：甘愿。诟(gòu)厉：指责，辱骂。

[21] 辟(pì)：开设。贮(zhù)：贮存，存放。

[22] 安得：怎么能够……？暇：闲暇，空闲时间。

[23] 穷：竭尽。

【繁简字对照】

龚——龔	邓——鄧	产——產	态——態
钱——錢	养——養	条——條	价——價
购——購	疗——療	纵——縱	厉——厲
号——號	闲——閑	龙——龍	

【古文知识】

常见叹词用法

（一）呜呼（呜乎，于戏），表示感叹、伤痛、赞叹，可翻译为"唉"。例如：

1. 子曰:"呜呼! 曾谓泰山不如林放乎!"(《论语·八佾》)
2. 以瞽为明,以聋为聪,以是为非,以吉为凶,呜呼上天,曷惟其同!(《战国策·楚策四》)
3. 于戏,前王不忘。(《礼记·大学》)
4. 于戏! 汝病吾不知时,汝殁(mò)吾不知日……(韩愈《祭十二郎文》)
5. 呜呼! 亦盛矣哉!(张溥《五人墓碑记》)

(二)嗟(jiē)夫、嗟乎,表示感叹或惋惜,可翻译为"唉!"例如:

6. 嗟夫! 惜哉其不讲于刺剑之术也。(《史记·刺客列传》)
7. 苏秦曰:"嗟乎! 贫穷则父母不予,富贵则亲戚畏惧。"(《战国策·秦策一》)
8. 嗟乎! 师道之不传也久矣!(韩愈《师说》)

(三)嘻,用来表示感叹,"唉";表示赞叹,"嘿";表示呼唤,"喂"。例如:

9. 嘻! 亦太甚矣,先生之言也。(《战国策·赵策三》)
10. 文惠君曰:"嘻,善哉! 技盍至此乎?"(《庄子·养生主》)
11. 从者曰:"嘻! 速驾。"(《左传·定公八年》)

(四)噫,意,表示感叹或伤痛,"唉"。例如:

12. 子曰:"噫! 天丧予,天丧予。"(《论语·先进》)
13. 意! 甚矣哉! 其无愧而不知耻也甚矣!(《庄子·在宥》)

(五)吁,表示命令、呼唤,"喂"。例如:

14. 先生曰:"吁! 子前来。"(韩愈《进学解》)

【练习】

一、请回答下列问题:
1. 一般人认为什么样的梅花是美的?
2. "江南之梅皆病矣"的原因是什么?
3. 作者自己是怎么做的?
4. 读这篇文章,你有什么感想?

二、请翻译下列语句,并指出画线词语的意思:
1. 梅以曲为美,直则无<u>姿</u>
2. 以欹为美,正则无<u>景</u>
3. 以疏为美,密则无<u>态</u>
4. 未可<u>明诏大号</u>
5. 以<u>绳</u>天下之梅也
6. 又不可以使天下之民,斫<u>直</u>,删<u>密</u>,锄<u>正</u>
7. 以夭梅<u>病</u>梅为业以求钱也
8. <u>遏</u>其生气
9. 予购三百盆,皆<u>病</u>者,无一<u>完</u>者
10. 予本非文人画士,甘受<u>诟厉</u>
11. <u>安得</u>使予多暇日
12. <u>穷</u>予生之光阴以<u>疗</u>梅也哉

三、请解释下列词语的意思:
1. 完好无缺
2. 生机勃勃
3. 怒不可遏
4. 绳之以法
5. 目不暇接
6. 疏密有致
7. 心甘情愿

四、请翻译下列句子,并指出其中叹词的意义:
1. 噫!微斯人,吾谁与归。(范仲淹《岳阳楼记》)
2. 呜乎!予之及于死者不知其几矣!(文天祥《指南录》后序)
3. 于戏!丞相亮其悉朕意,无怠辅朕之阙。(《三国志·诸葛亮传》)
4. 嗟乎!燕雀安知鸿鹄之志哉!(《史记·陈涉世家》)
5. 其妻曰:"嘻!子毋读书游说,安得此辱乎?"(《史记·张仪列传》)

【阅读】

申子请仕其从兄（《资治通鉴·周纪二》）

申子尝请仕其从兄①，昭侯不许②，申子有怨色，昭侯曰："所为学于子者③，欲以治国也。今将听子之谒而废子之术乎④，以其行子之术而废子之请乎？子尝教寡人修功劳⑤，视次第；今有所私求，我将奚听乎⑥？"申子乃辟舍请罪曰⑦："君真其人也！"

---

① 申子：申不害。韩昭侯之相。仕：这里是使动用法，"让他的从兄做官"。从兄：堂兄，叔伯兄。
② 昭侯：韩昭侯。
③ 所为学于子者：向您学习的原因。
④ 听：接受。谒（yè）：请求。
⑤ 修：整治。修功劳：这里指按功劳的大小提升的意思。
⑥ 奚听：听从什么。
⑦ 辟舍：离开自己的家。辟，同"避"。请罪：犯了错误，请求处分。

三十七　邹忌讽齐王纳谏[1]（《战国策·齐策一》）

邹忌修八尺有馀[2]，而形貌昳丽[3]。朝服衣冠[4]，窥镜[5]，谓其妻曰："我孰与城北徐公美？[6]"其妻曰："君美甚，徐公何能及君也！[7]"城北徐公，齐国之美丽者也。忌不自信，而复问其妾曰："吾孰与徐公美？"妾曰："徐公何能及君也！"旦日[8]，客从外来，与坐谈[9]，问之客曰："吾与徐公孰美？"客曰："徐公不若君之美也。"明日[10]，徐公来，孰视之[11]，自以为不如；窥镜而自视，又弗如远甚[12]。暮寝而思之，曰："吾妻之美我者[13]，私我也[14]；妾之美我者，畏我也；客之美我者，欲有求于我也。"

于是入朝见威王[15]，曰："臣诚知不如徐公美[16]。臣之妻私臣，臣之妾畏臣，臣之客欲有求于臣，皆以美于徐公[17]。今齐地方千里[18]，百二十城。宫妇左右莫不私王[19]，朝廷之臣莫不畏王，四境之内莫不有求于王。由此观之，王之蔽甚矣[20]。"

王曰："善。"乃下令："群臣吏民能面刺寡人之过者[21]，受上赏；上书谏寡人者[22]，受中赏；能谤讥于市朝[23]，闻寡人之耳者[24]，受下赏。"令初下，群臣进谏[25]，门庭若市；数月之后，时时而间进[26]，期年之后[27]，虽欲言，无可进者。

燕、赵、韩、魏闻之，皆朝于齐[28]。此所谓"战胜于朝廷"[29]。

【作品介绍】

在这篇文章中，邹忌用自己的一段生活经历启发齐王。齐王意识到自己受蒙蔽很深了，立刻用悬赏的办法，广开言路，征求臣民的意见，最后，终于"战胜于朝廷"。

【注释】

[1] 邹忌(zōu jì)：战国时代齐国大夫，有辩才。讽(fěng)：讽喻，用比喻、隐语或故事来表达意见。齐王：齐威王，春秋末年，齐国的政权被新兴地主阶级田氏夺取，到威王时，国势强盛，成为战国七雄之一。纳：采纳，接受，(指上对下而言)。谏(jiàn)：对君王、尊长提出规劝，使其改正错误。

[2] 修：长，这里指身高。尺：指周尺，一尺相当于现在六市寸多。

[3] 昳(yì)丽：气度不凡。

[4] 朝(zhāo)：早晨。服：动词，穿(衣服)。

[5] 窥(kuī)：原意为从小孔或缝隙看，这里指照镜子。

[6] 孰与：表示"……与……相比"的一种句式。孰，疑问人称代词，谁。

[7] 及：比得上。

[8] 旦日：第二天。

[9] 与坐谈：与之坐谈。这里省略了代词"之"。

[10] 明日：第二天。叙述过去发生的事情。

[11] 孰：通"熟"，仔细。

[12] 弗：否定副词，不。

[13] 之：助词，取消句子"吾妻美我"的独立性，使它作整个句子的主语。美我：以我为美，认为我美。美，形容词意动用法。

[14] 私我：偏爱我。……者……也：表示判断。

[15] 入朝(cháo)：古时大臣去拜见君王，议论政事，也叫"上朝"。朝：朝廷。见：拜见。

[16] 诚：副词，真的，确实。

[17] 以：动词，认为。美于…：比……美。于：用在形容词后面表示比较。

[18] 方：方圆，指面积。

[19] 左右：身边的人。莫：不定代词的否定形式，"莫不……"即"没有一个不……"，"没有谁不……"。

[20] 蔽(bì)：蒙蔽，不了解真实情况。这里指受蒙蔽。

[21] 面刺：当面批评，指责。过：过错，错误。

[22] 上书：用书面文字向国君表达自己的意见。

[23] 谤讥(bàngjī)：议论。市朝：公开场所。市，集市。朝，朝廷。

[24] 闻：听。这里是动词的使动用法，使……听见。

[25] 进：进献，指下对上而言。

[26] 时时：这里是"有时"的意思。间(jiān)：间隔。

[27] 期(jī)年：一周年。

[28] 朝：朝拜。朝于齐：向齐国朝拜。

[29] 所谓：所说的。战胜于朝廷：在自己的朝廷战胜对手。

三十七　邹忌讽齐王纳谏

【繁简字对照】

邹——鄒　　讽——諷　　丽——麗　　纳——納

书——書　　讥——譏　　赏——賞　　进——進

【古文知识】

"唯(维、惟)"字的用法

在古代汉语中,"唯"字常常出现在句首,可以作语气助词、副词、连词使用。下面分别介绍一下。

第一,作语气助词,可以表示提起,不必翻译。例如:

1. 维天之于时也亦然。(韩愈《送孟东野序》)

还可以表示希望对方做什么事,可译作"希望、请"。例如:

2. 唯大王与群臣熟计议之。(《史记·廉颇蔺相如列传》)
3. 此丹之上愿,而不知所委命,惟荆卿留意焉。(《史记·刺客列传》)

作语气助词时,"唯"还可以帮助表示判断,例如:

4. 非知之艰,行之惟艰。(《尚书·说命》)
5. 时维九月,序属三秋。(王勃《滕王阁序》)

第二,副词,表示仅只,"只,只有",例如:

6. 子谓颜渊曰:"用之则行,舍之则藏,惟我与尔有是夫!"(《论语·述而》)
7. 洞箫声断明月中,惟忧月落酒杯空。(苏轼《月夜与客饮酒杏花下》)

副词"唯",还可以表示答应,例如:

8. 秦王跽(jì)而请口:"先生何以幸教寡人?"范睢曰:"唯,唯。"(《史记·范睢蔡泽列传》)

第三,连词,表示让步,"即使、纵使",例如:

9. 信再拜贺曰:"唯信亦以为大王不如也。"(《史记·淮阴侯列传》)

【练习】

一、请回答下列问题：
1. 邹忌的妻子、妾、客人为什么都说他比徐公漂亮？
2. 邹忌觉得自己比徐公漂亮吗？
3. 邹忌为什么向齐威王讲这件事情？
4. 邹忌讲的事情对齐威王有什么影响？
5. 什么叫"战胜于朝廷"？

二、请翻译下列语句，并指出画线词语的意思：
1. 邹忌<u>修</u>八尺有余
2. <u>朝服衣冠</u>，窥镜
3. 徐公不<u>若</u>君之美也
4. <u>明日</u>，徐公来，<u>孰视之</u>，自以为不如
5. 臣<u>诚</u>知不如徐公美
6. 臣之妻<u>私</u>臣，臣之妾<u>畏</u>臣，臣之客欲有求于臣，皆以<u>美于徐公</u>
7. 今齐<u>地方</u>千里，百二十城
8. 宫妇左右<u>莫</u>不私王，朝廷之臣<u>莫</u>不畏王，四境之内<u>莫</u>不有求于王
9. 群臣吏民能<u>面刺</u>寡人之过者，受<u>上赏</u>
10. 上书<u>谏</u>寡人者，受中赏
11. 令初下，群臣<u>进谏</u>，门庭若市
12. 数月之后，时时而<u>间</u>进
13. <u>期年</u>之后，虽欲言，无可进者
14. 此所谓"战胜于朝廷"

三、请翻译下列语句，并指出其语法特点：
1. 我孰与城北徐公美？
2. "吾妻之美我者，私我也。
3. 由此观之，王之蔽甚矣。
4. 能谤讥于市朝，闻寡人之耳者，受下赏。

四、根据本课内容，解释下列语句：
1. 偏听生奸，独任成乱。

2. 兼听则明，偏信则暗。

3. 千人之诺诺，不若一士之谔谔。

五、请翻译下列句子，并指出"唯"的用法：

1. 维子之故，使我不能餐兮。（《诗经·郑风·狡童》）
2. 君曰"余必废之"，何齐之有？唯君图之。（《左传·昭公十三年》）
3. 唯欲毋与我同，将不可得也。（《墨子·尚同下》）
4. 毛遂按剑而前曰："合从者为楚，非为赵也。吾君在前，叱者何也！"楚王曰："唯唯，诚若先生之言。"（《史记·平原君虞卿列传》）
5. 不闻机杼声，唯闻女叹息。（《木兰辞》）
6. 我无他能，惟手熟尔。（欧阳修《卖油翁》）

【阅读】

列子学射（《列子·说符》）

列子学射，中矣①。请于关尹子②。尹子曰："子知子之所以中者乎③？"对曰："弗知也④。"关尹子曰："未可⑤。"退而习之⑥。三年，又以报关尹子⑦。尹子曰："子知子之所以中乎？"列子曰："知之矣。"关尹子曰："可矣，守而勿失也⑧。非独射也⑨，为国与身⑩，亦皆如之。故圣人不察存亡⑪，而察其所以然⑫。"

---

① 中（zhòng）：正好对上，这里指射箭到靶心上。
② 请：请教。关尹：春秋末年道家。子：对人的尊称。
③ 之所以：相当于"……的原因"。
④ 弗（fú）：不。
⑤ 未可：还不行。
⑥ 退：离开。
⑦ 以：介词，把。后面省略了介词宾语。
⑧ 守：把握住。失：忘掉，丢失。
⑨ 非：不。独：仅，只。
⑩ 为国：治理国家。身：这里指"修养品性"。
⑪ 故：所以。圣人：道德才能极高的人。察：考察。存亡：指国家的存亡情况。
⑫ 所以然：这样的原因。然：这样，如此。

三十八 五十步笑百步（《孟子·梁惠王上》）

梁惠王曰[1]："寡人之于国也,尽心焉耳矣[2]。河内凶[3],则移其民于河东[4],移其粟于河内。河东凶亦然[5]。察邻国之政[6],无如寡人之用心者。邻国之民不加少[7],寡人之民不加多,何也?"

孟子对曰："王好战,请以战喻[8]。填然鼓之[9],兵刃既接[10],弃甲曳兵而走[11]。或百步而后止[12],或五十步而后止。以五十步笑百步,则如何?"

曰："不可,直不百步耳[13],是亦走也[14]。"

曰："王如知此,则无望民之多于邻国也[15]。不违农时[16],谷不可胜食也[17]。数罟不入洿池[18],鱼鳖不可胜食也。斧斤以时入山林[19],材木不可胜用也。谷与鱼鳖不可胜食,材木不可胜用,是使民养生丧死无憾也[20]。养生丧死无憾,王道之始也[21]。

"五亩之宅[22],树之以桑[23],五十者可以衣帛矣[24]。鸡豚狗彘之畜[25],无失其时,七十者可以食肉矣。百亩之田,勿夺其时,数口之家可以无饥矣。谨庠序之教[26],申之以孝悌之义[27],颁白者不负戴于道路矣[28]。七十者衣帛食肉,黎民不饥不寒,然而不王者[29],未之有也[30]。

"狗彘食人食而不知检[31],途有饿莩而不知发[32];人死,则曰:'非我也,岁也[33]。'是何异于刺人而杀之[34],曰:'非我也,兵也。'王无罪岁[35],斯天下之民至焉[36]。"

【作品介绍】

《五十步笑百步》是《孟子》的名篇。孟子在这里指出梁惠王所用的"爱民"临时措施,与邻国国王的不爱民之政实际上是五十步与百步的关系。孟子认为,治国的根本之道是实行"仁政",与民生息。

【注释】

[1] 梁惠王:即魏惠王,因魏国的都城在大梁,故魏又称梁。

[2] 尽心:(为别人)费尽心思。焉耳矣:三个语气词连用,表示加强语气。

[3] 河:黄河。这里是以黄河为标界,从魏国的角度谈被韩国分隔开的土地。河内:指黄河北岸魏国的土地。凶:荒年,收成不好。

[4] 河东:黄河以东,被韩国隔开的今山西南部的土地。

[5] 亦然:也是这样。

[6] 察:观察,仔细看。

[7] 加:更。

[8] 请:请允许我,是客气的说法。喻:动词,打个比方。

[9] 填:拟声词,形容鼓声。然:词尾。鼓:用如动词,击鼓。击鼓是进军的信号。之:助词,补足音节。

[10] 兵刃:兵器,武器。既:已经。接:接触。兵刃既接:等于说已经交锋。

[11] 弃:扔掉。甲:铠甲,古代作战时穿的防护衣。曳(yè):拖着。走:跑,这里指奔逃。

[12] 或:有的人。

[13] 直:只不过。

[14] 是:这样,指"五十步而后止"。亦:也,同样。

[15] 无:通"毋",不要(做……)。

[16] 不违农时:不耽误农业生产的季节。违:违反。

[17] 不可胜食:吃不完。胜(shēng):尽。

[18] 数(cù):密。罟(gǔ):鱼网。洿(wū)池:池塘。据说:上古不许用密网捕鱼,不满一尺的鱼不得食用。

[19] 斤:砍树的工具。以时:按照一定的时间。

[20] 是:这样。养生:供养活着的人;丧死:为死了的人办丧事。憾:遗憾。

[21] 王道:以仁义治理天下的政策,是孟子理想中的政治。

[22] 五亩:等于现在的一亩二分多地,是一夫(成年男子)的住宅和场地。宅:宅院。

[23] 树:动词,种(植物)。桑:桑树,叶子可以喂蚕。

[24] 五十者:五十岁的人。可:可以。以:因此。衣:名词用如动词,穿。帛(bó):丝织品。

[25] 豚(tún):小猪。彘(zhì):大猪。畜(xù):养,喂养。

[26] 谨(jǐn):谨慎从事,认真办理。庠(xiáng):周代把学校称为庠。序:殷代把学校称为序。庠序:指学校。教:教化。

[27] 申:表达,说明。孝:孝顺并奉养父母。悌(tì):敬爱兄长。义:道理。

[28] 颁(bān)：通"斑"。颁白：头发半白。负：背。戴：指把东西顶在头上。
[29] 然：这样。而：但是。王(wàng)：名词用如动词，统治天下，做天下的王。
[30] 之：代词，宾语提前。
[31] 食人食：吃人吃的东西。检：通"敛"，收集，储藏。
[32] 饿莩(piǎo)：饿死的人。发：指打开粮仓，救济灾民。
[33] 非我也：不是我（的错误）。岁：年成。
[34] 是：代词，指上面说到的情况。何：疑问副词，等于说"有什么"。异：不同。
[35] 无：通"毋"，不要（做……）。罪：用如动词，归罪于……。
[36] 斯：代词，这样。

【繁简字对照】

| 亩——畝 | 饥①——飢、饑 | 岁——歲 | 检——檢 |
| 谨——謹 | 违——違 | 鳖——鱉 |

【古文知识】

"以……为……"和"以为"的用法

在古代汉语中，"以……为……"和"以为"的用法很多。简单地说，在战国时代的前期，它们的用法大致是一样的，可以把"以为"看作是"以……为"的省略形式。它们的意义大体上是"把……当作是/看作是……"。例如：

1. 木直中绳，輮以为轮。（《荀子·劝学》）
2. 宣子于是乎始为国政，……，既成，以授大傅阳子与大师贾陀，使行诸晋国，以为常法。（《左传·文公六年》）
3. 王以和为诳而刖其左足。（《韩非子·和氏》）
4. 扁鹊出，桓侯曰："医之好治不病以为功。"（《韩非子·喻老》）

战国时代开始，"以为"渐渐产生出另外一种意思，就是"认为"。例如：

5. 項羽卒聞漢軍之楚歌，以為漢盡得楚地。（《史记·高祖本纪》）
6. 後將軍趙充國以為不可聽。（《后汉书·西羌传》）
7. 或告之曰："日之狀如銅盤。"扣盤而得其聲，他日聞鐘，以為日也。（苏轼《日喻》）

---

① "飢"表示饥饿，"饑"指庄稼收成不好造成灾荒。汉字简化，二字合并，并一同简化为"饥"。

【练习】

一、请回答下列问题：

1. 梁惠王为什么认为自己工作很认真？
2. 孟子认为梁惠王工作得怎么样？
3. 孟子理想的社会是什么样的？
4. 孟子认为当时的社会怎么样？

二、请翻译下列语句，并指出画线词语的意思：

1. 寡人之于国也，尽心焉耳矣
2. 河内凶，则移其民于河东
3. 邻国之民不加少，寡人之民不加多，何也
4. 王好战，请以战喻
5. 以五十步笑百步，则如何
6. 不可，直不百步耳，是亦走也
7. 王如知此，则无望民之多于邻国也
8. 斧斤以时入山林，材木不可胜用也
9. 是使民养生丧死无憾也
10. 五亩之宅，树之以桑，五十者可以衣帛矣
11. 鸡豚狗彘之畜
12. 谨庠序之教，申之以孝悌之义
13. 颁白者不负戴于道路矣
14. 然而不王者，未之有也
15. 狗彘食人食而不知检，涂有饿莩而不知发
16. 是何异于刺人而杀之，曰："非我也，兵也。"
17. 王无罪岁，斯天下之民至焉

三、请根据课文内容解释下列词语：

1. 尽心竭力　　6. 防不胜防
2. 好吃懒做　　7. 养生丧死
3. 五十步笑百步　8. 十年树木，百年树人
4. 飞沙走石　　9. 三令五申
5. 走投无路

四、请翻译下列句子,并指出"以为""以……为"的意义:

1. 天水、陇西,山多林木,民以板为室屋。(《汉书·地理志下》)
2. (虎)以为且噬(shì)己也,甚恐。(柳宗元《黔之驴》)
3. 城郭沟池以为固。(《礼记·礼运》)
4. 以五年为期,必复之全之。(龚自珍《病梅馆记》)

【阅读】

所谓故国者(《孟子·梁惠王下》)

孟子见齐宣王,曰:"所谓故国者①,非谓有乔木之谓也,有世臣之谓也②。王无亲臣矣③,昔者所进④,今日不知其亡也⑤。"

王曰:"吾何以识其不才而舍之⑥?"

曰:"国君进贤,如不得已⑦,将使卑逾尊,疏逾戚⑧,可不慎与?左右皆曰贤,未可也;诸大夫皆曰贤,未可也;国人皆曰贤,然后察之⑨,见贤焉,然后用之。左右皆曰不可,勿听;诸大夫皆曰不可,勿听;国人皆曰不可,然后察之,见不可焉,然后去之。左右皆曰可杀,勿听;诸大夫皆曰可杀,勿听;国人皆曰可杀,然后察之,见可杀焉,然后杀之。故曰国人杀之也。如此,然后可以为民父母⑩。"

---

① 本篇表现了孟子的"进贤"的主张,这是其王道内容的一部分。文中还反映了为君者应该倾听国人意见的思想。故:旧。故国:古老的国家。

② 人们所说的"故国",不是指有高大的树木,而是指有世臣。之:指示代词,复指"有乔木""有世臣"。世臣:累世修德之臣。

③ 亲臣:可以亲近的臣。

④ 昔:从前。者:语气词。进:提拔,举用。

⑤ 亡:逃亡出走。

⑥ 何以:凭什么。舍:放弃,这里指不用。

⑦ 不得已:不能不如此,指不能不进贤。

⑧ 疏:关系远的人。戚:亲戚。

⑨ 然后:这样以后。

⑩ 为:动词,作,当。

三十九　唐雎不辱使命[1]（《战国策·魏策四》）

秦王使人谓安陵君曰[2]："寡人欲以五百里之地易安陵[3]，安陵君其许寡人！[4]"安陵君曰："大王加惠[5]，以大易小，甚善；虽然[6]，受地于先王，愿终守之[7]，弗敢易！"秦王不说[8]。安陵君因使唐雎使于秦[9]。

秦王谓唐雎曰："寡人以五百里之地易安陵，安陵君不听寡人[10]，何也？且秦灭韩亡魏，而君以五十里之地存者，以君为长者，故不错意[11]。今吾以十倍之地，请广于君[12]，而君逆寡人者[13]，轻寡人与[14]？"唐雎对曰："否，非若是也[15]。安陵君受地于先王而守之，虽千里不敢易也，岂直五百里哉！[16]"

秦王怫然怒[17]，谓唐雎曰："公亦尝闻天子之怒乎？[18]"唐雎对曰："臣未尝闻也[19]。"秦王曰："天子之怒，伏尸百万[20]，流血千里。"唐雎曰："大王尝闻布衣之怒[21]乎？"秦王曰："布衣之怒，亦免冠徒跣[22]，以头抢地尔[23]。"唐雎曰："此庸夫之怒也[24]，非士之怒也。夫专诸之刺王僚也，彗星袭月[25]；聂政之刺韩傀也[26]，白虹贯日[27]；要离之刺庆忌也[28]，苍鹰击于殿上。此三子，皆布衣之士也，怀怒未发[29]，休祲降于天[30]；与臣而将四矣[31]。若士必怒，伏尸二人，流血五步，天下缟素[32]。今日是也[33]。"挺剑而起[34]。

秦王色挠[35]，长跪而谢之[36]，曰："先生坐！何至于此！寡人谕[37]矣。夫韩魏灭亡，而安陵以五十里之地存者，徒以有先生也[38]。"

【作品介绍】

本篇的内容是唐雎奉安陵君之命出使秦国,与秦王面对面地斗争,终于保全了安陵国土的故事。当时,靠近秦国的韩国、魏国相继被秦所灭,赵、燕、齐、楚也被秦国日削月割,奄奄待毙。而安陵国在它的宗主国魏国被灭之后,还保持独立。这时秦王想用欺骗的手段轻取安陵。面对强大的敌人,唐雎临危不惧,置个人生死于不顾,折服秦王,不辱使命,这种精神确实是难能可贵的。

【注释】

[1] 唐雎(jū):也写作"唐且(jū)",魏国人,是安陵君的臣子,秦王嬴政以易地为名想夺取安陵,安陵君不想与秦易地,就派唐雎出使秦国。辱:辱没,这里是使动用法,使……受辱。不辱使命:没有辜负使命。

[2] 使人:派人。安陵君:安陵国的国君。安陵国是战国时魏国的附庸小国,在今河南省中部。

[3] 寡(guǎ)人:寡德之人,古代王侯自谦之词。易:交换。

[4] 其:加重语气的助词。许:应许,同意,答应。

[5] 加惠:赐予恩惠,给以好处。这里是安陵君对秦王要交换土地的谦恭答语。

[6] 虽然:虽然这样。虽:转折连词,虽然。然:这样。

[7] 愿:希望。终:一直。

[8] 说(yuè):通"悦",高兴,愉快。

[9] 使于秦:使:动词,出使。

[10] 听:听从,接受。

[11] 错:通"措",放在。错意:放在心上。

[12] 广:形容词使动用法,使……广大。广于君:使您(的国土)扩大。

[13] 逆:抵触,违背,不顺。

[14] 轻:轻慢,看不起。与:疑问语气词,通"欤"。

[15] 若:像。是:这个,这样。

[16] 岂:难道。直:只,仅。岂直:用于反问句。

[17] 怫(fú)然:大怒的样子。然:……的样子。

[18] 尝:副词,曾经。

[19] 未尝:没有……过。

[20] 伏:倒下,这里是动词的使用用法。伏尸:使尸体倒下,意思是使人死亡。

[21] 布衣:古代没有官职的人穿布衣服,所以称平民为"布衣"。布衣之怒:普通百姓发怒。"之",助词,用来取消句子的独立性,使"布衣怒"词组化,做"闻"的宾语。

[22] 跣(xiǎn):光脚。

[23] 亦……尔：不过是……罢了。抢(qiāng)：撞。

[24] 庸(yōng)夫：平庸、没有作为的人。

[25] 专诸：春秋时吴国人。僚(liáo)：吴国国君。春秋时吴国的公子光欲夺吴王僚的王位，一日请僚吃饭，命专诸把短剑藏在鱼腹中，献上时，乘机抽出来，刺杀吴王僚。袭(xí)月：彗星袭击月亮。表示专诸刺杀吴王僚是一件非常大的事，以致影响了天象。

[26] 聂(niè)政：战国时齐国的勇士。韩傀(guī)：韩国的国相。韩国的大夫严仲子于韩傀有仇，就请聂政把韩傀杀了。

[27] 贯：穿过。白虹贯日，表示一种非常的现象，用来说明忠义的气概影响到了天象。

[28] 要(yāo)离：春秋时吴国勇士。庆忌：吴王僚的儿子。吴王阖闾(hé lǘ)夺了王位，又派要离投奔庆忌，趁庆忌不备，将其杀死。

[29] 发：发作，表现出来。

[30] 休：好的征兆。祲(jìn)：不好的征兆。

[31] 臣：唐雎自我谦称。四：四个人。

[32] 缟素(gǎosù)：白色丝绸，这里指为死人穿孝服。

[33] 是也：是这样了。是：代词，这，这样。

[34] 挺剑：拔剑。

[35] 色：脸色。挠：屈服，这里指表现出屈服的样子。

[36] 长跪：古人席地而坐，两膝着地，臀(tún)部靠在脚后跟。跪时耸身挺腰，身体看上去比坐时长一些，所以叫"长跪"。谢：道歉。

[37] 谕：明白。

[38] 徒：只，仅仅。以：因为。

【繁简字对照】

广①——廣　　轻——輕　　聂——聶　　击——擊
头——頭　　抢——搶　　苍——蒼

【古文知识】

"之"字的用法

在古代汉语中，"之"字的用法比较丰富。它可以用作代词、助词、动词等。下面分别介绍。

第一，"之"作代词，有两类情况：

（一）是人称代词，主要作动词和介词的宾语。例如：

---

① 繁体字系统"广"读 yǎn，指依山建造的房屋，不常用，现在是"廣"的简化字。

1. 我见相如，必辱之。(《史记·廉颇蔺相如列传》)
2. 本荒而用侈，则无不能使之富。(《荀子·天论》)
3. 操蛇之神闻之，告之于帝。(《列子·汤问》)

(二) 作指示代词，在句子中的位置是作定语，用来表示近指，相当于"这,这个"。例如：

4. 之二虫又何知？(《庄子·逍遥游》)
5. 均之二策，宁许以负秦曲。(《史记·廉颇蔺相如列传》)

第二，"之"作助词，主要有以下几种作用：

(一) 作定语的标志，在定语和中心语、定语和所字结构之间。例如：

6. 永州之野产异蛇，黑质而白章。(柳宗元《捕蛇者说》)
7. 道之所存，师之所存。(韩愈《师说》)
8. 公输盘为楚造云梯之械。(《墨子·公输》)

(二) 作宾语提前的标志，在前置宾语和谓语之间。例如：

9. 宋何罪之有？(《墨子·公输》)
10. 富而不骄者鲜，吾唯子之见。(《左传·定公十三年》)

(三) 取消句子独立性的标志，放在句子的主谓之间，或分句的主谓之间，这时"之"没有具体的词汇意思。例如：

11. 自魏其、武安之厚宾客，天子常切齿。(《史记·卫将军骠骑列传》)
12. 虽我之死，有子存焉。(《列子·汤问》)

(四) 补足音节，没有词汇、语法的意义，只是为了音节上的整齐。例如：

13. 填然鼓之。(《孟子·梁惠王上》)
14. 怅恨久之。(《史记·陈涉世家》)

第三，"之"作动词，在句中作谓语，"到……去"。例如：

15. 王之臣有托其妻子于其友而之楚游者。(《孟子·梁惠王下》)
16. 曾子之妻之市。(《韩非子·外储说左上》)

【练习】

一、请回答下列问题：
1. 秦王为什么给安陵君土地？
2. 安陵君为什么不要秦王的土地？
3. 秦王是怎么威胁唐雎的？
4. 唐雎怕秦王吗？
5. 安陵国为什么能够存在？
6. 本文的风格有什么特点？

二、解释下列各词语并写上拼音：

寡人	错意
徒跣	免冠
色挠	缟素
抢	布衣

三、解释下列句子中画线的部分：
1. 秦王不<u>说</u>
2. 安陵君<u>因</u>使唐雎<u>使</u>于秦
3. 今日<u>是</u>也
4. <u>岂直</u>五百里哉
5. <u>故</u>不错意
6. <u>徒</u>以有先生也
7. 非<u>若</u>是也
8. 安陵君不<u>听</u>寡人
9. <u>虽然</u>，受地于先王，<u>愿</u>终守之
10. <u>轻</u>寡人与
11. 长跪而<u>谢</u>之

四、指出下列句子中"以"的意思：
1. 大王加惠，以大易小
2. 而君以五十里之地存者，以君为长者
3. 今吾以十倍之地，请广于君
4. 徒以有先生也

五、请翻译下列句子：
1. 乞食于野人，野人与<u>之</u>块。（《左传·僖公二十三年》）（块：土块。）

2. 皮之不存,毛将安傅?(《左传·僖公十四年》)(傅:附。)

3. 至之市,而忘操之。(《郑人买履》)

4. 欲勿予,即患秦兵之来。(《史记·廉颇蔺相如列传》)

5. 久之,目似瞑,意暇甚。(《聊斋志异·狼》)

6. 公语之故,且告之悔。(《左传·隐公元年》)

7. 此余之所得也。(《游褒禅山记》)

8. 前事之不忘,后事之师。(《战国策·赵策一》)

【阅读】

触龙说赵太后①(《战国策·赵策四》)

赵太后新用事②,秦急攻之。赵氏求救于齐,齐曰:"必以长安君为质③,兵乃出④。"太后不肯,大臣强谏⑤。太后明谓左右⑥:"有复言令长安君为质者⑦,老妇必唾其面⑧。"

左师触龙愿见太后,太后盛气而揖之⑨。入而徐趋⑩,至而自谢

---

① 公元前265年,赵惠文王去世,太子孝成王即位,但是年幼不能执事,故太后执政。秦昭王乘人之危,发兵攻赵,连下三城。危急关头,赵不得不向齐求教,齐一定要以太子为质才出兵。太后以妇人之爱不肯。触龙巧妙地说服了太后。触龙,赵国的左师。说(shuì):劝说别人,接受自己的主张。

② 新:刚开始。用事:这里指执政。

③ 长安君:赵太后最小的儿子的封号。质(zhì):抵押。当时诸侯间结盟,常以子孙交给对方为质,以取得信任。

④ 乃:副词,才。

⑤ 强(qiǎng)谏:竭力谏诤。

⑥ 明谓:明明白白地对……说。

⑦ 者:代词,这里代人,相当于"……的人"。

⑧ 老妇:赵太后自称。唾(tuò):吐唾沫。

⑨ 太后很生气地等着他。

⑩ 徐:慢慢地。趋:快步走。依礼臣见君应快步趋前,但触龙脚有病,只能"徐趋",作出快步跑的样子。

曰①:"老臣病足,曾不能疾走②,不得见久矣,窃自恕③,而恐太后玉体之有所郄也④,故愿望见太后。"太后曰:"老妇恃辇而行。"曰:"日食饮得无衰乎⑤?"曰:"恃粥耳。"曰:"老臣今者殊不欲食⑥,乃自强步⑦,日三四里,少益嗜食⑧,和于身⑨。"太后曰:"老妇不能。"太后之色少解⑩。

左师公曰:"老臣贱息舒祺⑪,最少,不肖⑫;而臣衰⑬,窃怜爱之⑭,愿令得补黑衣之数⑮,以卫王宫。没死以闻⑯。"太后曰:"敬诺⑰!年几何矣⑱?"对曰:"十五岁矣。虽少,愿及未填沟壑而托之⑲。"太后曰:"丈夫亦爱怜其少子乎⑳?"对曰:"甚于妇人㉑。"太后笑曰:"妇人异甚㉒!"对曰:"老臣窃以为媪之爱燕后贤于长安君㉓。"曰:"君过矣㉔!

---

① 谢:道歉。
② 曾(céng)不:简直不能……。走:跑。
③ 窃:私下。自恕:自己原谅自己。
④ 玉体:等于说"贵体"。古人用玉表示贵重。郄(xì):不舒服。
⑤ 日:每天,时间名词作状语。得无:等于"该不会……吧?",后面是不希望出现的情况。衰(shuāi):减少。
⑥ 今者:近来。殊:特别,很。
⑦ 强(qiǎng):勉强。步:慢慢走。
⑧ 少:副词,稍微。益:增加。嗜(shì):喜爱。
⑨ 和:舒适。
⑩ 色:脸色,这里指怒色。解:消除。
⑪ 贱息:对人谦称自己的孩子。息:子。
⑫ 不肖(xiào):不贤,不才。
⑬ 衰:衰老。
⑭ 怜:疼爱。
⑮ 希望让他得以补充卫士的数目。黑衣:卫士的代称。
⑯ 没(mò)死:冒着死罪。闻:使动用法,使……听见,即禀告。
⑰ 敬诺:表示尊敬地答应的用语,类似"遵命"。
⑱ 几何:多少。
⑲ 及:赶上,达到,趁。填沟壑(hè):谦虚地说自己死。
⑳ 丈夫:古代对男子的通称。少:小的。
㉑ 比妇人厉害。于:介词,在形容词后面表示比较。
㉒ 异甚:特别厉害。
㉓ 媪(ǎo):对老年妇女的尊称。燕后:赵太后的女儿,嫁到燕国为后。贤:胜,超过。
㉔ 过:动词,错。

不若长安君之甚！"左师公曰："父母之爱子，则为之计深远①。媪之送燕后也，持其踵为之泣②，念悲其远也③，亦哀之矣④。已行⑤，非弗思也，祭祀必祝之，祝曰：'必勿使反⑥！'岂非计久长，有子孙相继为王也哉⑦？"太后曰："然。"

左师公曰："今三世以前⑧，至于赵之为赵⑨，赵王之子孙侯者，其继有在者乎⑩？"曰："无有。"曰："微独赵⑪，诸侯有在者乎⑫？"曰："老妇不闻也⑬。""此其近者祸及身，远者及其子孙⑭。岂人主之子孙则必不善哉⑮？位尊而无功，奉厚而无劳⑯，而挟重器多也⑰。今媪尊长安君之位⑱，而封之以膏腴之地⑲，多予之重器，而不及今令有功于国⑳；一

---

① 计深远：作长远打算。计：考虑，打算。
② 持：握着。踵（zhǒng）：脚跟。
③ 念：惦念。悲：伤心。远：指远嫁。
④ 亦哀之矣：也算很悲痛了。
⑤ 已行：已经走了之后。
⑥ 必勿使反：一定别让她回来。反，通"返"。古代女儿远嫁他国为后妃，只有被废或亡国之后才回到本国。祝：祷告。
⑦ 难道不是作长远打算，希望燕后有子孙世世代代相继为王吗？也：表示判断的语气词。哉：表示反问的语气词。
⑧ 三世：三代。父子相继为一代。
⑨ 至：到。上推到赵氏成为赵国。
⑩ 侯：当诸侯。继：动词用如名词，继承人。
⑪ 微独：不仅是。
⑫ "诸侯"的后面省略了"之子孙侯者，其继"。
⑬ 不闻：没有听说。
⑭ "远者"的后面省略了"祸"。及：到达。其：他的。
⑮ 岂：难道……吗？。人主：国君。则：就。
⑯ 奉：通"俸"，指俸禄。劳：功劳。
⑰ 挟（xié）：持有。重器：贵重的宝物，这里指金玉鼎彝，象征国家的权力。
⑱ 尊：形容词的使动用法，"使……尊贵"。
⑲ 膏腴（yú）：肥沃。
⑳ 及今：趁现在。令：使，让。

旦山陵崩①,长安君何以自托于赵②?老臣以媪为长安君计短也③。故以为其爱不若燕后④。"太后曰:"诺⑤。恣君之所使之⑥!"于是为长安君约车百乘⑦,质于齐,齐兵乃出。

---

① 山陵崩:比喻君主死,是一种委婉的说法。这里指太后死。
② 长安君凭什么在赵国立足呢?
③ 以:认为。
④ 其爱:指对长安君的爱。
⑤ 诺(nuò):表示答应的叹词。
⑥ 任凭你怎么指使他。恣(zì):任凭。
⑦ 约车:给车套上马。乘(shèng):量词,古代车辆单位,四马一车为一乘。

四〇　公输盘（《墨子·公输》）

公输盘为楚造云梯之械[1]，成，将以攻宋。

子墨子闻之[2]，起于鲁[3]，行十日十夜而至于郢[4]，见公输盘。公输盘曰："夫子何命焉为[5]？"子墨子曰："北方有侮臣者，愿借子杀之[6]。"公输盘不悦[7]。子墨子曰：

"请献十金[8]。"公输盘曰："吾义，固不杀人[9]。"子墨子起，再拜[10]，曰："请说之[11]。吾从北方闻子为梯，将以攻宋。宋何罪之有[12]？荆国有余于地而不足于民[13]，杀所不足而争所有余[14]，不可谓智[15]。宋无罪而攻之，不可谓仁[16]。知而不争[17]，不可谓忠。争而不得，不可谓强。义不杀少而杀众，不可谓知类[18]。"公输盘服。

子墨子曰："然，胡不已乎[19]？"公输盘曰："不可，吾既已言之王矣[20]。"子墨子曰："胡不见我于王[21]？"公输盘曰："诺。"

子墨子见王，曰："今有人于此，舍其文轩[22]，邻有敝舆而欲窃之[23]；舍其锦绣[24]，邻有短褐而欲窃之[25]；舍其粱肉[26]，邻有糠糟而欲窃之[27]。此为何若人[28]？"王曰："必为有窃疾矣。"子墨子曰："荆之地，方五千里[29]；宋之地，方五百里；此犹文轩之与敝舆也[30]。荆有云梦[31]，犀兕麋鹿满之[32]，江汉之鱼鳖鼋鼍为天下富[33]；宋，所谓无雉兔鲋鱼者也[34]；此犹粱肉之与糠糟也。荆有长松文梓楩楠豫章[35]，宋无长木[36]；此犹锦绣之与短褐也。臣以王之攻宋也[37]，为与此同类[38]。"王曰："善哉！虽然[39]，公输盘为我为云梯[40]，必取胜。"

于是见公输盘。子墨子解带为城[41]，以牒为械[42]。公输盘九设攻城之机变[43]，子墨子九距之[44]。公输盘之攻械尽，子墨子之守圉有余[45]。

公输盘诎[46]，而曰："吾知所以距子矣[47]，吾不言。"子墨子亦曰："吾知子之所以距我，吾不言。"楚王问其故。子墨子曰："公输子之意，不过欲杀臣。杀臣，宋莫能守[48]，乃可攻也。然臣之弟子禽滑厘等三百人[49]，已持臣守圉之器，在宋城上而待楚寇矣[50]。虽杀臣，不能绝也。"

楚王曰："善哉，吾请无攻宋矣。"

【作品介绍】

墨子（约前408—前376），名翟（dí），战国初年鲁国人，出身工匠，曾任宋国大夫，是墨家学派的创始人。《墨子》现存五十三篇，记述了墨子及其弟子的言行，也包括墨子以后的墨家著作。《墨子》代表了平民的思想，主张"兼爱"、"非攻"，希望天下的人都互相亲爱，反对战争。

本篇通过对话的形式，记叙了墨子用道理说服公输盘，迫使楚王不得不放弃侵略宋国的企图的经过。出色地表现了墨子的才智、勇敢和反对侵略的精神，是墨子"兼爱"、"非攻"主张的生动而具体的体现。

【注释】

[1] 公输盘（bān）：姓公输，名盘。也写作"公输班"、"公输般"，春秋末年鲁国人，是古代著名的能工巧匠，能造奇巧的器械。后世常称为"鲁班"。云梯：攻城时用来登城的器械（xiè）。

[2] 子：对老师的尊称，这篇是墨子弟子所记，所以称"子墨子"。

[3] 起：起身，启程。

[4] 郢（yǐng）：楚国的都城，在今湖北的江陵。

[5] 夫子：对墨子的尊称。何命焉为：有什么见教呢？命：指教，见教。焉为：语气词连用，相当于"呢"。

[6] 愿：希望。借子：借助您（的力量）。

[7] 说（yuè）：通"悦"。

[8] 请：请允许我……。金：古代的货币单位，战国时一镒为一金，合古制二十四两，等于750克。

[9] 固：从来，本来。

[10] 再：两次。再拜：拜了两拜。

[11] 说之：说明这件事。

[12] 何罪之有：有什么罪？"之"是代词，提前到谓语的前面，用来复指宾语"罪"。这种句式有强调语气的作用。

[13] 荆国：楚国。于：对于……方面。

[14] 所不足：不够的（东西、人）。"所＋动词"构成名词性的"所字结构"，"所见"即"见到的（东西、人）"，"所作"即"作的（事情）"。

[15] 不可谓：不能说是……。智：明智，勤于思考。

[16] 仁：爱别人，以爱心对待别人。

[17] 争：通"诤（zhèng）"，用坦率的话劝别人改正错误。

[18] 知类：懂得事理的对错。

[19] 胡：何，为什么。已：停止。

[20] 既已：已经。

[21] 见（xiàn）：出现，这里是使动用法，意为"让（我）拜见"。

[22] 舍（shě）：抛弃，丢掉。文轩（xuān）：装饰得很漂亮的车子。文：文采，有花纹。轩：大夫以上的官员乘坐的车子。

[23] 敝（bì）：破旧。舆：车。

[24] 锦绣：彩色的丝绸或绣了花的衣服。

[25] 短褐（hè）：平民穿的粗布衣服。

[26] 梁肉：精美的饭菜。

[27] 糠糟（kāngzāo）：糠皮、酒糟等粗劣的食物。

[28] 何若：怎么样。

[29] 方：面积，方圆。

[30] 犹：好像，好比。

[31] 云梦：楚国的大湖，不限与今湖北云梦县一带的云梦泽，包括现在的湖北中部、东部和湖南、江西北部。

[32] 犀（xī）：雄犀牛。兕（sì）：雌（cí）犀牛。麋（mí）：一种鹿。

[33] 江汉：长江和汉水，都流经楚国。鼋（yuán）：一种大鳖（biē）。鼍（tuó）：鳄（è）鱼。富：富有，丰富。

[34] 所谓：所说的。鲋（fù）鱼：一种像鲫鱼的小鱼。

[35] 梓（zǐ）：梓树。文梓：纹理细密的梓树。楩（pián）：树名。楠（nán）：楠树。豫（yù）章：树名，即樟树。

[36] 长木：高大的树木。

[37] 以：以为，认为。

[38] 为：是。

[39] 虽:虽然。然:这样。虽然:虽然这样。

[40] 为我为:给我造。

[41] 带:衣带。城:城墙。

[42] 牒(dié):这里指小木板,木片。

[43] 九:多次。机变:根据时机的不同,变换各种方式。

[44] 距:通"拒",抵挡,防御。

[45] 守圉(yù):守御。圉:通"御"。

[46] 诎(qū):通"屈"。没办法了,屈服了。

[47] 所以距子:用来对付你的办法。

[48] 莫:没有谁……。

[49] 禽滑(gǔ)厘:人名。

[50] 楚寇:楚国入侵。

【繁简字对照】

盘——盤　　机——機　　窃——竊　　犹——猶

梦——夢　　绣①——绣繡

【古文知识】

古代汉语的代词

与现代汉语相比,古代汉语的代词系统复杂得多。古今代词不同之处,大体上有以下几个方面。

第一、古代汉语中一些人称代词既可以表示单数,又可以表示复数。例如:

1. 十年春,齐师伐我。(《左传·庄公十年》)
2. 彼三晋之兵,素悍勇而轻齐。(《史记·孙子吴起列传》)
3. 吾与汝毕力平险,指通豫南,达于汉阴,可乎?(《列子·汤问》)

第二、第三人称代词的用法有所限制,"彼"可以作主语,而"之"只能作宾语。例如:

4. 彼徒我车,惧其侵轶我也。(《左传·隐公九年》)
5. 彼竭我盈,故克之。(《左传·庄公十年》)

第三,有些人称代词既可以表示人称,又可以表示领属。如"尔"既可以是

---

① 繁体字"繡"合并于"绣",又简化为"绣"。

"你"、"你们",又可以表示"你的"、"你们的"。例如:

6. 我无尔诈,尔无我虞。(《左传·宣公十五年》)
7. 还他马,赦尔罪。(《后汉书·方术传》)
8. 夺我身上暖,买尔眼前恩。(白居易《重赋》)

第四、疑问代词的用法也有限制。"谁"是问人的,"孰"可以问人,问物,还可以用于选择。例如:

9. 云谁之思,西方美人。(《诗经·邶风·简兮》)
10. 君若以德绥诸侯,谁敢不服?(《左传·僖公四年》)
11. 画孰最难者?(《韩非子·外储说左上》)

"何、安、奚、恶"作宾语时,表示"什么""哪里",例如:

12. 从道而出,犹以一易两也,奚丧?(《荀子·正名》)
13. 元年者何?君之始年也。(《公羊传·隐公元年》)
14. 沛公安在?(《史记·项羽本纪》)

"何、安、奚、恶"作状语时,表示"为什么""怎么"。例如:

15. 安有为人臣而戏其君者乎?(《说苑·建本》)
16. 先生饮一斗而醉,恶能饮一石哉?(《史记·滑稽列传》)

第五、有一些特殊的代词,如"诸"等于"之于","焉"等于"于之",它们都不是单纯的代词,而是包括了一个代词"之"和语气词"乎"或介词"于",意义也因此而复杂。例如:

17. 积土成山,风雨兴焉。(《荀子·劝学》)
18. 投诸渤海之尾,隐土之北。(《列子·汤问》)

"动词+者"代替动作的对象,如"所见所闻"就是看到和听到的事情。"所+动词+者"也是指动作的对象,"吾所闻者"就是"我听到的消息"。

"莫"是否定的无定指示代词,"没有谁……"。"或"是无定指示代词"有人"。例如:

19. 天下莫不与之。(《孟子·梁惠王上》)
20. 或五十步而后止,或百步而后止。(《孟子·梁惠王上》)

【练习】

一、请回答下列问题：
1. 墨子为什么来到楚国？
2. 墨子为什么要给公输盘"十金"？
3. 墨子是怎么说服公输盘的？
4. 墨子是怎么说服楚王的？
5. 墨子只是很会说话吗？
6. 墨子为什么不怕楚王杀死自己？
7. 楚王为什么不攻打宋国了？

二、请注意下列句子中画线的部分：
1. 愿<u>借</u>子杀之
2. <u>请</u>献十金
3. 子墨子起，<u>再</u>拜
4. 义不杀<u>少</u>而杀<u>众</u>
5. 胡不<u>见</u>我于王
6. 宋无<u>长</u>木
7. 在宋城上而待楚<u>寇</u>矣

三、请解释下列成语，并指出与本课内容有关的部分：
1. 心服口服 以理服人 口服心不服
2. 随机应变 相机行事
3. 锦绣河山
4. 理屈词穷
5. 心有余而力不足

四、请阅读下列句子，并指出其中代词的用法：
1. 吾视其辙乱，望其旗靡，故逐之。（《左传·庄公十年》）
2. 彼，丈夫也；我丈夫也。（《孟子·滕文公上》）
3. 他山之石，可以攻玉。（《诗经·鹤鸣》）
4. 虽使五尺之童适市，莫之或欺。（《孟子·滕文公上》）
5. 然当今之时，天下之害孰为大？（《墨子·兼爱》）
6. 女与回也，孰愈？（《论语·公冶长》）

【阅读】

（一）良弓难张《《墨子·亲士》》

良弓难张①，然可以极高入深②；良马难乘③，然可以任重致远④；良材难令⑤，然可以致君见尊⑥。

（二）墨悲丝染《《墨子·所染》》

子墨子见染丝者而叹曰："染于苍则苍⑦，染于黄则黄。所入者变⑧，其色亦变，五入必⑨，而已则为五色矣，故染不可不慎也。"

（三）楚王好细腰《《墨子·兼爱中》》

昔者⑩，楚灵王好士细腰⑪。故灵王之臣，皆以一饭为节⑫，胁息然后带⑬，扶墙然后起。比期年⑭，朝有黧黑之色⑮。

---

① 良弓：好的弓。张：动词，打开，拉开。
② 然：然而。极高入深：到达很高的地方，进入深层。
③ 乘：驾御。
④ 任重：拉很重的东西。致远：到达很远的地方。
⑤ 令：指挥。
⑥ 致：招致，使……达到……。见尊：受到尊重。
⑦ 苍：青色，黑色。则：就。
⑧ 所入者：这里指丝进入的地方。
⑨ 五：这里指五色。必：一说同"毕"。
⑩ 昔者：从前。
⑪ 楚灵王：春秋时楚国的一个君王。
⑫ 皆：都。一饭：一顿饭。节：节度。
⑬ 胁(xié)息：吸气。带：名词用如动词，系带子。
⑭ 比(bǐ)：到。期(jī)年：一周年。
⑮ 朝：指朝中之臣。黧(lí)黑：指面色黑。

(四)击邻家之子(《墨子·鲁问》)

譬有人于此①,其子强梁不材②,故其父笞之③。其邻家之父,举木而击之,曰:"吾击之也,顺于其父之志④。"则岂不悖哉⑤?

---

① 譬(pì):比如。
② 其子:他的孩子。强梁:强横。不材:不成器。
③ 故:所以。笞(chī):鞭打,杖击。
④ 顺:依顺。志:意愿。
⑤ 则:就。岂不……哉:难道不……吗?悖(bèi):谬误。

四十一　岳阳楼记（宋·范仲淹）

庆历四年春[1]，滕子京谪守巴陵郡[2]。越明年[3]，政通人和[4]，百废具兴，乃重修岳阳楼，增其旧制，刻唐贤今人诗赋于其上。属予作文以记之[6]。

予观夫巴陵胜状[7]，在洞庭一湖。衔远山[8]，吞长江[9]，浩浩荡荡[10]，横无际涯[11]。朝晖夕阴[12]，气象万千[13]。此则岳阳楼之大观也[14]，前人之述备矣[15]。然则北通巫峡[16]，南极潇湘[17]，迁客骚人[18]，多会于此，览物之情，得无异乎[19]？

若夫霪雨霏霏[20]，连月不开[21]，阴风怒号[22]，浊浪排空[23]；日星隐耀[24]，山岳潜形[25]；商旅不行[26]，樯倾楫摧[27]；薄暮冥冥[28]，虎啸猿啼。登斯楼也，则有去国怀乡[29]，忧谗畏讥[30]，满目萧然[31]，感极而悲者矣[32]。

至若春和景明，波澜不惊[33]，上下天光，一碧万顷[34]；沙鸥翔集[35]，锦鳞游泳[36]；岸芷汀兰[37]，郁郁青青[38]。而或长烟一空[39]，皓月千里，浮光跃金[40]，静影沉璧[41]，渔歌互答，此乐何极[42]。登斯楼也，则有心旷神怡，宠辱皆忘[43]，把酒临风[44]，其喜洋洋者矣[45]。

嗟夫[46]！予尝求古仁人之心[47]，或异二者之为[48]，何哉？不以物喜，不以己悲[49]；居庙堂之高[50]，则忧其民；处江湖之远[51]，则忧其君。是进亦忧[52]，退亦忧。然则何时而乐耶？其必曰"先天下之忧而忧，后天下之乐而乐"乎。噫！微斯人[53]，吾谁与归？

时六年九月十五日。

【作品介绍】

范仲淹(989—1052),字希文,北宋著名政治家、文学家。《岳阳楼记》是范仲淹在被罢免参知政事、调出京城任地方官的第三年写的。在文章中,作者尽情地描写了洞庭胜景,由事入景,由景生情,由情化理,最后归结到作者的人生观,规勉老友,激励自己,勉励后人。"先天下之忧而忧,后天下之乐而乐"成为千百年来咏叹不衰的名句。

【注释】

[1] 庆历四年:公元1044年。庆历:宋仁宗年号。

[2] 滕子京:名宗谅,河南洛阳人。与范仲淹是同年进士,曾任泾州知事,后被诬贬至岳州。谪(zhé):官员降职或远调。守:做州郡的长官。巴陵:岳州,今岳阳市。

[3] 越明年:到了第二年。

[4] 政通人和:政事顺利,百姓和乐。

[5] 百废:各种被荒废了的事情。具:通"俱",全,皆。兴(xīng):修建起来,开始做。

[6] 属:通"嘱"。予:我。作文:写文章。之:代词,指这件事。

[7] 夫:语气词。胜状:胜景,好景色。

[8] 衔(xián):用嘴含着。这里指远山的影子映入湖中。

[9] 吞:把……放在嘴里,咽入肚下。这里指长江的水流入洞庭湖。

[10] 浩浩荡荡:水势浩大的样子。

[11] 际:边际。涯(yá):边涯。

[12] 晖:日光。朝晖夕阴:早晚的阴晴变化。

[13] 气象万千:景色和事物富于变化,非常壮观。

[14] 大观:雄伟景象。

[15] 述:描写。这里指岳阳楼上所刻的唐宋诗赋。备:详尽。

[16] 巫峡(wūxiá):长江三峡之一,在今重庆市巫山县东,位于洞庭湖的西北方。

[17] 极:尽,直通。潇:潇水,湘江的支流,湘水流入洞庭湖。

[18] 迁客:谪迁的人,指降职调到远方的官员。骚(sāo)人:诗人。屈原作《离骚》,因此,后人也称诗人为骚人。

[19] 览:看。物:景物。得无……乎:能没有……吗?

[20] 若夫:用在一句话的开头引起叙述的词,近似"像那……"。霪(yín)雨:纷纷不止的雨。霏霏:雨雪密繁,不停地下的样子。

[21] 开:天气放晴。

[22] 怒:猛烈地。号(háo):叫,呼喊。

[23] 浊浪:浑浊的浪头。排空:冲向天空。

[24] 耀(yào):光辉。

[25] 潜形:隐没形迹,不被看到。

[26] 商旅:商人、旅客。不行:不能启程。

[27] 樯倾楫摧(qiáng qīng jí cuī):指船只毁坏。樯:船上的桅杆。倾:倒下。楫:船桨。摧:折断。

[28] 薄(bó):迫近,快要……。冥冥(míngmíng):天色昏暗。

[29] 去:离开。国:国都。怀:怀念。乡:故乡。

[30] 忧谗畏讥:担心(别人)说坏话,惧怕(别人)讥讽。

[31] 满目萧(xiāo)然:眼睛所望见的都是凄凉景色。

[32] 感:感慨。极:至极,到了极点。

[33] 不惊:不动。

[34] 一碧万顷:碧绿的颜色连成一片。万顷:形容面积极大。

[35] 沙鸥:水鸟名。翔集:飞到一处。

[36] 锦鳞(lín):美丽的鱼。

[37] 芷(zhǐ):香草。汀(tīng):水中的小块陆地。

[38] 郁郁:香气浓郁。青青:颜色青绿。

[39] 长烟:大片烟雾。一:全。空:消散。

[40] 浮光跃金:浮动在水面上的光影闪着金色在跳跃。

[41] 静影沉璧:平静的月影好像沉在水中的白璧。影:月影。璧:圆形的玉。

[42] 何极:哪有穷尽。

[43] 宠(chǒng):荣耀,指被君王喜爱。皆:一起。

[44] 把:持,拿着。临风:迎着风。

[45] 洋洋:众多。喜洋洋:非常高兴。

[46] 嗟(jié)夫:感叹词。

[47] 尝:曾经。求:探求。古仁人:古代品格高尚的人。

[48] 或:或许。为:作为,表现。

[49] 不以物喜,不以己悲:不因为外物(好坏)和自己(得失)而悲喜。

[50] 庙堂:这里指朝廷。

[51] 江湖:这里指在野,不做官,不当政。

[52] 进:做官,取得地位。

[53] 微:不是,没有。斯:这样的。

[54] 谁与归:跟从谁呢?

【繁简字对照】

庆——慶	历①——曆歷	旧——舊	浊——濁
际——際	迁——遷	览——覽	

【古文知识】

古今语序的不同

古代汉语与现代汉语的语序,在大体一致的同时,也有一些差别。这些差别主要有以下几点。

第一,疑问代词作宾语时,往往要放在动词或介词的前面。例如:

1. "吾谁欺?欺天乎?"(《论语·子罕》)
2. 王曰:"缚者,何为者也?"(《晏子春秋》)
3. 何以战?(《左传·庄公十年》)
4. 噫!微斯人,吾谁与归?(范仲淹《岳阳楼记》)

第二,否定句中,代词作宾语,常常放在动词的前面。例如:

5. 子曰:"不患人之不己知,患不知人也。"(《论语·学而》)
6. 不学自知,不问自晓,古之行事,未之有也。(《论衡·实知》)

第三,动量词很少使用,一般是数量词直接放在动词的前面。例如:

7. 俄而与于期逐,三易马而三后。(《韩非子·喻老》)
8. 齐人三鼓。(《左传·庄公十年》)

有时,为了强调行为动作的数量,可以把数词放在全句之尾,并用一个"者"字表示停顿。例如:

9. 范增数目项王,举所佩玉玦以示者三。(《史记·项羽本纪》)

第四,状语也可以放在动词的后面。例如:

10. 子墨子闻之,起于鲁。(《墨子·公输》)
11. 赵襄主学御于王子期。(《韩非子·喻老》)
12. 庄子与惠子游于濠梁之上。(《庄子·秋水》)

---

① 繁体字系统,"历史"用"歷","日历"用"曆"。汉字简化,两字合并,一同简化为"历"。

【练习】

一、请回答下列问题：

　　1. 作者为什么写了这篇散文？
　　2. 作者认为洞庭湖的景色怎么样？
　　3. 作者认为一般的人的心情容易被什么影响？
　　4. 作者认为自己的苦乐是被什么所决定？

二、请解释下列语句的意思：

　　1. 政通人和　　　　　7. 去国怀乡
　　2. 百废俱兴　　　　　8. 忧谗畏讥
　　3. 属予作文以记之　　9. 把酒临风
　　4. 前人之述备矣　　 10. 不以物喜，不以己悲
　　5. 多会于此　　　　 11. 噫！微斯人，吾谁与归？
　　6. 商旅不行

三、请将下面的短文翻译成现代汉语：

陶公少时（《世说新语·贤媛》）

　　陶公少时①，作鱼梁吏②，尝以坩鲊饷母③。母封鲊付使，反书责侃曰④："汝为吏，以官物见饷⑤，非唯不益⑥，乃增吾忧也。"

四、请指出下面句子的语序特点：

　　1. 青，取之于蓝而青于蓝。（《荀子·劝学》）
　　2. 战于长勺。（《左传·庄公十年》）
　　3. 于是平原君欲封鲁仲连，鲁仲连辞让者三。（《战国策·赵策三》）
　　4. 公输盘九设攻城之机变，子墨子九距之。（《墨子·公输》）

---

　　① 陶公：指陶侃，晋朝人，父亲早逝，从小靠母亲湛氏纺织维持生活，母亲并供给陶侃读书交友，陶侃后官至大将军。
　　② 鱼梁吏：掌管渔业的小官吏。梁：一说是水中筑堰像桥梁一样的捕鱼装置。
　　③ 坩：土制的盛东西的器皿。鲊(zhǎ)：腌制的鱼类食物。饷(xiǎng)：赠送。
　　④ 反：通"返"。反书：回信。责：责备。
　　⑤ 见饷：送给我。
　　⑥ 非唯……乃……：不但……反而……。

5. 吾有老父,身死,莫之养也。(《韩非子·五蠹》)
6. 优孟曰:"马者,王之所爱也。以楚国堂堂之大,何求不得?……"(《史记·滑稽列传》)

【阅读】

雁荡山(节选)(宋·沈括)①

予观雁荡诸峰②,皆峭拔险怪③,上耸千尺④,穹崖巨谷⑤,不类他山⑥,皆包在诸峰中。自岭外观之,都无所见⑦;至谷中,则森然干霄⑧。原其理⑨,当是为谷中大水冲激⑩,沙土尽去,唯巨石岿然挺立耳。如大小龙湫、水帘、初月谷之类,皆是水凿之穴。自下望之,则高岩峭壁;从上观之,适与地平,以至诸峰之顶,亦低于山顶之地面。世间沟壑中水凿之处⑪,皆有植土龛岩⑫,亦此类耳。今成皋、陕西大涧中⑬,

---

① 沈括:北宋著名科学家。钱塘(今浙江杭州)人。在物理学、数学、天文学、地学等方面都有重要贡献,主要著作为《梦溪笔谈》,曾任陕西路延州(今延安)知府。陕西:北宋行政区,统领今山西、宁夏长城以南和甘肃东南部以及山西西南部、河南西北部。
② 雁荡山:位于今浙江乐清、平阳二县境内。
③ 峭(qiào)拔:峻峭挺拔。
④ 耸(sǒng):耸立。
⑤ 穹(qióng):高。崖:高的河岸。
⑥ 类:像。和……相像。
⑦ 都无:全都没有。所见:看得见的。
⑧ 森然干霄:山峰林立,高入云霄。干:动词,冒犯。这里是"耸入(云霄)"义。
⑨ 原其理:追溯它的原理。
⑩ 当:应该。为:被。冲激:冲刷、侵蚀。
⑪ 壑(hè):深沟。
⑫ 植土:即下文的"立土",指直立的土柱。龛(kān):供奉佛像或神像的石室或木柜。龛岩:指表面布满凹坑的直立的岩石。
⑬ 成皋(gāo):古县名。在今河南荥(xíng)阳汜(sì)水镇。陕西:行政区划,相当于今陕西和宁夏的长城以南、秦岭以北一带以及甘肃的东南部地区。

立土动及百尺①,迥然耸立②,亦雁荡具体而微者③,但此土彼石耳④。既非挺出地上⑤,则为深谷林莽所蔽⑥,故古人未见,灵运所不至⑦,理不足怪也⑧。

① 动及:往往达到。动:动辄(zhé)。
② 迥(jiǒng)然:突出地。
③ 具体而微:指成皋、陕西大涧中的"立土"好像雁荡诸峰的一个缩影。
④ 但:只是。耳:罢了。
⑤ 既非:既没有。
⑥ 林莽:茂密的丛林。为:被。蔽:遮挡。
⑦ 灵运:谢灵运,南朝刘宋著名的诗人,曾任永嘉太守,其诗多写会稽、永嘉的山水名胜。
⑧ 不足:不值得。怪:意动用法,认为……奇怪。

四十二　醉翁亭记(宋·欧阳修)

环滁皆山也[1]。其西南诸峰,林壑尤美[2]。望之蔚然而深秀者[3],琅琊也[4]。山行六七里,渐闻水声潺潺[5],而泻出于两峰之间者[6],酿泉也。峰回路转,有亭翼然临于泉上者[7],醉翁亭也。作亭者谁?山之僧曰智仙也[8]。名之者谁[9]?太守自谓也[10]。太守与客来饮于此,饮少辄醉,而年又最高,故自号曰醉翁也。醉翁之意不在酒[11],在乎山水之间也[12]。山水之乐,得之心而寓之酒也[13]。

若夫日出而林霏开[14],云归而岩穴暝[15],晦明变化者,山间之朝暮也。野芳发而幽香[16],佳木秀而繁阴[17],风霜高洁,水落而石出者,山间之四时也。朝而往,暮而归,四时之景不同,而乐亦无穷也。

至于负者歌于途,行者休于树,前者呼,后者应,伛偻提携[18],往来而不绝者,滁人游也。临溪而渔,溪深而鱼肥;酿泉为酒[19],泉香而酒洌[20]。山肴野蔌[21],杂然而前陈者[22],太守宴也。宴酣之乐[23],非丝非竹[24];射者中,弈者胜,觥筹交错[25],起坐而喧哗者[26],众宾欢也。苍颜白发[27],颓然乎其间者[28],太守醉也。

已而夕阳在山[29],人影散乱,太守归而宾客从也,树林阴翳[30],鸣声上下,游人去而禽鸟乐也。然而禽鸟知山林之乐,而不知人之乐;人知从太守游而乐,而不知太守之乐其乐也[31]。醉能同其乐,醒能述以文者[32],太守也。太守谓谁?庐陵欧阳修也[33]。

【作品介绍】

欧阳修(1007—1072),北宋时期著名散文家和诗人。他的《醉翁亭记》是一篇优美的散文,艺术成就很高,是中国古代文学中的上品。文章表现了优美的意境,情景交融,意境和谐。山水相映之美,朝暮变化之美,四季更迭之美,动静对比之美,使得全文绘山光、水色、人情、醉态于一画,各具情趣。而且文章的结构精巧,铺垫有致,语言凝练精粹,具有音乐的节奏感和回环美,成为千古佳篇。

【注释】

[1] 环:围绕,环绕。滁(chú):地名,今安徽省滁州市。

[2] 壑(hè):山沟,沟壑。尤:格外。

[3] 蔚(wèi)然:草木茂盛的样子。深秀:幽深秀丽。

[4] 琅琊(lángyá):山名。

[5] 潺潺(chánchán):水流的声音。

[6] 泻(xiè):流下来。

[7] 翼(yè)然:像鸟的翅膀一样,这里指高高翘起的亭檐。临:靠近。

[8] 僧(sēng):和尚。智仙:和尚的名字。

[9] 名:名字。这里用如动词,给……起名字。

[10] 太守:官职名。当时欧阳修被贬职为滁州太守。这里是欧阳修自称。

[11] 意:指内心的陶醉之意。

[12] 乎:于。

[13] 寓:这里指借……来抒发感情。

[14] 若夫:句首语气词,"至于说到……"。林霏(fēi):林间飘浮的云雾。

[15] 云归:云雾聚集。岩穴:山谷。暝(míng):黑暗,阴暗。

[16] 野芳:野花。发:开放。幽(yōu):清静安闲。

[17] 佳木:挺拔秀美的树木。繁:多。

[18] 以上几句描述各式各样的游人。伛偻(yǔlǒu):弯腰驼背,这里指老年人。提携(xié):指被人领着、扶着的孩子。

[19] 酿(niàng):酿酒,制酒。

[20] 洌:指水或酒很清。

[21] 山肴(yáo):指山间猎获的野味。野蔌(sù):野菜。

[22] 陈:动词,摆放。

[23] 酣(hān):喝酒喝得很高兴。

[24] 丝:指弦乐器。竹:指管乐器。丝竹:泛指音乐。

[25] 觥(gōng)筹(chóu)交错:酒杯、酒筹传来递去。觥:用犀牛角做的酒杯。筹:用来记数或表示胜负的竹签,这里指酒筹。

[26] 喧哗:大声说话。

[27] 苍颜:苍老的面容。

[28] 颓(tuí)然:不精神。这里指酒醉后昏昏欲睡的样子。

[29] 已而:不久。

[30] 阴翳(yì):树叶茂密遮盖着,形成树荫。

[31] 乐其乐:为他们的高兴而高兴。
[32] 述以文:用文章来表达。
[33] 庐陵:地名,今江西省吉安市,是欧阳修的故乡。

【繁简字对照】

欧——歐　　环——環　　转——轉　　洁——潔
丝——絲　　筹——籌　　宾——賓　　欢——歡
庐——廬

【古文知识】

古代汉语的偏义复词

偏义复词,古今汉语都有。现代汉语中"窗户"只指"窗",而没有"户(门)"的意思。"忘记"只指"忘",而没有"记"的意思。这样,从词的结构上看,"窗""户"是并列的两个词,但从意义上看,"窗户"只表示一个意思。偏义复词,是指一个复音词由两个意义相关或相反的语素构成,但整个复音词的意思只取其中一个语素的意义;而另一个语素只是作为陪衬,只有一个形式,只起到构词的作用。

在古代汉语中,偏义复词使用得很多。偏义复词的运用,按词的构成关系来看,常见的有两种形式:

一、两个语素意义相对或相反。例如:

1. 孝文且崩时,诫太子曰:"即有缓急,周亚夫真可任将兵。"(《史记·绛侯周勃世家》)(缓急:危急)
2. 多人不得无生得失。(《史记·刺客列传》)(得失:失误)

如果不了解古代汉语的偏义复词现象,在理解古文的时候,就容易出现错误。例如:

3. 昼夜勤作息,伶俜(píng)萦苦辛。(《古诗为焦仲卿妻作》)(作息:劳作)
4. 则山下皆石穴罅,不知其浅深。(苏轼《石钟山记》)(深浅:深)
5. 所以遣将守关者,备他盗之出入与非常也。(《史记·项羽本纪》)(出入:入)

二、两个语素意义相近或相关。例如:

6. 今有一人入园圃,窃其桃李。(《墨子·非攻》)

——"园圃"是相近词,分别是"种树的、种菜的地方",此处只取"园"之意

7. 侯生摄敝衣冠,直上,载公子上坐,不让。(《史记·魏公子列传》)(衣冠:衣服)

8. 大夫不得造车马。(《礼记·玉藻》)(车马:车)

9. 以先国家之急而后私仇也。(《廉颇蔺相如列传》)(国家:国)

【练习】

一、请回答下来问题：
1. 醉翁亭在什么地方？
2. 醉翁亭的四季景色怎么样？
3. 醉翁为什么喝醉了？
4. 醉翁是谁？他为什么这么高兴？

二、请注意下面句子的特点：
1. 山行六七里
2. 名之者谁
3. 故自号曰醉翁也
4. 得之心而寓之酒也
5. 杂然而前陈者
6. 非丝非竹
7. 而不知太守之乐其乐也

三、结合本课的内容,解释下列成语：
1. 醉翁之意不在酒
2. 水落石出
3. 前呼后应
4. 其乐无穷
5. 情景交融
6. 山清水秀

四、结合本课内容,谈谈下列词语的意思：
1. 蔚然   2. 翼然   3. 杂然   4. 颓然

五、阅读下列句子,并指出偏义复词的意思：
1. 摧坚敌如折枯,荡同异如反掌。(《三国志·吴书·孙皓传》注引)
2. 成败之机,在于今日。(《三国演义》)
3. 当此之时,专威定功,安危之本在于此矣。(贾谊《过秦论》)
4. 擅强兵而别,多他利害。(《史记·吴王濞列传》)

【阅读】

与朱元思书（南朝梁·吴均）

风烟俱净，天山共色。从流飘荡，任意东西。自富阳至桐庐一百许里①，奇山异水，天下独绝。水皆缥碧②，千丈见底。游鱼细石，直视无碍。急湍甚箭③，猛浪若奔。夹岸高山，皆生寒树。负势竞上，互相轩邈④，争高直指，千百成峰，泉水激石，泠泠作响⑤。好鸟相鸣，嘤嘤成韵。蝉则千转不穷⑥，猿则百叫无绝。鸢飞戾天者⑦，望峰息心⑧；经纶世务者⑨，窥谷忘反⑩。横柯上蔽⑪，在昼犹昏⑫；疏条交映⑬，有时见日。

---

① 富阳：地名，在今浙江省富春江下游。桐庐：今浙江省桐庐县，也在富春江的边上。许：表示不定数，"大概"。
② 缥（piǎo）：淡青色。
③ 急湍（tuān）：急流。甚箭：比箭快。
④ 轩（xuān）：高。邈（miǎo）：远。轩邈：这里都作动词用，指竞相伸展，互比高低。
⑤ 泠泠（línglíng）：形容水声。
⑥ 转：通"啭"，鸣叫。
⑦ 鸢（yuān）：鹞（yào）鹰。戾（lì）天：高飞入天。这里比喻为名利极力攀登的人。
⑧ 息心：死了心。
⑨ 经纶：经营，奔走。
⑩ 窥：小心地张望。反：通"返"。
⑪ 柯（kē）：树枝。
⑫ 犹：好像。昏：黄昏，傍晚。
⑬ 疏条：稀疏的枝条。

四十三　孙　膑（《史记·孙子吴起列传》）

孙武既死[1]，后百余岁有孙膑[2]。膑生阿鄄之间[3]。膑亦孙武之后世子孙也。

孙膑尝与庞涓俱学兵法[4]。庞涓既事魏[5]，得为惠王将军[6]，而自以为能不及孙膑，乃阴使召孙膑[7]。膑至，庞涓恐其贤于己，疾之[8]，则以法刑断其两足而黥之[9]，欲隐勿见[10]。齐使者如梁[11]，孙膑以刑徒阴见[12]，说齐使[13]。齐使以为奇，窃载与之齐[14]。齐将田忌善而客待之[15]。

忌数与齐诸公子驰逐重射[16]。孙子见其马足不甚相远，马有上中下辈[17]，于是孙子谓田忌曰："君第重射[18]，臣能令君胜。"田忌信然之[19]，与王及诸公子逐射千金。及临质[20]，孙子曰："今以君之下驷与彼上驷[21]，取君上驷与彼中驷，取君中驷与彼下驷。"既驰三辈毕[22]，而田忌一不胜而再胜[23]，卒得王千金[24]。于是忌进孙子于威王[25]。威王问兵法，遂以为师[26]。

……

后十三年，魏与赵攻韩，韩告急于齐。齐使田忌将而往[27]，直走大梁[28]。魏将庞涓闻之，去韩而归，齐军既已过而西矣[29]。孙子谓田忌曰："彼三晋之兵[30]，素悍勇而轻齐[31]，齐号为怯。善战者因其势而利导之[32]。兵法：百里而趋利者蹶上将[33]，五十里而趋利者军半至。使齐军入魏地为十万灶[34]，明日为五万灶[35]，又明日为三万灶。"庞涓行三日，大喜，曰："我固知齐军怯[36]，入吾地三日，士卒亡者过半矣[37]。"乃弃其步军，与其轻锐倍日并行逐之[38]。

孙子度其行[39]，暮当至马陵[40]。马陵道狭，而旁多阻隘[41]，可伏兵。乃斫大树白而书之曰[42]："庞涓死于此树之下。"于是令齐军善射者万弩夹道而伏[43],期曰[44]:"暮见火举而俱发。"庞涓果夜至斫木下,见白书,乃钻火烛之[45]。读其书未毕,齐军万弩俱发,魏军大乱相失。庞涓自知智穷兵败,乃自刭[46],曰:"遂成竖子之名[47]!"齐军因乘其胜尽破其军,虏魏太子申以归[48]。孙膑以此名显天下,世传其兵法。

【作品介绍】

本篇介绍了中国古代著名军事家孙膑的经历,主要介绍了他早年与庞涓同学,后受其肉刑;帮助田忌获胜等史实。本篇特别细致地描述了著名的马陵之战,孙膑利用庞涓深谙兵法、轻视齐军的心理,巧用计谋,逐日减灶,最后打破魏军。

【注释】

[1] 孙武:春秋末年军事家,先秦兵家集大成者。齐国人,后居吴国。著兵法十三篇。《孙子兵法》是现存最早的军事著作。

[2] 孙膑:战国中期兵家代表人物。齐国人。所著《孙膑兵法》久已失传,1972年在山东临沂银雀山汉墓发现其残卷。其书经整理后出版,共三十篇,一万一千多字。

[3] 阿(ē)鄄(juān):均为地名,在今山东省西部。

[4] 庞涓(juān):人名。

[5] 事魏:在魏国做官。事:这里用如动词,为……做事。

[6] 惠王:魏国国君。

[7] 阴使:暗中派人。

[8] 疾:妒嫉、痛恨。

[9] 刑:指肉刑,古代残酷的刑法。黥(qíng):在犯人的脸上刺黑字。

[10] 欲:想。隐:动词的使动用法,使……隐藏起来。见(xiàn):通"现",出现,出头露面。

[11] 如:动词,到。梁:魏国首都,在现在的河南开封。

[12] 以刑徒:以受过刑的囚徒的身份。

[13] 说(shuì):劝说。

[14] 窃载:偷偷用车载着。

[15] 田忌:人名。善:认为……能干。客待之:以宾客礼节招待他。

[16] 驰逐:赛马。重射:下大赌注。

[17] 辈:等级。

[18] 第:只管,尽管。重射:下大的赌注。
[19] 然:是的,对的。
[20] 及:等到。临质:临场比赛。
[21] 下驷:下等马,劣马。
[22] 三辈:三个等级。
[23] 再胜:胜了两次。
[24] 卒:最后。
[25] 进:推荐。
[26] 以为师:把他作为老师。
[27] 将(jiàng):用作动词,率领军队。
[28] 走:跑。大梁:魏国的都城。
[29] 过:越过(边界)。西:方位词作动词,指"到了……西部"。
[30] 三晋:春秋末年,韩、赵、魏三家分晋,分别建立诸侯国。这里"三晋之兵"指魏国的军队。
[31] 素:平素,一向。悍(hàn)勇:勇猛。轻齐:看不起齐军。
[32] 因:根据,顺着。势:趋势。利:向有利的方向。导:引导。
[33] 趋利:追逐胜利。蹶(jué):跌倒,这里是使动用法,"使……受挫"的意思。
[34] 灶(zào):军灶,炉灶。
[35] 明日:第二天。
[36] 固:本来就。
[37] 亡:逃跑。
[38] 轻锐:轻装的精锐部队。倍日并行:两天的路程并成一天走。
[39] 度(duó):推测,估计。行:行程。
[40] 马陵:地名,在现在河南省东北部范县附近。
[41] 阻隘(ài):有障碍、很险要的地方。
[42] 斫(zhuó):砍,砍削。白:这里指"使(被砍的树)露出白木"。
[43] 弩(nǔ):用机械的力量发射的大弓。夹道而伏:在道路的两旁埋伏。
[44] 期:约定。
[45] 钻火:取火。烛:名词用如动词,用火光照。
[46] 自颈(jǐng):割颈自杀。
[47] 成:成全,竖子:小子。
[48] 虏(lǔ):俘虏。申:人名。

四十三 孙 膑

【繁简字对照】

膑——臏	临——臨	导——導	虏——虜
庞——龐	当——當	竖——豎	烛——燭
趋——趨	钻——鑽	质——質	辈——輩

【古文知识】

短语与词

词语的双音节化，是汉语词汇发展的一个基本趋势。古代汉语的词汇，大多是单音节的，而现代汉语则基本上是双音节的。据统计：《论语》、《孟子》两书中单音节词占百分之七十以上，双音节词占不到百分之三十。而在当代的政论文章中，双音词往往超过百分之八十。

汉语双音节化，从上古时代就开始，主要有两个方法。其一，出现了联绵词和叠音词；其二，是合成词。合成词是汉语词汇双音化的主要途径。合成词的产生有一个过程，开始是两个单音节词临时组成短语，后来凝结为一个复合词。例如：

1. 丘闻也，有国有家者，不患寡而患不均，不患寡而患不安。(《论语·季氏》)
2. 老夫其国家不能恤，敢及王室。(《左传·昭公二十四年》)
3. 常思奋不顾身，以徇国家之急。(司马迁《报任安书》)

在先秦，"国"是诸侯的封地，而"家"是大夫的封地。到了汉代，"国家"指的就是全国政权了，相当与先秦的"天下"。

1. 屏王之耳目，使不聪明。(《左传·昭公二十七年》)(聪：听清楚；明：看清楚。)
2. 家有常业，虽饥不饿。(《韩非子·饰邪》)(饥：肚子饿了，想吃东西；饿：没有东西吃而病倒。)
3. 由是感激，遂许先帝以驱驰。(诸葛亮《出师表》)(感激：因感动而奋发。)

总之，阅读古书时，要防止以今律古，把古书中的单音节连用的形式简单地理解为现代汉语的双音节，而应该多查字典，根据上下文仔细推敲，才能真正读懂古书。

【练习】

一、请回答下列问题：

1. 庞涓为什么要迫害孙膑？
2. 田忌为什么把孙膑推荐给齐威王？
3. 庞涓失败的原因是因为不懂兵法吗？
4. 这次战役中，孙膑利用了庞涓什么样的心理？

二、请翻译下列语句，并指出画线词语的意思：

1. 庞涓恐其<u>贤</u>于己
2. 欲隐勿<u>见</u>
3. 齐使者<u>如</u>梁
4. 齐将田忌<u>善</u>而<u>客</u>待之
5. 驰逐<u>重射</u>
6. 君<u>第</u>重射
7. 及<u>临质</u>
8. 一不胜而<u>再</u>胜
9. 去韩而归，齐军<u>既已</u>过而西矣
10. <u>素</u>悍勇而轻齐
11. 善战者<u>因其势而利导之</u>
12. <u>固</u>知齐军怯
13. 孙子<u>度</u>其行，暮当至马陵
14. 乃<u>斫</u>大树<u>白</u>而<u>书</u>之

三、根据本课的内容，解释下列词语：

1. 过犹不及
2. 因势利导
3. 素不相识
4. 论资排辈
5. 重男轻女
6. 以小人之心度君子之腹

四、请翻译下面的句子，特别注意画线的词语：

1. 独卧空室之中，若有所畏惧，则梦见<u>夫人</u>据案其身，哭矣。（王充《订鬼》）
2. 屈原至于江滨，被发行吟泽畔，<u>颜色</u>憔悴，<u>形容</u>枯槁。（《史记·屈原列传》）
3. 叶徒相似，<u>其实</u>味不同。（《晏子春秋·内篇杂下》）
4. 昨日入<u>城市</u>，归来泪满巾。（张俞《蚕妇》）
5. 不幸福，斯无祸；不患得，斯无失。（魏源《默觚》）
6. <u>消息</u>盈虚，终则有始。（《庄子·秋水》）
7. 王之臣有托其<u>妻子</u>于其友而之楚游者。（《孟子·梁惠王下》）

荆轲刺秦王（《史记·刺客列传》）

　　荆轲奉樊于期头函①，而秦舞阳奉地图匣②，以次进③。至陛④。秦舞阳色变振恐⑤，群臣怪之。荆轲顾笑舞阳，前谢曰："北蕃蛮夷之鄙人⑥，未尝见天子，故振慴⑦。愿大王少假借之⑧，使得毕使于前⑨！"秦王谓轲曰："取舞阳所持地图！"轲既取图奏之⑩，秦王发图⑪，图穷而匕首见⑫。因左手把秦王之袖，而右手持匕首揕之⑬。未至身，秦王惊，自引而起⑭，袖绝⑮。拔剑，剑长，操其室⑯。时惶急，剑坚⑰，故不可立拔。荆轲逐秦王，秦王环柱而走⑱。群臣皆愕，卒不起意⑲。尽失其度⑳。而秦法：群臣侍殿上者，不得持尺寸之兵㉑；诸郎中执兵皆陈殿

---

① 奉：捧。樊於(wū)期：秦将，因得罪秦王，逃到燕国。函(hán)：盒子。
② 秦舞阳：燕国武士。此行荆轲为正使，他是副使。地图：指燕国南部的督亢（今河北省涿州一带）的地图。
③ 次：顺序。
④ 陛(bì)：殿前的台阶。
⑤ 色：脸色。振：动。这里指"战栗"。
⑥ 北蕃：北方的蕃属。蛮夷：自贬之词。鄙人：粗鄙之人，指秦舞阳。
⑦ 慴(zhé)：害怕。
⑧ 少：稍微。假借：这里是宽容的意思。
⑨ 毕使：完成使命。
⑩ 奏(zòu)：进献。
⑪ 发图：把卷成一轴的地图展开。
⑫ 穷：尽，到头。见：通"现"。
⑬ 揕(zhèn)：用刀剑刺。
⑭ 自引而起：自己抽身站起。
⑮ 绝：断。
⑯ 操其室：拿起来剑的鞘。
⑰ 坚：这里指紧。
⑱ 环：环绕。
⑲ 卒(cù)：通"猝"，仓促。
⑳ 度：常态，平时的神情。
㉑ 尺寸之兵：意思是指"任何武器"。尺寸，言极微细。

下①,非有诏召不得上。方急时,不及召下兵,以故荆轲乃逐秦王,而卒惶急,无以击轲,而以手共搏之②。是时侍医夏无且以其所奉药囊提荆轲也③。秦王方环柱走,卒惶急,不知所为,左右乃曰:"王负剑④!"负剑,遂拔以击荆轲,断其左股⑤。荆轲废,乃引其匕首以擿秦王⑥;不中,中铜柱。秦王复击轲,轲被八创⑦。轲自知事不就⑧,倚柱而笑,箕踞以骂曰⑨:"事所以不成者,以欲生劫之⑩,必得约契以报太子也⑪。"于是左右既前杀轲,秦王不怡者良久⑫。

① 郎中:宫廷的侍卫。陈:排列。
② 搏:搏斗。
③ 侍医:随侍在国王身边的医官。夏无且(jū):人名。提:投击。
④ 负剑:这里指把剑推到背上。
⑤ 股:大腿。
⑥ 引:举起。擿(zhì):通"掷"。
⑦ 被:受。八创:八处受伤。
⑧ 就:成功。
⑨ 箕踞(jù):伸开双脚坐在地上,形似簸箕。表示倨傲不礼。
⑩ 生劫(jié):抓活的。
⑪ 约契:订立盟约,指迫使秦王答应退还诸侯的土地。
⑫ 怡(yí):愉快。

四十四　鸡鸣狗盗（《史记·孟尝君列传》）

孟尝君在薛[1]，招致诸侯宾客及亡人有罪者[2]，皆归孟尝君[3]。孟尝君舍业厚遇之[4]，以故倾天下之士[5]。食客数千人，无贵贱一与文等[6]。孟尝君待客坐语，而屏风后常有侍史[7]，主记君所与客语[8]，问亲戚居处[9]。客去，孟尝君已使使存问[10]，献遗其亲戚[11]。孟尝君曾待客夜食，有一人蔽火光[12]。客怒，以饭不等[13]，辍食辞去[14]。孟尝君起，自持其饭比之[15]。客惭，自刭。士以此多归孟尝君。孟尝君客无所择[16]，皆善遇之。人人各自以为孟尝君亲己。

秦昭王闻其贤，乃先使泾阳君为质于齐[17]，以求见孟尝君。孟尝君将入秦，宾客莫欲其行[18]，谏，不听。苏代谓曰[19]："今旦代从外来，见木禺人与土禺人相与语[20]。木禺人曰：'天雨，子将败矣。'土禺人曰：'我生于土，败则归土。今天雨，流子而行，未知所止息也[21]。'今秦，虎狼之国也，而君欲往，如有不得还，君得无为土禺人所笑乎[22]？"孟尝君乃止。

齐湣王二十五年，复卒使孟尝君入秦[23]，昭王即以孟尝君为秦相[24]。人或说秦昭王曰[25]："孟尝君贤，而又齐族也[26]，今相秦[27]，必先齐而后秦，秦其危矣[28]。"于是秦昭王乃止。囚孟尝君[29]，谋欲杀之[30]。孟尝君使人抵昭王幸姬求解[31]。幸姬曰："妾愿得君狐白裘[32]。"此时孟尝君有一狐白裘，直千金[33]，天下无双，入秦献之昭王，更无他裘[34]。孟尝君患之[35]，遍问客[36]，莫能对[37]。最下坐有能为狗盗者[38]，曰："臣能得狐白裘。"乃夜为狗，以入秦宫臧中[39]，取所献狐白裘至,以献秦王幸姬,幸姬为言昭王,昭王释孟尝君[40]。孟尝君得出,即驰去[41],更封传[42],变名姓以出关。夜半至函谷关[43]。秦昭王后悔出孟尝君,求之[44],已去,即使人驰传逐之[45]。孟尝君至关,关法:鸡鸣而出客,孟尝君恐追至[46],客之居下坐者有能为鸡鸣。而鸡齐鸣,遂发传出[47]。出如食顷[48],秦追果至关,已后孟尝君出[49]。乃还。

始孟尝君列此二人于食客,宾客尽羞之[50],及孟尝君有秦难[51],卒此二人拔之[52]。自是之后,客皆服[53]。

【内容介绍】

这篇文章生动形象地表现了"食客"这一阶层在先秦时代的作用,也反映了当时的贵族阶层如何拉拢食客,培养自己的势力,为己所用。当时孟尝君号称"食客三千",使得诸侯不得不对他另眼相看。

【注释】

[1] 薛(xuē):古代地名,是孟尝君的封地。

[2] 招致:招引,收罗。亡人:逃亡在外的人。

[3] 归:归属于。

[4] 舍业:舍弃家业,这里指花费很多钱财。厚遇:好好招待。

[5] 倾:钦佩,羡慕。这里是使动用法,"使……为之倾倒"。

[6] 等:等同。一:一律。文:孟尝君的名字,姓田,名文。一与文等:一律和孟尝君一样。

[7] 侍史:官员手下担任文书工作的侍从。

[8] 主:负责。

[9] 亲戚:指父母兄弟等。

[10] 使使:派使者。存问:慰问,看望。

[11] 献遗(wèi):敬献,赠送。

[12] 蔽(bì):遮蔽,遮挡。

[13] 以:以为。等:等同,相同。

[14] 辍(chuò):停止,中断。辞:告辞。去:离开。

[15] 比:靠近。

[16] 客无所择:对食客没有什么挑选。

[17] 泾(jīng)阳君:秦昭王的弟弟。质:人质。
[18] 莫:"没有谁……"。欲:想,这里是"想让(孟尝君……)"。
[19] 苏代:人名。
[20] 禺(ǒu):通"偶"。木禺:用木头做成的人形。相与:共同,一起。
[21] 未知:不知道。所止息:停歇的地方。
[22] 得无:用于反问句,能不……,莫非……。
[23] 复:再一次。卒:终于,最后。
[24] 相(xiàng):古代辅佐国君管理国家事物的最高官职。
[25] 或:不定指示代词,有人。说(shuì):劝说,说服。
[26] 齐族:齐国的贵族。
[27] 相秦:作秦国的相。相:名词用如动词。
[28] 其……矣:表示推测的语气。
[29] 囚(qiú):囚禁,关押。
[30] 谋:计议,商量。
[31] 抵(dǐ):到达。幸姬:受宠爱的妾。解:解脱。
[32] 妾:古代女子对自己的谦称。裘:皮毛衣服。狐白裘:用狐狸腋下的白毛皮做成的衣服,很珍贵。
[33] 直:通"值",价值。
[34] 更:另外。他:别的。
[35] 患:忧虑,担心,害怕。
[36] 遍:到处,普遍地。
[37] 对:回答。
[38] 最下座:指宾客中坐在最不重要位置上的,也就是身份最低的。为狗盗:像狗一样偷东西。
[39] 臧(zàng):通"藏"。宫臧:宫内的仓库。
[40] 释:释放。
[41] 即:立刻,马上。驰(chí)去:赶着马车快跑离开……。
[42] 更:动词,更换,更改。封传(zhuàn):古代官府发的证件。
[43] 函(hán)谷关:秦国的重要关口,在今河南省灵宝县东北。
[44] 求之:这里指搜寻他。
[45] 即:立刻。使:派人。传(zhuàn):这里指古代驿站的专用车。逐之:追赶他们。
[46] 追:这里是动词活用作名词,追兵。
[47] 发传(zhuàn):指打开封传,即检查证件。
[48] 食顷:指吃一顿饭的功夫。
[49] 后孟尝君出:比孟尝君出关的时间晚。

[50] 羞：羞耻，不好意思。这里是意动用法，"觉得……是很羞辱的。"
[51] 及：等到……时。难(nàn)：不幸的遭遇，困境。
[52] 卒：最终。拔：拔除，这里是使动用法，"使……解脱"。
[53] 服：信服。

【繁简字对照】

贱——賤　　泾——涇　　关——關　　风——風

【古文知识】

古今词义的演变

汉语的词义在各种因素的作用下，从古到今不断发展变化着。从词义的范围来看，有扩大，有缩小，有转移；从感情色彩看，有褒贬义的变化；从程度来看，有轻重的变化。

一、词义范围的扩大

1. 将军战河南，臣战河北。（《史记·项羽本纪》）

"河"原是专名，专指黄河，后来所指范围扩大，可以指一切河流。

2. 公子行数里，心不快。（《史记·魏公子列传》）

"快"字从心，古代只有"愉快"义，后来增加了"迅速""锋利"义。

二、词义范围缩小

3. 若无兴德之言，则责攸之、祎、允等之慢。（诸葛亮《出师表》）

"慢"在古代有"懈怠""缓慢"两个意义，现在"懈怠"义在口语中已经不用了，而在书面语中还保留着，例如："慢待""傲慢"的等。

三、词义转移

古代的词义发生了变化，旧的意义消失了，新的意义出现了。例如：

4. 问其名居，不告而退，遂自亡也。（《左传·宣公二年》）

5. 今亡亦死，举大计亦死。（《史记·陈涉世家》）

"亡"本义是"逃亡、逃跑"。后引申为"失掉"义。例如：

6. 无趾曰："吾唯不知务而轻也用吾身，吾是以亡足。"《庄子·德充符》

再引申为"灭亡"义。例如：

7. 天行有常,不为尧存,不为桀亡。(《荀子·天论》)

后来引申为"死亡"义。

四、感情色彩变化

古书中词义的褒贬意义与现在不同。例如:

8. 谤讥于市朝,闻寡人之耳者,受下赏。(《战国策·齐策一》)

"谤"在古代仅仅是议论某人的错误,并无恶意,后来变成"诽谤""中伤",由中性词变成贬义词。

五、程度变化

9. 于予与,何诛?(《论语·公冶长》)(对于宰予嘛,训斥他做什么?)

"诛"的本义只是口头责备,训斥,成语中的"口诛笔伐"就是这个意思。后来词义的程度加深,变为"杀戮"。

我们在阅读古书时,要特别小心,尤其是对一些我们认为已经了解的词语,更不能大意。而要注意以下三点:

(一)字同而词义完全转移。

10. 匈奴使持单于一信到国。(《汉书·西域传》)

"信"在上古并不是"书信"义,而是"信物"或"送信的使者"义。直到唐代,"书信"连用,"书"是"书信"义,"信"则是"信物、信使"义。

11. 孟子去国,宿于昼。(《孟子·公孙丑下》)

"去"的古义是"离开",而今义是"前往"。方向正好相反。

(二)字同而词义有差异

12. (苏秦)读书欲睡,引锥自刺其股,血流至足。(《战国策·秦策一》)

"睡"在上古是"打瞌睡"义,"股"在上古是"大腿"义。我们读古书时,看到这些词,都不能以今义代替古义。

13. 田中有株,兔走触株,折颈而死。(《韩非子·五蠹》)

"走"的古义是"跑",与今义不同。

(三)时代的不同

文言文的系统并不是一个平面,而是在不断发展变化着的,一个词的古义,也会有上古、中古、近代的差异,不可不加以区别,不能一律对待。例如:

14. 穆公访诸蹇叔。(《左传·僖公三十二年》)

"访"在先秦是"征求意见"、"请人出主意"义。到后来才有"询问、寻求、拜访"义。例如：

15. 访旧半为鬼。(杜甫《赠卫八处士》)

再如：

16. 梗阳人有狱,魏戊不能断,以狱上。(《左传·昭公二十八年》)

"狱"在先秦古籍中,都是"打官司"的意思,到了汉代以后,才有了"监狱"的意思。例如：

17. 恐死而负罪,乃从狱中上书。(《史记·邹阳列传》)

【练习】

一、请回答下列问题：
1. 孟尝君对他的食客怎么样？
2. 有一个食客为什么自杀？
3. 孟尝君第一次去秦国时,食客为什么阻止他？
4. 孟尝君第二次去秦国,秦昭王为什么把他关起来？
5. 孟尝君是怎么逃出来的？

二、请翻译下列语句,并指出画线词语的意思：
1. 招致诸侯宾客及亡人有罪者,皆归孟尝君
2. 以故倾天下之士
3. 无贵贱一与文等
4. 献遗其亲戚
5. 客怒,以饭不等,辍食辞去
6. 如有不得还,君得无为土禺人所笑乎
7. 更无他裘
8. 孟尝君得出,即驰去,更封传,变名姓以出关
9. 秦昭王后悔出孟尝君,求之
10. 宾客尽羞之
11. 及孟尝君有秦难,卒此二人拔之

三、请根据本课的内容,解释下列词语:

1. 如释重负
2. 逃往国外
3. 倾心相爱
4. 倾国倾城
5. 等量齐观
6. 女主内,男主外
7. 言听计从
8. 先人后己
9. 改弦更张
10. 羞与为伍

四、请读王安石的文章《读孟尝君传》,根据文章回答问题:

　　世皆称孟尝君能得士,士以故归之;而卒赖其力,以脱于虎豹之秦。

　　嗟乎!孟尝君特鸡鸣狗盗之雄耳①,岂足以言得士②?不然,擅齐之强③,得一士焉,宜可以南面而制秦④,尚何取鸡鸣狗盗之力哉?鸡鸣狗盗之出其门,此士所以不至也。

问题:
1. 作者认为一般人是怎样评价孟尝君的?
2. 作者认为孟尝君是怎样的人?
3. 你同意作者的话吗?

【阅读】

孙子试勒兵⑤ 《史记·孙子吴起列传》

　　孙子武者,齐人也。以兵法见于吴王阖庐⑥。阖庐曰:"子之十三篇,吾尽观之矣,可以小试勒兵乎⑦?"对曰:"可。"阖庐曰:"可试以妇人乎?"曰:"可。"于是许之,出宫中美女,得百八十人。孙子分为二队,以王之宠姬二人各为队长,皆令持戟⑧。令之曰:"汝知而心与左

---

① 特……之雄耳:只不过是……的首领罢了。
② 岂足以:哪里够得上……。
③ 擅(shàn):掌握,独自具有。
④ 南面:古代以北面为尊位,意思是可以称王称霸。
⑤ 孙子:孙武,春秋时齐国人,中国古代著名的军事家,著有《孙子兵法》十三篇。勒兵:训练军队。
⑥ 见:拜见。阖庐(hélú):吴国国王。
⑦ 可以:可以用(它)。小试:稍微试一试。勒兵:用兵法组织军队。
⑧ 戟(jǐ):古代兵器名,一种有双枝的长枪。

右手背乎①?"妇人曰:"知之。"孙子曰:"前,则视心;左,视左手;右,视右手;后,则视背。"妇人曰:"诺②。"约束既布③,乃设鈇钺④,即三令五申之⑤。于是鼓之右⑥,妇人大笑。孙子曰:"约束不明,申令不熟,将之罪也。"复三令五申而鼓之左,妇人复大笑。孙子曰:"约束不明,申领不熟,将之罪也;既已明而不如法者⑦,吏士之罪也。"乃欲斩左右队长。吴王从台上观,见且斩爱姬⑧,大骇。趣使使下令曰⑨:"寡人已知将军能用兵矣。寡人非此二姬,食不甘味,愿勿斩也⑩!"孙子曰:"臣既已受命为将,将在军,君命有所不受⑪。"遂斩队长二人以徇⑫。用其次为队长,于是复鼓之,妇人左右前后跪起皆中规矩绳墨⑬,无敢出声⑭。于是孙子使使报王曰:"兵既整齐,王可视下观之。唯王所欲用之⑮,虽赴水火犹可也。"吴王曰:"将军罢休就舍⑯,寡人不愿下观。"孙子曰:"王徒好其言⑰,不能用其实⑱。"于是阖庐知孙子能用兵,卒以为将⑲。

---

① 汝:你们。而:你们的。
② 诺(nuò):表示答应的词语。相当于"好吧"。
③ 约束:用纪律管束。既:已经。布:动词,颁布。
④ 鈇钺(fǔyuè):古代军中杀人的刑具。鈇:通"斧"。钺:大斧。
⑤ 三令五申:多次反复说明清楚。申:说明,告诫。三、五:这里表示次数很多。
⑥ 鼓之右:击鼓传令让她们向右看。
⑦ 如:动词,依照。
⑧ 且:将要。
⑨ 趣(cù):赶快。
⑩ 愿:希望。
⑪ 君令有所不受:君主的命令有的不接受。
⑫ 徇(xùn):对众宣告,这里指巡行以示众。
⑬ 中(zhòng):符合。规矩绳墨:本为求圆求方取直的工具,这里指命令要求。
⑭ 无:没有谁,无定代词。
⑮ 唯王所欲用之:任凭大王所需要的使用她们。"唯……所……",是古代汉语的习惯用法,这里有"任凭"的意思。
⑯ 罢休:同义词连用。停止,结束。就:动词,到……去。舍:客舍。
⑰ 徒:只是,仅仅。
⑱ 其实:它的实际(内容)。
⑲ 卒:终于,最终。以为将:用他作大将。

四十五　庖丁解牛(《庄子·养生主》)

庖丁为文惠君解牛[1],手之所触[2],肩之所倚,足之所履[3],膝之所踦[4],砉然响然[5],奏刀騞然[6],莫不中音[7]:合乎《桑林》之舞[8],乃中《经首》之会[9]。

文惠君曰:"嘻,善哉! 技盖至此乎[10]?"

庖丁释刀对曰:"臣之所好者[11],道也[12]。进乎技矣[13]。始臣之解牛之时,所见无非牛者[14];三年之后,未尝见全牛也。方今之时[15],臣以神遇而不以目视[16],官知止而神欲行[17]。依乎天理[18],批大郤[19],导大窾[20],因其固然[21]。技经肯綮之未尝[22],而况大軱乎[23]! 良庖岁更刀,割也[24];族庖月更刀,折也[25];今臣之刀十九年矣,所解数千牛矣,而刀刃若新发于硎[26]。彼节者有间[27],而刀刃者无厚[28];以无厚入有间,恢恢乎其于游刃必有余地矣[29]! 是以十九年而刀刃若新发于硎[30]。虽然[31],每至于族[32],吾见其难为[33],怵然为戒[34],视为止,行为迟[35],动刀甚微,謋然已解[36],如土委地[37]。提刀而立,为之四顾[38],为之踌躇满志[39]。善刀而藏之[40]。"

文惠君曰:"善哉! 吾闻庖丁之言,得养生焉[41]。"

【作品介绍】

庄子(约前369—前286),名周,战国时代的蒙(今河南商丘县)人,约与梁惠王、齐宣王同时。他早年曾作过漆园吏,不久归隐,长期过着贫穷的生活。他继承和发展了老子的思想,是继老子之后道家学派最重要的代表人物。《庄子》一书,包括内篇七篇,外篇十五篇,杂篇十一篇,共三十二篇。一般认为内篇是庄子自作,外篇和杂篇是庄子的后学所作。

《庖丁解牛》选自内篇《养生主》。所谓"养生主"就是养"生之主",即"养精神",要善于集中精力,寻找空隙,避开矛盾,像保护刀刃一样保护自己。读过这篇文章,还可以使我们感到,处理事情,首先要掌握事物的本来规律,这样才能把事情办好。

【注释】

[1] 庖(páo):厨子,做饭的师傅。丁:厨子的名字。为:给。文惠君:即梁惠王。解牛:分解牛的肢体。

[2] 所触(chù):接触的地方。

[3] 所履(lǚ):踩的地方。

[4] 踦(yǐ):(膝盖)顶住。

[5] 砉(huà)然:皮肉相离的声音。

[6] 奏:进(刀)。騞(huō):比"砉"大的解牛声。

[7] 莫:否定性的无定代词,"没有什么"。中(zhòng):合乎。音:指音乐的节奏。

[8] 乎:于。桑林:商汤王时的音乐。桑林之舞:用"桑林"音乐伴奏的舞蹈。

[9] 乃:而,又。经首:尧(yáo)帝时代的乐曲名。会:这里指节拍符合。

[10] 盖:通"盍(hé)",怎么。此:这里指"这种程度"。

[11] 好(hào):喜欢,爱好。所好:喜欢的东西。

[12] 道:事物的规律。

[13] 乎:于,比。进乎:比……更进一步。

[14] 所见:看见的(事物)。无:没有。非:不是。

[15] 方:当。今之时:现在这个时候。

[16] 以:介词,用,拿。神:精神。遇:会合,这里指接触。

[17] 官:感官。知:知觉。官知:感官的知觉,这里指视觉活动。神欲:这里指精神活动。

[18] 依:按照。天理:这里指天然的生理结构。

[19] 批:击。郤:指筋骨间的空隙。

[20] 导:引向,指引刀进入。窾(kuǎn):骨节的空处。

[21] 因:顺着。固然:原来的样子,指牛体的本来结构。

[22] 技(zhī):当作"枝",指支脉。经:指经脉。"枝经"指经络通连的地方。肯:附在骨头上的肉。綮(qìng):筋骨聚集的地方。未:没有。尝:尝试。未尝:这里指没有用刀碰过。

[23] 而况:何况。軱(gǔ):大的骨头。乎:表示反问语气的语气词。

[24] 岁:年,这里指每年。更(gēng):换。也:语气词,用于表示解释原因的句尾。

[25] 族:众。族庖:一般的厨子。折:等于说"砍"。

[26] 而:转折连词,可是。若:像。发:出。于:从。硎(xíng):磨刀石。
[27] 彼:代词。节:骨节。者:语气词,表示停顿。间:空隙。
[28] 厚:厚度。无厚:指没有厚度。
[29] 恢恢乎:宽绰的样子。其:代词。游刃:使刀游动。
[30] 是以:因此。
[31] 虽然:尽管这样。
[32] 族:交错聚结,这里指筋骨聚结的地方。
[33] 难为:难办。
[34] 怵(chù)然:小心谨慎的样子,害怕的样子。为(wèi):因,后面可以看成是省略了宾语。
[35] 行:行动。为:因为(难办)。迟:缓慢。
[36] 謋(huò):牛体分解开的声音。
[37] 委地:堆在地上。
[38] 为:因为。之:代词,这里指代解牛这件事。四顾:四下张望。
[39] 踌躇(chóuchú):从容自得的样子。满志:心满意足。
[40] 善:使动用法,使……善,这里指"把……弄好。"
[41] 养生:指养生之道。焉:语气词,用于叙述句句尾。

【繁简字对照】

响——響　　迟——遲　　动——動　　踌——躊

【古文知识】

古今字　异体字　繁体字

在几千年的发展过程中,一些汉字出现了两种以上的写法,这是很自然的事情。不同形体的字,大体可以分为三类:

一、古今字

在上古时代,特别是先秦时代,汉字的数量比较少,在东汉许慎的《说文解字》中只收了9353个。常用字只有三四千字。当时一个汉字往往兼有后代几个汉字的意思。例如:

1. 从台上弹人,而观其辟丸也。(《左传·宣公二年》)(辟=避)
2. 欲辟土地,朝秦楚,莅中国,而抚四夷也。(《孟子·梁惠王上》)(辟=闢)
3. 苟无恒心,放辟邪侈,无不为已。(《孟子·梁惠王上》)(辟=僻)
4. 友便辟,友善柔,友便佞,损矣。(《论语·季氏》)(辟=嬖)

5. 君子之道,辟如远行,必自迩;辟如登高,必自卑。(《中庸》)(辟=譬)

由此可见,"辟"是较古的字,"避、僻、闢、嬖、譬"都是后起字。此类字还有:

大(太)、弟(悌)、说(悦)、孰(熟)、竟(境)、冯(凭)、贾(價)、属(嘱)、共(供)、知(智)、昏(婚)、反(返)、错(措)等。

二、异体字

1. 意义完全相同,在任何情况下都可以互相代替,只是形体不同的两个汉字。例如:弃=棄、侄=姪、线=綫、逾=踰、咏=詠、禀=稟。

异体字有以下几种情况:

(1) 会意字、象形字与形声字之差

泪(会意字)=淚(形声字)　　埜(会意字)=野(形声字)

伞(象形字)=繖(形声字)

(2) 改变意义相近的意符

敕=勅　　粳=秔　　歎=嘆　　磷=燐

(3) 改变声音相近的声符

猿=猨　　烟=煙　　韵=韻

2. 意思不完全相同,如第二十五课已讲过的御,又如凶和兇,与"凶"对应的是"吉","吉凶"指事情的好坏两种结果;"兇"指凶恶、凶狠。又如"熔"只有熔化义,"镕"则有镕铸,即熔化而后改铸义。所以恢复了"镕"除了熔化义以外的用法,并且类推简化为"镕"。这种情况不能简单替换。

三、简体字

汉字的简化可以上溯到甲骨文时代。历代都有汉字的简省形式,汉代民间的简体字就不少;北魏时代简化的"乱(亂)"就出现了,宋元以来民间的简化字已经大量出现了。今天使用的简体字绝大多数都是历代相传下来的。

学习古代汉语,必须了解一些繁体字。大体来说,繁体字与简体字的关系主要有三种:

第一、绝大多数的简化字跟繁体字有着一对一的对应关系,例如:

爱——愛　　　罢——罷　　　办——辦　　　达——達
递——遞　　　矾——礬　　　茧——繭　　　伞——繖
窃——竊　　　买——買　　　粪——糞　　　隶——隸

第二、有些简化字在古书中本已有之,有的简化字可能是本字,或是异体字或通用字。例如:

舍——捨（古今字）	荐——薦（古通用字）
夸——誇（古通用字）	踊——踴（古通用字）
启——啟（启是啟的本字）	网——網（网是網的本字）
礼——禮（古异体字）	粮——糧（古异体字）

第三、有些简化字与繁体字本来在意义上是毫不相干的，或者有明显的区别，只是因为同音的缘故，简化时用笔画少的代替笔画多的字。这种情况值得注意，如果简单地用简体字所表示的意思去理解与它同音的繁体字所表示的意思，就会发生误会，所以要特别的谨慎。下面举几个例子说明这一情况。例如：

(1) 后——後

在先秦古籍中，"后"并不表示"前后"的"後"义，而是专门指"君主"、"皇后"的意思。表示"君主、皇后"义时不能使用"後"。例如：

　　天子求后于诸侯。（《左传·襄公十二年》）
　　夏后皋之墓也。（《左传·僖公三十二年》）

"后羿、后土、后稷"等的"后"也不能写成"後"。

(2) 适——適

古代"适"和"適"本不是一个字。"适"音 kuò，"適"音 shì。《论语·宪问》："南宫适问于孔子曰……"中的"适"就不是"適"。现在以"适"作为"適"的简化字。读 kuò 的"适"则用它的异体字"逪"。

(3) 征——徵

在古代，"征"主要指旅行，特指在外服役、征伐。而"徵"是"徵兆、徵求、徵验"义。在古籍中，下面例句中"徵""征"不能混用。例如：

　　夏礼吾能言之，杞人忧不足徵。（《论语·八佾》）
　　观国之强弱贫富有徵。（《荀子·富国》）
　　昭王南征而不复。（《左传·僖公四年》）
　　振旅抚师，以征不服。（《汉书·李广传》）

(4) 了——瞭

"瞭"本有 liǎo、liào 两读。读 liǎo 时，意思是"明白"，如"瞭解、明瞭"；读 liào 时，意思是"从远处看"，如"瞭望、瞭哨"。这些意思在古书中都不写作"了"。"了"(liǎo)在古文中用得较少，常见的有"了结、了然、了了"等。二者互不相混。要注意的是，汉字简化时，"瞭"(liǎo、liào)合并于"了"。1986 年又调整为读 liǎo 时仍做"了"，读 liào 时恢复为"瞭"。

(5) 一对多个的繁简字

一个简化字代表了原来的两个或多个繁体字。

余——余馀　　　　　几——几幾(jī、jǐ)

里——里裏　　　　　干——干(gān)乾(gān)幹(gàn)

发——發(fā)髮(fà)　　历——曆歷

在阅读古书时,这些字都不能简单繁简互混。

【练习】

一、请回答下列问题：

1. 庖丁解牛的技术怎么样？
2. 庖丁的技术很高了,他"解牛"时就很随意吗？
3. 庖丁从"刀"谈到了什么问题？
4. 请结合自己的认识谈谈庄子的"养生"。

二、翻译下列句子,并请注意它们的用法：

1. 奏刀
2. 莫不中音
3. 所见无非牛者
4. 因其固然
5. 良庖岁更刀,割也
6. 以无厚入有间,恢恢乎其于游刃必有余地矣
7. 虽然,每至于族
8. 视为止,行为迟
9. 善刀而藏之

三、利用本课学过的词语解释下列成语：

1. 触目惊心
2. 踌躇满志
3. 固步自封
4. 亲密无间
5. 天网恢恢,疏而不漏
6. 一语中的

四、分辨下列词汇,指出古今的不同：

1. 无非
2. 未尝
3. 岁
4. 间
5. 是(以)
6. 虽然
7. 难为
8. 行为迟
9. 善(刀)
10. 藏

(一)子非鱼（《庄子·秋水》）

庄子与惠子游于濠梁之上①。庄子曰："鲦鱼出游从容②,是鱼之乐也③。"惠子曰："子非鱼,安知鱼之乐④？"庄子曰："子非我,安知我不知鱼之乐？"惠子曰："我非子,固不知子矣⑤；子固非鱼也,子之不知鱼之乐,全矣⑥！"庄子曰："请循其本⑦。子曰：'汝安知鱼乐'云者⑧,既已知吾知之而问我⑨。我知之濠上也⑩。"

(二)百川灌河（《庄子·秋水》）

秋水时至⑪,百川灌河⑫。泾流之大⑬,两涘渚崖之间⑭,不辩牛马⑮。于是焉河伯欣然自喜⑯,以天下之美为尽在己⑰。顺流而东行,

---

① 惠子：姓惠名施,宋国人,曾为梁惠王相,庄子的朋友。濠(háo)：水名,在今安徽凤阳县北。梁：桥。
② 鲦(tiáo)鱼：一种鱼的名字。从容：舒缓,不慌不忙。
③ 是：这。
④ 安知：怎么知道。
⑤ 固：固然,本来就。
⑥ 全：完全如此,毫无疑问。
⑦ 请：请允许我。循：追溯(sù)。其本：辩论的开始。
⑧ 云者：等于"也者",表示停顿。
⑨ 既已：已经。
⑩ 之：代词,这里指"鱼之乐"。
⑪ 时至：随着时令来到。按时来到。
⑫ 百川：条条河流。河：黄河。
⑬ 径流：无阻的流水。泾：通。
⑭ 涘(sì)：岸。渚(zhǔ)：水中洲岛。崖(yá)：高的河岸。
⑮ 辩：通"辨",分辨。不辩：分辨不清。
⑯ 焉：乎。河伯：河神,传说姓冯名夷。欣然：高兴的样子。
⑰ 以：以为,认为。尽：都。

至于北海①；东面而视，不见水端②。于是焉河伯始旋其面目③，望洋向若而叹曰④："野语有之曰⑤：'闻道百，以为莫己若'者⑥，我之谓也⑦。且夫我尝闻少仲尼之闻而轻伯夷之义者⑧，始吾弗信，今我睹子之难穷也⑨，吾非至于子之门，则殆矣⑩。吾长见笑于大方之家⑪。"

---

① 北海：渤海。
② 东面：面向着东方。端：尽头。
③ 始：才。旋：掉转。面目：脸。
④ 望洋：抬头看的样子。若：即海若，海神的名字。本句意为"抬头向着海神叹息道"。
⑤ 野语：俗语。
⑥ 闻道百：听到一定数量的道理。莫：否定性的无定代词，"没有人"。己：自己，作"若"的前置宾语。若：比得上。
⑦ 我之谓：谓我。之：宾语提前的标志。
⑧ 且夫：表示再说一层道理。尝：曾经。闻：听到。少：形容词的意动用法，认为……少。仲尼：孔子的字。闻：知识见闻。轻：意动用法，认为……轻。伯夷：商末孤竹君的长子，武王伐纣时，他和弟弟叔齐一起在首阳山，周武王灭商后，他们表示坚守节义，不食周粟，饿死在首阳山。这句话的意思是：我曾经听说过有人认为孔子的学问少、伯夷的义不重要。
⑨ 睹：看到。难穷：浩瀚没有穷尽。
⑩ 则：就。殆：危险。
⑪ 见：被。于：在被动句中引进行为的主动者。本句大意为：我将总是被懂得大道理的人所耻笑。

课文今译

一、画蛇添足

楚国有一个管祭祀的人,赐给他的门客一杯酒。门客们相互商量说:"几个人喝这杯酒不够,一个人喝又多了一点。咱们在地上画蛇吧,先画成的人就喝这杯酒。"有一个人的蛇先画成了,把酒拿过来就要喝了,却左手端着酒杯,右手画蛇,说:"我能给它画上脚。"还没画完,另一个人的蛇画完了,夺过他的酒杯说:"蛇本来没有脚,您怎么能给它添上脚呢?"于是就喝了那杯酒。给蛇画脚的人最终失掉了他的酒。

二、狐假虎威

老虎寻找百兽来吃,捉到了一只狐狸。狐狸说:"您不敢吃我!天帝派我当百兽的首领,现在您吃我,这是违背天帝的命令啊,您认为我说得不诚实的话,那就让我为您在前面带路,您跟在我后面,看看所有的动物见到我谁敢不逃跑?"老虎以为真是这么回事,就跟着它走。野兽见到它们都逃跑了。老虎不知道别的野兽是因为害怕自己才跑掉,还以为是怕狐狸呢。

三、矛与盾

楚国有一个卖矛和盾的人,夸赞他的盾说:"我的盾非常坚固,没有什么东西能刺穿它。"又夸赞他的矛说:"我的矛特别锋利,东西没有不能刺穿的。"有人说:"用你的矛刺你的盾,会怎么样呢?"那个人不能回答。刺不穿的盾和什么都能刺穿的矛,是不可能同时在世界上存在的。

四、滥竽充数

齐宣王让人给他吹竽,一定要三百个人(一起吹奏)。一个叫南郭的处士请求为宣王吹竽,宣王很高兴这件事。给他几百户(食邑)的俸禄。宣王死了,齐湣王继位。湣王喜欢听一个一个地吹竽,这个处士就逃跑了。

五、郑人买履

郑国有个想买鞋的人,他先量好自己脚的尺寸就把它放在座位上了,等到去集市时,却忘了带尺码。已经拿到了鞋,却说:"我忘记拿尺寸了。"就返回家去拿尺码。等他再回来时,集市已经散了,就没有买到鞋。有人说:"为什么不用脚来试试鞋呢?"他说:"我宁肯相信尺码,也不相信自己的脚。"

六、守株待兔

宋国有一个种田的人,田里有一个树桩。有一只兔子奔跑撞到树桩上,兔子折断脖子就死了。那个人于是放下他的农具来守着这棵树桩,希望再得到兔子。兔子没有再得到,而自己却被宋国人笑话。

七、鹬蚌相争

赵国将要攻打燕国。苏代为燕国对赵惠文王说:"这回我来的时候,过易水,看见一个蚌蜊正张开两壳晒太阳,一只鹬鸟伸嘴啄它的肉。蚌蜊合上两壳夹住了鹬嘴。鹬鸟说:'今天不下雨,明天不下雨,就会有个死蚌蜊,蚌蜊对鹬鸟说:'今天不让你出去,明天不让你出去,就会有一只死鹬。'它们两个谁也不肯放开谁。一个打鱼的把它们一起捉去。现在赵国就要攻打燕国了,燕和赵长久相持不下,这样会使两国的军民都很疲劳,我担心强大的秦国会成为渔夫。希望您仔细考虑一下这件事吧。"赵惠文王说:"你说得对。"就不去攻打燕国了。

八、郑伯克段于鄢

太叔整治城墙,积聚粮食,修理好各种武器,补充了步兵、兵车,准备袭击都城。姜氏将作为内应,为他们打开城门。庄公听说了太叔出兵的日期,说:"可以了。"就命令子封率领二百辆战车讨伐京城,京城的人反叛了太叔,太叔逃到鄢地。郑庄公又到鄢地讨伐他。五月二十三日,太叔逃到共国。

于是郑庄公把姜氏放逐到城颍,向她发誓说:"不到黄泉,不要相见了。"不久又后悔这件事了。颍考叔担任颍谷的封人,听到这件事,要向庄公有所进献。郑庄公赐给他食物。颍考叔吃的时候,把肉放在一边不吃。郑庄公问他为什么。颍考叔回答说:"我有母亲,我的食物她都吃过了,还没有吃过君王的肉食。请允许我把这肉送给她吃。"郑庄公说:"你有母亲可以送,我偏偏没有。"颍考叔说:

"请问这话是什么意思?"郑庄公告诉了他事情的原因,并且告诉他自己已经后悔这件事了。颍考叔说:"您有什么好忧虑的呢?如果挖地见到泉水,挖个隧洞在里面见面,谁能说这样不对呢?"郑庄公听从了他的意见。

庄公进入隧洞,赋诗说:"大隧之中,其乐也融融。"姜氏走出隧洞,赋诗说:"大隧之外,其乐也泄泄。"于是,作为母子就像当初一样了。

九、晏子之宅近市

当初,齐景公要为晏子换房子,说:"您的住房靠近市场,低湿矮小,喧闹多尘,不能居住,请允许给您换到高爽的房子里去。"晏子辞谢说:"您的先臣(我的祖先)住在这儿,下臣不足以继承祖业,住在里面已经过分了。而且小人我靠近市场,很容易得到所需要的东西,这是小人我的好处,岂敢麻烦里旅为我另造新的房子?"景公笑着说:"您靠近市场,知道物品的贵贱吗?"晏子回答说"既然认为靠近集市是有利的,能不知道吗?"景公说:"什么贵?什么贱?"当时,景公滥用刑罚,有卖踊的,所以晏子回答:"踊贵,鞋贱"。……景公因此减省了刑罚。君子说:"仁人的话,它的益处多么广博阿!晏子一句话,齐景公就减省了刑罚。"

十、劝学

君子说:学习是不能停止的。靛青,是从蓝草里提取的,但是却比蓝草更蓝;冰,是由水凝结而成的,却比水更凉。木头直得合乎墨线的要求,不过也可以把它弯成车轮,弯度合乎圆规(的要求)。即使再有风吹日晒也不会挺直了,这就是经过弯曲加工而使它成为这个样子的。所以,木头被墨线量过就能取直,刀剑在磨刀石上磨过就很锋利,君子广泛地学习知识并且每日多次进行自我检查,就会头脑聪明而行为不会有过错了。

我曾经整天地思考,却不如学习片刻的收获大;我曾经踮起脚来远望,却不如登到高处眼界开阔。站在高处向人招手,手臂并没有加长,远处的人却可以看见;顺着风势呼喊,声音并没有加大,听的人却可以很清楚。驾车的人,不是自己跑得快,却能到达千里之外;乘坐舟船的人,并不是自己会游泳,却能横渡江河。有教养、有见识的人,并不是生来就与别人不同,只不过是他善于借助和利用外物罢了。

十一、水则载舟,水则覆舟

拉车的马受惊失控,君子就不能安然坐在车中;百姓惊骇政事,君子就不能安然居于上位。拉车的马受惊,最好莫过于使马安静下来;百姓惊惧政事,最好莫过于给他们以恩惠。选出贤良的人,举出笃厚恭敬的人,提倡孝敬父母、尊敬兄长,收养孤儿寡妇、补助贫穷人家。这样,百姓就会安心奉行政令了。百姓安心奉行政令,然后君子才能够安居上位。古书说:"君子,好比是船;百姓,好比是水。水能够载负舟船,也能够翻覆舟船。"说的就是这个道理。

十二、有无相生

天下的人都知道美的东西是美的,就知道丑了;都知道好的东西是好的,就知道不好了。所以有和无相互依存,难和易相互促成,长和短相互体现,高和下互相显示,音和声互相和谐,前和后互相伴随。因此圣人作无所行动的事,实行不言语的教化,万物出现了不自我夸耀,生长起来了不去占有,有所作为而不自恃有功,功业成就而不居功。正因为不居功,因此功业也就不会离开。

十三、小国寡民

让国家的范围小,使人民的数量少。让人们虽然有效用十倍百倍的工具也不使用,使百姓看重生命不往远方迁徙。虽然有船和车,没有使用它们的地方。虽然有各种武器,没有陈列它们的必要。让人们重新用绳子打结来记事。使人们认为他们吃的东西很香甜、认为他们穿的衣服很漂亮、认为他们住的地方很安适,认为他们的风俗习惯很惬(qiè)意。邻国之间互相望得见,鸡鸣狗叫的声音互相听得见,而人们直至老死,互相之间也不来往。

十四、叔向贺贫

叔向拜见韩宣子,韩宣子正在为贫困而苦恼,叔向向他表示祝贺。韩宣子说:"我只有卿的名分,却没有它的实质,不能跟晋国的卿大夫交往,我对这一点很忧愁,您祝贺我是什么原因?"

(叔向)回答说:"从前的栾武子田地很少(不足一百人的),他的屋里没有祭祀用的东西。发扬他的品德行操,遵从他的法制,使它在诸侯中都得到发扬。诸侯都亲近他,远方的民族都归顺他,用这个来匡正晋国。执行宪则内心没有痛苦,因此避免了祸患。到了桓子,骄慢放纵奢侈,贪欲无度,忽略法制,任意行事,把财货借给别人从而取利,(这样)很容易遭到祸患。但是依靠栾武子的德望,终身没有遭到祸患。到了怀子,改变桓子的行为,而学习栾武子之德,可以因此而免除灾难,但是怀子却因桓子的罪恶而遭到灾祸,最终逃亡到楚国。郤昭子,他的财产抵得过半个晋国,他家里的佣人抵得过晋国军队的一半,仗着他的富有和尊贵荣华,对国家很过分,(后来被晋厉公派人杀掉)他的尸体摆在朝堂(示众),他的宗族在绛那儿被灭掉了。要不是这样的话,郤氏八个人,其中五个大夫、三个卿,他的荣华福贵够大的了,一下子被消灭了,没有人为他哀悼,只是因为他没有德。现在您具有栾武子的贫穷,我认为您能够实行他的德政了,因此祝贺。如果不担心德没有培养好,而考虑财货不够,就该没有时间忧虑,有什么值得祝贺的?"宣子顿首拜,说:"我将要亡了,依靠您才活了下来。我不敢独自一个人承受,从我们的祖宗以下,都要感谢您的恩赐。"

十五、《论语》选段

孔子说:"学习了而且按时温习它,不是很高兴的吗?有朋友从很远的地方来了,不是很愉快的事吗?别人不了解自己,但是自己不怨恨,这样的人不是君子吗?"

孔子说:"我不担心别人不了解我,只担心不了解别人。"

孔子说:"《诗经》三百首,用一句话概括它,可以说思想没有邪念。"

孔子说:"温习旧的知识就可以了解新的(知识),可以把这个当作老师。"

孔子说:"学了却不思考就没有收获,思考了却不学就会疑惑。"

孔子说:"仲由,教给你有关知和不知的道理吧!知道就是知道,不知道就是不知道,这就是对待知或不知的正确态度。"

子贡说:"孔文子因为什么被称为'文'?"孔子说:"理解问题快而且喜欢学习,不认为向不如自己的人请教不好意思。因此称他为'文'。"

孔子说:"默默地记住知识,学习而且没有满足,教诲别人,不知疲倦。对我来说有什么呢?"

孔子说:"几个人一起走路,其中必定有可以做我的老师的。选择他们的优点加以学习,将他们身上的缺点作为借鉴,来改正自己的缺点。"

宰予白天睡觉。孔子说:"腐朽了的木头,不能雕刻;脏土筑成的墙壁,不能粉刷。对于宰予,还责备什么呢?"孔子说:"先前,我对别人,听到了他的话,就相信他的行动;今天,我对别人,听了他的话,还要观察他的行动。从宰予开始,我改变了态度。"

十六、刻舟求剑

　　楚国有个渡江的人,他的剑从船上掉到江里了。他急忙在船上刻了个记号,说:"这里是我的剑掉下去的地方。"船停了,他就从刻着记号的地方下到水里找他的剑。船已经往前走了,可是剑是不会走动的。像这样找剑,不是太糊涂了吗?用过去的方法治理国家,和这种情况一样。时代已经变迁了,而法度不改变,用这样的方法治理国家,难道不是很困难吗?

　　有一个正在渡江的人,看见有人正拉着一个小孩子要把他扔到江里,孩子在啼哭。过江的人问那个人(这样做的)原因。那个人说:"这个孩子他的父亲很擅长游泳。"他的父亲虽然很擅长游泳,他的孩子难道立刻就擅长游泳了吗?用这种思想来处理国家的事务,也是会不合情理的。

十七、不避亲仇

　　晋平公向祁黄羊问到:"南阳那个地方没有地方长官,谁可以担任这个职务?"祁黄羊回答说:"解狐可以。"平公说:"解狐不是你的仇人吗?"回答说:"您问的是谁可以担任这个职务,不是问谁是我的仇人。"平公说:"好。"就用了解狐,全国人对这件事都说好。过了不久,平公又问祁黄羊说:"国家没有军尉,谁可以担任这个职务?"回答说:"祁午可以。"平公说:"祁午不是你的儿子吗?"回答说:"您问的是谁可以担任这个职务,不是问谁是我的儿子。"平公说:"好。"就又用了祁午。全国人对这件事都说好。孔子听说这件事以后说:"祁黄羊选择人才的做法真好啊!推荐外人不回避仇人,推荐家人不回避儿子。祁黄羊可以说是公正的了。"

十八、苛政猛于虎也

　　孔子经过泰山附近,有个妇人在坟墓边哭得很伤心。夫子扶着车前横木注意地听。让子路去问问怎么回事。子路说:"您这么哭,实在像有好几件伤心事似的。"妇人说:"是这样。从前我的公公死在老虎口下,我丈夫又这样死了,现在我的儿子又被老虎吃了。"夫子问:"为什么不离开这个地方呢?"妇人回答说:"(这里)没有苛政。"夫子说:"年轻人记住这一点,残暴的政治比老虎还要凶猛啊!"

十九、齐人攫金

从前有一个想得到金子的齐国人,清早穿好衣服、戴好帽子到市场上去,走到卖金子的地方,就抓着金子离开。差役抓住他,问他说:"人们都在那儿,你拿别人的金子,这是为什么?"那人回答说:"我拿金子的时候,完全看不见人,只看见金子罢了。"

二十、塞翁失马

离边塞很近的人中,有一个会占卜的老人,他的马无故走失到胡人地区去了。人们都来安慰他,那个老人说:"这怎么就不会成为好事呢?"过了几个月,他那匹马带着胡人的壮马一起回来了。人们都来道贺,塞翁说:"这怎么就不会成为祸事呢?"家里有了很多好马,他儿子喜欢骑马,有一天从马上摔下来,跌断了大腿,人们又来安慰他们,塞翁说:"这怎么就不会成为好事呢?"过了一年,胡人大规模地入侵边塞,青壮年男子都拿起武器去打仗。边塞地区的人,十分之九都战死了。只有塞翁的儿子由于跛脚的缘故,父子俩都保全了性命。

二十一、兵者,诡道也

用兵,是欺诈的行为。所以,能打,却装作不能打;用兵,却又装作不用兵;要向近处,装作向远处;要向远处,装作要向近处。给小利来诱惑敌人,造成敌人的混乱来攻取它;敌人实力充实就要防备它,敌人强大就要避开它;激怒敌人来阻挠它,用自卑的言辞来使敌人骄傲。敌人安闲就要使它疲惫,敌人之间亲密就要设法离间他们。攻打敌人没有准备的地方,行动要出于敌人的意料之外。这是军事指挥上的奥妙,是不可事先规定的。

二十二、王顾左右而言他

孟子对齐宣王说:"您有一个大臣把妻子儿女托付给朋友,自己到楚国游历去了。等他回来的时候,朋友却使他的妻子儿女受冻挨饿,那对他怎么办呢?"王说:"和他断交。"说:"司法官不能执法,那把他怎么办呢?"王说:"撤掉他的职务。"说:"一个国家的政治搞不好,那该怎么办呢?"齐宣王回过头来左右张望,说别的事情了。

二十三、鱼，我所欲也

　　孟子说："鱼，是我想得到的；熊掌，也是我想得到的；如果这两样不能同时都得到，我就舍掉鱼而要熊掌。生命，是我所看重的；道义，也是我所看重的；如果这两样东西不能同时都得到，我就舍去生命而要道义。生命是我所看重的，但是，所看重的东西里有比生命更重要的东西，所以就不去做苟且偷生之事；死是我所憎恶的，但是所憎恶的东西里有比死还讨厌的，所以灾难临头有不躲避的。假使人所看重的东西没有比生命更宝贵的，那么一切可以保住生命的办法，为什么不可以采用呢？假使人所憎恶的东西没有比死更可恶的，那么一切可以避开灾难的手段，为什么不可以使用呢？用这个办法就可以得到生存，可是有的人不使用它，用这种做法就可以避开祸患，可是有的人不去做。所以说，人们所看重的东西有比生命还有价值的，所憎恶的比死还要讨厌的。不仅品德高尚的人有这样的思想，人人都有这样的思想，只不过品德高尚的人没有丧失掉罢了。"

二十四、明察秋毫

　　（孟子）说："有人告诉国王您说：'我的力量足以举起千斤，却不能举起一根羽毛；我的视力可以看得清楚秋天兽类的新绒毛，却看不见一车的柴火。'那么您相信他吗？"

　　（齐宣王）说："不。"

　　（孟子）说："现在您的恩泽足以达到禽兽身上，而您的功绩却不能到老百姓身上。偏偏又是什么原因呢？然而一根羽毛举不起来，是因为不用力；一车柴火看不见，是因为不用眼睛（看）；百姓不被安抚，是因为不对他们用恩。所以您没有使天下人归附，是不去做，不是不能。"

　　（齐宣王）说："不做和不能的具体情况怎么区别？"

　　（孟子）说："夹着泰山跳过渤海，对别人说：'我不能。'这真的是不能。为长者弯腰，对别人说：'我不能。'这是不去做，不是不能。所以您没有使天下人归附，不是夹着泰山跳过渤海那一类的；您没有使天下人归附，是弯腰这一类的。敬爱自己的老人，并把这种爱心推及到别人的老人身上；爱护自己的孩子，并把这种爱心推及到别人的孩子身上：天下就可以像运转在手掌上一样（容易控制了）。"

二十五、御之妻

晏子作了齐国的相国。(有一天坐车)外出,他车夫的妻子从门缝中窥视,看见她的丈夫作相国的车夫,驾驶着高大的马车,挥鞭打马,意气扬扬,很是得意的样子。后来,车夫回到了家里,他的妻子要求离开他,丈夫就问妻子是什么原因。妻子说:"晏子身高不满六尺,做了齐国的相国,闻名于诸侯。刚才我看见他坐车外出,思想深沉得很,(可是却总是表现出)居人之下的谦虚样子。如今你身高八尺,只不过是做人家赶车的奴仆;可是你的神态,却是自以为了不起,神气十足,因此我要求离开你。"从此以后,车夫自己克服了自足的缺点,表现得很谦虚。晏子觉得很奇怪,问他原因,车夫如实地回答了晏子,(于是)晏子推举他作了大夫。

二十六、晏子使楚

晏子将要出使到楚国去。楚王听到这个消息,就对左右大臣说:"晏婴是齐国最会说话的人,当他来到的时候,我想羞辱他一下,用什么办法呢?"左右的人说:"等他来的时候,我们就绑上一个人,从您面前走过。您就问:'这人是干什么的?'我们就说:'这是齐国人。'您问:'犯了什么罪?'我们说:'犯了偷东西的罪。'"

晏子到了,楚王请他喝酒,正喝得痛快时,两个小吏绑着一个人来到楚王面前。楚王问:"绑着的人是干什么的?"回答说:"是齐国人。犯了偷窃罪。"楚王瞧着晏婴说:"齐国人本来就特别会偷东西吗?"晏子客气地离开座席回答说:"我听说:橘树生长在淮河以南就是橘树,生长在淮河以北就变成了枳树,只是叶子很相似,那果实的味道完全不同。这是什么原因呢?是因为水土不一样啊。现在老百姓在齐国不偷东西,到了楚国就偷起来了,难道是楚国的水土使得人喜欢偷盗吗?"楚王笑着说:"圣人是不能跟他开玩笑的,我反倒自讨没趣了。"

二十七、曹刿论战

鲁庄公十年的春天,齐国出兵攻打我们鲁国。鲁庄公就要迎战了。曹刿请求拜见(国君)。他的同乡说:"这是那些有权有势的人应该考虑的问题,你何必参与呢?"曹刿说:"有权势的人目光短浅,不能深谋远虑。"

于是就进去拜见(庄公)。他问道:"您凭借什么条件去打战呢?"(庄公)说:"用来安生的衣服、食物,我不敢一个人独占,一定拿来分给大家。"回答说:"小恩小惠并没有遍及所有的人,老百姓不会跟您去打仗的。"又说:"祭祀用的牛羊玉帛,我不敢虚报数目,一定以诚实的态度对待此事。"(曹刿)说:"小小的诚实还得不到信任,神不会保佑您。"(庄公)说:"大大小小的官司案件,我虽然不能一件一件地审查,但是一定按照实情(判断)。"(曹刿)回答说:"这是尽心为民办事的表现,可以去作战。打仗时请让我跟您一起去。"

庄公和曹刿同坐一辆战车,在长勺摆开战场。庄公准备击鼓进军。曹刿说:"还不行。"齐军一连打了三通鼓。曹刿说:"可以了。"齐军大败。庄公准备追赶齐军。曹刿说:"还不行。"下了战车,察看齐军留下的车印,又登上车扶着车前横木远望齐军,然后说:"可以了。"于是就追击齐军。

战争胜利了,鲁庄公问曹刿那样做的原因。回答说:"作战是要凭勇气的,擂第一次鼓时,士气振作,第二次就减弱了,到擂第三次鼓时,士气已经没有了。他们耗尽了勇气,我们的士气正旺,所以能战胜敌军。那些大国,很难估计他们的底细,我怕他们有伏兵。我看到他们的车辙已乱,战旗东倒西歪,所以就让您下令追击他们。"

二十八、翳桑之饿人

当初,宣子在首山打猎,在翳桑住了一夜,看见灵辄饿得厉害,问他有什么病。灵辄说:"已经三天没吃东西了。"宣子给他东西吃,灵辄留下了一半。问他为什么,灵辄说:"做人家的奴仆已经三年了,不知道母亲还在不在。现在离她近了,请允许我把这一半给她吃。"宣子让她吃完,而且给他准备了一筐饭和肉,放在袋子里给了他。不久,灵辄做了晋灵公的卫兵,倒过戟来挡住晋灵公其他的卫兵,使宣子免于祸难。宣子问他为什么这样做,他回答说:"我就是翳桑的那个饿得要死的人。"问他的姓名住处,他不回答就退走了。

二十九、扁鹊见蔡桓公

扁鹊拜见蔡桓公,站了一会儿,扁鹊说:"您的病在皮肉的纹理之间,如果不治,恐怕会越来越深的。"桓公说:"我没有病。"扁鹊出去了。桓公说:"医生喜欢给没有病的人治病,好用这个来表功。"过了十天,扁鹊又拜见蔡桓公,说:"您的病到了皮肤和肌肉里边了,如果不治,恐怕会更严重。"桓侯没有回答。扁鹊走了,桓侯很不高兴。过了十天,扁鹊又来见桓侯,说:"您的病已经在肠胃里了,不治会越来越严重。"桓侯还是没有理睬他。扁鹊退出。桓侯更不高兴了。过了十天,扁鹊远远地望见桓侯,转身就走。桓侯特意派人问他,扁鹊说:"病在皮肤的纹理之间,用烫熨的办法可以达到这个部位;在肌肉里边,针刺可以治疗;在肠胃,用火齐汤可以有效;在骨髓,是属司命之神主管的事了,我没有办法了,现在病已经深入到骨髓,因此我也不再问什么了。"过了十天,桓侯全身疼痛,派人寻找扁鹊,扁鹊已经逃到秦国去了。桓侯于是就死了。

三十、曾子之妻之市

曾子的妻子到集市上去,她的孩子跟随着她,哭泣着,他的母亲说:"你回家,回去就给你杀猪。"妻子从市上回来,曾子要捉猪杀了它,妻子阻止他说:"不过是和孩子开玩笑罢了。"曾子说:"孩子不能和他开玩笑。孩子没有知识,依靠父母教导他学习,听父母的教育,现在你欺骗他,这是教给孩子学欺骗。母亲欺骗孩子,孩子就不相信他的母亲,这不是成功的教育孩子的办法。"于是就把猪烹煮了。

三十一、相不受鱼

公仪休是鲁国的博士,因为考绩优秀被提升为鲁国的宰相,他奉行法纪,遵守法则,对国法无所变更,众官吏也都各自奉行职守。他让那些享受国家俸禄的人不能与平民争利,获取大利的人不能沾小便宜。

有一位来宾送给宰相鲜鱼,宰相不接受。那人说:"听说您特别喜欢吃鱼,敬赠给您鲜鱼,为什么不接受呢?"宰相回答说:"正因为我喜欢吃鱼,所以不能接受。现在我身为宰相,能够自己供给自己鱼吃,假如现在因为收了鱼而被罢官,谁还再供给我鱼呢?我因此不能接受。"

三十二、愚公移山

太行和王屋两座山,方圆七百里,高万丈;本来在冀州的南面,河阳的北面。北山愚公,年纪将近九十岁了,面对着大山居住着。苦于山北的阻塞,出入绕道,就召集全家人商量,说:"我和你们竭尽全力把这两座山平掉,一直通到豫州的南面,到达汉水的南面,可以吗?"大家纷纷表示赞成。他的妻子提出疑议说:"凭您的力量,连魁父这样的小土山都不能动一下,又能把太行、王屋这两座山怎么样?再说又往哪里放泥土和石头呢?"大家纷纷说:"把它们扔到渤海的边上,隐土的北边。"于是,愚公率领着子孙中三个挑担子的男人,凿石头,挖土块,用箕畚运土石到渤海边上。邻居姓京城的寡妇有个遗腹子,刚开始换牙,也蹦蹦跳跳地跑去帮助他们。从冬到夏,换季的时候才能往返一次。

河曲的智叟笑着阻止他说:"你太笨了!就凭你这残年之力,简直连山上的一根草也拔不起来,还能把泥土和石头怎么样呢?"北山愚公叹了一口气说:"你的思想太顽固,简直是顽固不化,还不如寡妇和孩子呢。即使我死了,还有儿子在;儿子又有孙子,孙子又有儿子,儿子又有儿子,儿子又会有孙子。子子孙孙是无穷尽的,然而山却不会再增高,还愁什么挖不平呢?"河曲智叟没话可说了。

山神听说了这件事情,怕他不停地干下去,就去报告给天帝。天帝被愚公的诚心感动了,命令夸娥氏的两个儿子背起这两座山,一座放在朔方的东部,一座放在雍州的南部。从此以后,冀州南部至汉水的南岸,再也没有高山的阻隔了。

三十三、螳螂捕蝉

吴王打算攻打楚国,公开告诉他左右的臣子说:"有胆敢劝阻我的,就处死!"舍人中有一个年轻人想劝阻却又不敢,就怀揣弹丸,手拿弹弓,来到后花园转游,露水浸湿了他的衣服。有三个早上都像这样。吴王说:"您过来,为什么自讨苦吃,把衣服弄湿成这个样子?"他回答说:"后花园有一棵树,树上有一只蝉,蝉趴在树枝上拉长声地叫着,喝着露水,并不知道螳螂在它的后面;螳螂曲起身子,弯起了前肢,正要捉蝉,却不知道黄雀在它的身旁;黄雀伸长了脖子,正要用嘴啄螳螂,却不知道弹丸、弹弓在它的下面。这三个小动物都一心想要得到眼前的利益,却不考虑它的身后潜在祸患。"吴王听了说:"太好了!"于是放弃了出兵的打算。

三十四、桃花源记

晋朝太元年间,有个以捕鱼为业的武陵人。(一天,他)沿着小河划船,不记得走出多远了。忽然看见一片桃花林,小河两岸几百步之间,没有别的树木,青草很鲜嫩,花瓣纷纷从树上落下来。打鱼的觉得非常惊奇。继续往前走,想找到林子的尽头。林子的尽头正是水的源头,又发现了一座山。山有个小洞口,仿佛像有点光亮,便放下船,从洞口进去。

洞口最初非常狭窄,仅仅能通过一个人。再走几十步,一下子开阔起来。土地平坦开阔,房舍整齐有致,良田、池塘、桑树、竹林之类样样都有。田间小路四通八达,还能互相听得见鸡狗的叫声。那里的人来来往往耕田种地,男女穿的衣服都和外边的一样;老人孩子都显得很高兴的样子,(他们)一看见这个打鱼的人,大吃一惊,问他是从哪儿来的,(渔人)都回答了。(他们)就邀请(渔人)一起回家摆酒杀鸡做饭招待他。村子里听说有这个人来到,都跑来打听消息。(他们)自己说是祖先逃避秦时战乱,带领妻子儿女和乡亲们来到这个与世隔绝的地方的,再也没有出去,于是就和外边人断绝了消息。问现在是什么朝代,居然不知道有过汉朝,更不要说魏晋了。这个人给他们一一讲了自己听说过的事,都惊叹不已。其余的人也个个请他到家里,拿出酒饭来招待。住了几天,告别离去。这里的人叮嘱他说:"(这里的事情)不值得对外边的人说啊。"

出来以后,找到他的船,就沿着原来的路,处处都做了标记。来到郡下,到太守那里说了。太守立刻派人跟着他去,寻找原来的标记,却迷失了方向,再也找不到那条路了。

三十五、爱莲说

水中陆地草本木本的花,可爱的非常多。晋代的陶渊明只爱菊花;自李唐以来,世人非常喜欢牡丹;我唯独喜爱莲花。她从淤泥中长出来却不受污染,被清澈的波纹冲洗却不显得妖媚,叶茎中空通达,外表笔直,不长蔓子,不生枝节,香气远扬,越发显得清幽,她挺直利索地站着,可以远远地观赏却不容玩弄。

我认为,菊花是花木中的隐士;牡丹是花木中的富贵人士;莲花是花木中的君子。唉,喜爱菊花的,陶渊明之后听说过有谁;喜爱莲花的,和我同样的又有哪一个呢?喜爱牡丹的,自然就有很多的人了!

三十六、病梅馆记

江宁的龙蟠里,苏州的邓尉山,杭州的西溪,都出产梅花。有人说:梅花的枝干,以弯曲的为美,直了便没有姿势;以斜的为美,端正了便没有景致;以疏朗为美,繁密了便没有风度。历来是这样说的。这只是文人画士内心知道其中的意境,但不便公开宣扬,大声号召,用这个来衡量天下的梅花;又不能教天下种梅花的人,把梅花都砍掉直枝、剪去密枝,锄去正枝,来使梅花早死、使梅花病残作为职业来赚钱。梅花枝干的横斜、疏朗、弯曲,又不是忙忙碌碌想赚钱的人能够凭他们的才智和力量办得到的。有人把文人画士这种没明讲出来的独特癖好公开告诉给卖梅花的人,让他们砍掉那些端正的、保养那些旁枝;剪掉那些繁密的枝,扼杀那些嫩枝,锄掉那些笔直的枝干,遏止它的生机,用这种办法来谋求高价。于是江苏、浙江的梅花都受伤了。文人画士祸害的厉害程度竟到达这种地步!

我买了三百盆梅花,都是受伤的,没有一盆完好的。我为它们哭了三天,于是发誓给它们治疗,放开它们,使它们顺其自然。毁了那些盆,把它们都栽在地上,解开捆绑的棕绳。以五年作期限,一定让它们恢复本性,使它们不受损害。我本来不是文人画士,情愿遭受责骂。我要建一个病梅馆把它们收存起来。咳!怎么能使我多有些闲暇的时间,多一些空闲的田地,来大量收集江宁、杭州、苏州的病梅,竭尽我一生的时间来治疗病梅呢!

三十七、邹忌讽齐王纳谏

邹忌身高八尺多,形体容貌英俊漂亮。一天早上,穿戴好衣帽,照着镜子,对他的妻子说:"我和城北的徐公相比,谁漂亮呢?"他的妻子说:"您美极了,徐公哪里比得上您呢!"城北徐公是齐国的美男子,邹忌不相信自己比徐公美,又去问他的妾说:"我跟徐公谁漂亮?"妾说:"徐公哪能比得上您呢?"第二天,有个客人从外边进来,邹忌跟他坐着闲谈。就问客人说:"我跟徐公谁长得美?"客人说:"徐公不如您长得美。"又过了一天,徐公来了,邹忌仔细地端详他,自己认为比不上人家;再照镜子自己观察一下,觉得差得很远。晚上睡下之后又想这件事,自己认为:"我妻子认为我漂亮,是因为偏爱我;妾说我漂亮,是因为怕我;客人认为我漂亮,是因为想对我有所求。"

于是(邹忌)上朝去拜见齐威王,说:"我的确知道自己不如徐公漂亮。我的妻子偏爱我,我的妾怕我,我的客人对我有所求,都认为我比徐公漂亮。现在齐国国土有方圆千里的面积,一百二十座城。宫中的后妃和您身边的人没有一个不偏爱您的,朝廷中的大臣没有一个不怕您的,全国之内没有一个人不想向您要求什么,从这点来看,您受的蒙蔽太深了!"

齐威王说:"对呀!"就下了一道命令:"所有的大臣、官吏和老百姓能当面批评我的过错,给予最高的奖赏;上书规劝我的,给予中等奖赏;能在公共场所议论我的缺点,传到我的耳朵里的,给予下等奖赏。"命令刚一下来,大臣们都来进谏,宫门和庭院就像集市那么热闹;几个月以后,间或才有人进谏;一年以后,即使有人想进言,也没有什么可说的了。

燕国、赵国、韩国、魏国听到这个消息,都到齐国来朝拜。这就是所谓的在自己的朝廷征服了敌国。

三十八、五十步笑百步

梁惠王(对孟子)说:"我对国家真算是尽心尽力了。河内地区遭到灾荒,我就把那儿的老百姓迁到河东去,把河东的一部分粮食运到河内去。如果河东遇到荒年,(我)也是这样对待。我观察邻国的政治,没有像我这么替百姓考虑的。可是邻国的百姓并不见减少,我的百姓也不见加多,这是什么缘故呢?"

孟子答道:"王喜欢战争,请让我用打战作个比方吧。战鼓咚咚响起来,刀枪刚一接触,(士兵)就扔下铠甲拖着兵器逃跑。有的跑了一百步之后停下,有的跑了五十步之后站住了。因为自己跑了五十步就笑话跑了一百步的,您认为怎么样?"

梁惠王说:"这不行,只不过没有跑一百步罢了,这也是逃跑啊!"

孟子说:"大王懂得这个道理,就不要希望自己的老百姓比邻国多了。不耽误农时,打的粮食就多得吃不完;不用密网到深水池中捕鱼,鱼鳖就吃不完;砍伐树木按照时间的限制,木材就用不尽。粮食鱼鳖吃不完,木材用不尽,这可以让老百姓生养死葬都没有不满意的。老百姓对生养死葬没有不满意的,这就是王道的开端。

"在五亩大的宅院里,种上桑树,五十岁的人就可以因此穿上丝绵袄了。鸡狗猪之类的喂养,不要错过时机,七十岁的老人可以因此吃上肉了。一家上百亩的田地,不要耽误人们种植的时间,几口人的家庭就能因此吃饱饭了。好好办一些学校,告诉人们孝敬父母、尊敬兄长的道理,那么老人就不必背着、顶着重东西赶路了。老人穿丝绵袄,吃肉食,老百姓不挨饿不受冻,(做到这些,国王)还不能统治天下,是不会有这样的事的。

"(现在是)猪狗吃人的饭食却不加以限制,道路上有饿死的人却不开仓济民。百姓死了,却说:'不是我的过错,是因为年成不好。'这和拿刀子杀死了人,却说:'不是我干的,是刀子杀的'有什么不同呢?大王如果不归罪年成(而进行政治改革),这样,天下的老百姓就会来投奔您了。"

三十九、唐雎不辱使命

秦王派人对安陵君说:"我想拿五百里的土地来换取安陵,安陵君可得答应我才行。"安陵君说:"大王给我恩惠,用大的来换小的,好极了;不过,即使这样,因为我的土地从先王那里接收下来,就希望永远守在这里,不敢跟人交换。"秦王很不高兴。安陵君于是派唐雎出使秦国。

秦王对唐雎说:"我用五百里的土地来换取安陵,安陵君不听我的,为什么?再说秦国灭亡了韩国和魏国,你们却只凭五十里的国土留存下来,那是因为我把你们国君当作长者,特地不(把安陵国)加以考虑的缘故。现在我拿十倍的土地,请求给你们扩大土地,但是安陵君却违背我的意愿,难道是瞧不起我吗?"

唐雎回答说:"不,不是这样。安陵君接收了先王的土地并且守护着它,即使是给上千里也不敢交换,岂止五百里呢?"

秦王勃然大怒,对唐雎说:"您听说过天子发怒的情况吗?"唐雎回答说:"我没听说过。"秦王说:"天子发怒,上百万人都得死掉。鲜血流淌到千里之外。"唐雎说:"大王您听说过平民百姓发怒吗?"秦王说:"老百姓发怒,只不过是摘了帽子光着脚,拿脑袋撞地罢了。"唐雎说:"这是那些庸夫发怒的样子,不是士发怒的情景。专诸刺杀王僚的时候,彗星撞击月亮;聂政刺杀韩傀的时候,白虹穿过了太阳;要离刺杀庆忌时,苍鹰在殿上击扑。这三个人,都是平民中的士人。心中的怒气还没有发泄出时,上天就降下不祥之兆。如今加上我,将要成为四个人了。如果士一生气,只是死两个人,流血只有五步远。可是却让天下人都得穿上丧服。今天就是这样。"拔出剑站起身。

秦王变了脸色,坐直了身体道歉说:"先生请坐,何必这样呢!我明白了:韩国、赵国都被灭亡,但是安陵国只凭这五十里土地留存下来,只是因为有先生您呢!"

四十、公输盘

公输盘给楚国造了攻城的器械云梯,造好了,就要用它去攻打宋国了。墨子听说了这件事情,就从鲁国动身,走了十天十夜来到郢都,拜见公输盘。

公输盘说:"先生您有什么指教呢?"

墨子说:"北方有个侮辱我的人,希望借助您的力量去杀死他。"

公输盘不高兴了。

墨子说:"请允许我献上十镒钱。"

公输盘说:"我是讲正义的,从来不杀人。"

墨子起身,拜了两拜说:"请让我说说这个道理。我在北方听说您造了云梯,将要用来攻打宋国。宋国有什么罪过呢?楚国的土地很多,但是人口不足。杀死所缺少的而去争抢已经很多的,不能说这是聪明。宋国没有罪而去攻打他们,不能算是仁爱。懂得这个道理却不劝阻楚王,不能算是忠诚。劝说了没有起作用,不能算是能干。讲正义从来不杀人,却去杀死很多人,这不能算是懂得类推事理。"

公输盘无话可说了。

墨子说:"那么,为什么不停止(攻宋)呢?"

公输盘说:"不行,我已经跟楚王说了。"

墨子说:"为什么不引我去拜见楚王呢?"

公输盘说:"好吧。"

墨子拜见楚王,说:"现在有这么一个人,他把自己漂亮的车子扔掉不要,邻居有辆破车他却想去偷;扔掉他的丝绸绣花衣服,邻居有粗布短袄他却想去偷;扔掉他的精美的饭菜,邻居有糟糠他却想去偷。这算是什么样的人?"

楚王说:"一定是有偷窃的病了。"

墨子说："楚国的土地,方圆五千里,宋国的土地,方圆才五百里。这就像彩车和破车一样;楚国有云梦泽,里面有很多犀牛和麋鹿,长江和汉水中的鱼鳖鳄鱼是天下最多的。宋国,就是人们所说的连野鸡、兔子和鲫鱼都没有的国家。这就好比是梁肉和糟糠一样。楚国有高大的松树、梓树、楠树、樟树等等,宋国连大树都没有,这就像绣花丝绸衣服和粗布短衣一样。我认为您攻打宋国,就跟这(有偷窃病的人)一样。"

楚王说:"(说得)好啊!虽说是这样,公输盘为我造了云梯,一定要攻取宋国。"

于是(楚王)又召见公输盘。墨子解下衣带当作城墙,用木片当作守城的器械。公输盘设计了许多随机应变的攻城办法,墨子都一次一次地抵挡住了。公输盘攻城的器械都用尽了,墨子守城的办法还有许多。

公输盘认输了,说:"我知道用什么办法来对付你,我不说。"

墨子也说:"我知道你用什么办法对付我,我也不说。"

楚王问这是怎么回事。墨子说:"公输先生的意思,不过是想杀死我。杀死我,宋国就没有人能为他们守城了,就可以去攻打。然而,我的弟子禽滑厘他们三百人,已经拿着我的守城器械,在宋国城上等着你们楚国入侵呢。即使杀死我,他们也不会停止防守和抵抗。"

楚王说:"好了,我不攻打宋国了。"

四十一、岳阳楼记

庆历四年春天,滕子京被贬官到岳阳任知州。到第二年,政治通达,百姓安居乐业,许多废弃了的事业又都兴办起来,于是重新修建岳阳楼,扩充它旧时的规模,在楼上镌(juàn)刻着唐朝和当代宋朝贤人的诗歌辞赋,并叫我写一篇文章来记述这件事。

我看那巴陵的胜景全都集中体现在洞庭湖上:它连着远山,汇集着长江的流水,浩浩荡荡,无边无际;早晨晴朗,傍晚阴沉,景象千变万化。这就是在岳阳楼上所见到的壮观景色,前人已经描述得很全面详细了。然而,它往北通向巫峡,往南直达潇水湘江,那些降职的官员和诗人,经常在这里聚合,看到自然景物而产生的心情,能不有所差异吗?

假如遇到阴雨连绵的日子,几个月都不放晴,阴冷的狂风怒号着,浑浊的浪冲向高空,太阳和星星的光芒都隐而不见,高高的山峰也被遮住了形影,商人旅客无法上路,船上的桅(wéi)杆倾倒,桨橹折断,黄昏时天昏地暗,老虎吼叫,猿猴哀啼。(在这个时候)登上这座楼,就会感到远离国都,怀念家乡,担忧别人对自己的谗言和讥讽,满眼所见的都是凄凉之景,感慨已极而悲伤起来了。

如果到了温暖的春天,景物明媚动人,风平浪静,天空倒映在水里,呈现出一望无际的碧绿颜色,沙鸥飞集水边,美丽的鱼儿游来游去,岸边的香草和小洲上的兰花,散发出浓郁的芳香和青青的色彩;有时烟霞消散,洁白的月光照射在大地,水面上光影浮动,发出闪闪金光,静静的月亮的倒影好像一块沉在水中的白璧,打鱼的人们互相唱和(hè)着渔歌,这种快乐真是达到极点了啊!这时登上岳阳楼,就会感到心胸开阔,精神愉快,得宠或受辱之类的事情都会忘掉,手捧酒杯,迎风而立,心中真是喜气洋洋啊!

哎!我曾经探求过古代道德高尚者的思想感情,或许和上面两种人的想法不一样吧。为什么呢?他们不因为环境或事物的美化而高兴,也不因为自己处境的恶劣而悲哀;他们在朝廷做官时就为百姓忧虑,不当官也忧虑。那么,什么时候他们才高兴呢?他们一定会说"在天下人忧愁之前我先忧愁,在天下人快乐之后我才快乐"吧!啊,除了这样的人,我还能和谁同道呢?

庆历六年九月十五日作。

四十二、醉翁亭记

滁州的周围都是山,它西南的那些山峰、树林和山谷尤为好看。远远望去,那树木繁茂秀美的地方就是琅琊山。进山六七里,渐渐听到潺潺的流水声,从两座山峰上直泻而下的,就是酿泉。山势回环,道路也随着转弯,有一个亭子高高地紧靠泉边,就是醉翁亭。建造亭子的是谁呢?是山中的和尚智仙。给它起名字的是谁?是太守用自己的号来命名的。太守和宾客到这来饮酒,饮一点酒就醉,而且年纪又最大,所以自己给自己起了个名字叫醉翁。醉翁的本意不在酒上,而是在山水风光上。对山水风光的喜爱,发自内心,却借用酒来表露。

至于说到朝日升起,林间云雾逐渐消散,或是云彩聚集,山岩洞穴一片黑暗,这种阴暗与光明的变化,是山间早晚不同的景色啊。野花开放,散发着幽香;树木秀美,绿荫浓密,风高霜冷,水落石出,是山间的春夏秋冬(的不同景色)。早晨出去,晚上回来,四季的风景不一般,内心的快乐也会无穷无尽的。

至于那些背着东西的人唱着歌行路,过往的人在树下休息,前边的打着招呼,后边的答应着,老人孩子,来来往往不间断的,都是滁州的游人。在溪边钓鱼,溪水很深,鱼也很肥。用泉水酿酒,泉水甘甜,酒液清冽;山中的佳肴野菜,摆放了很多,那时太守在宴请宾客。宴饮的欢乐,不在于音乐;射壶的投中了,下棋的得胜了,酒杯酒筹传过来递过去,站着、坐着大声说笑的,是那些宾客高兴的表现啊。面貌苍老,头发斑白,昏昏沉沉地在他们中间,就是太守喝醉的样子。

不久,夕阳落山,人影散乱,太守回去,客人们也都跟着走了。树林浓荫茂密,鸟声上上下下,游人离开,鸟儿都高兴了。但是鸟只知道在山林中的快乐,却不了解人们的快乐;人们知道跟着太守去游玩很快乐,却不了解太守是因为他们高兴太守自己才高兴的。喝醉的时候能和他们一起欢乐,酒醒了之后又能用文章来记述的,是太守本人。太守是谁呢?是庐陵的欧阳修。

四十三、孙膑

孙武死后一百年,又出了孙膑。孙膑出生在阿、鄄两邑之间,也是孙武的后代。

孙膑曾经和庞涓一起学习兵法。庞涓到魏国做官,当上了魏惠王的将军,但是他觉得自己的才能不如孙膑,就暗暗叫人把孙膑找来。孙膑来了,庞涓担心他比自己强,嫉妒他,就找了个罪名用刑弄断他的两脚,并且在他的脸上刺了字。想把他隐藏起来,不再出现。齐国使者来到魏国国都大梁,孙膑以囚徒的身份暗中与他相见,孙膑为齐国使者出主意,齐使认为孙膑是个奇才,偷偷把他装上车,和他一起到了齐国。齐国大将田忌很赞赏他,把他当作上宾来对待。

田忌屡次和王公贵族下很大的赌注赛马。孙子看他们的马的脚力不相上下,马都有上中下三等。于是孙膑对田忌说:"您尽管下大的赌注,我能让您取胜。"田忌听信他的话,和威王以及各贵族公子下了一千金的大赌注。到比赛的时候,孙子说:"现在用您的下等马去和他们的上等马比赛,用您的上等马去和他们的中等马比赛,用您的中等马去和他们的下等马比赛。"三个等级的马都跑完了,田忌输了一次,赢了两次。最后得到了威王的千金。于是田忌把孙子推荐给齐威王。威王向孙子请教兵法,就把他当作了老师。

十三年以后,魏国和赵国攻打韩国,韩国向齐国告急。齐王让田忌带兵去作战,一直奔往大梁。魏国大将庞涓听说这件事,离开韩国赶回魏国。齐军已经越过国境向西进入魏国了。孙子对田忌说:"他们三晋的军队,一向自认为勇猛而看不起齐军,齐军被他们称为胆小鬼。会用兵的人要顺着某种情势(把事态)向有利的方面引导。兵法上说:行军百里去打仗会使大将受挫折,行军五十里去打仗的只会有一半的军队到达。现在让齐军进入魏国时垒十万人的灶,第二天垒五万人的灶,第三天改为三万人的灶。"庞涓走了三天,非常高兴,说:"我本来就知道齐军胆小,进入我国才三天士兵逃跑的就超过一半了。"于是他抛下了步兵,只和他的精锐部队一天跑两天的路,加速追赶齐军。

孙子估计庞涓的行程,晚上该到达马陵了。马陵两旁有很多险阻,可以设埋伏。就削去一棵大树的树皮露出白木,在上面写到:"庞涓死于此树之下。"让齐军中擅长射箭的一万士兵埋伏在道路两旁,约定说:"晚上一看见火光就一起射箭。"庞涓果然夜间到了大树下,见到树上有字,就点火照亮看它。还没看完上面的字,齐军的上万弓箭一起发射,魏军大乱;相互失去联系,溃散逃跑。庞涓知道自己智力用尽了,无法挽回败局,就拔剑自杀说:"让那小子成名去吧!"齐军乘胜追击,把魏军全部歼灭,俘虏了魏国太子申,把他带回齐国。孙膑因此天下闻名,后世一直流传他的兵法。

四十四、鸡鸣狗盗

孟尝君在薛地,招引来各诸侯国的宾客以及有罪逃亡在外的人,(他们)都投奔到孟尝君的门下。孟尝君花费了许多家产,给他们优厚的待遇,因此天下之士都非常钦佩他。食客多达几千人,不分贵贱一律与孟尝君平等。孟尝君接待宾客一同坐着谈话,屏风后边常有文书小吏,专门负责记录他和客人谈话的内容、所询问的他们亲人的住址。客人刚离开,孟尝君就已经派了使者前去慰问,赠送一些礼物给他的亲人。孟尝君曾经在晚上招待客人吃饭,有个人遮挡了灯光,一位宾客生气了,以为饭食不一样,吃了一半就停止而告辞离开。孟尝君起身,自己端着饭碗靠近那位客人的位置(证明饭菜是一样的)。客人很惭愧,自刭而死。因为这样的事,有更多的士归属到孟尝君的门下。孟尝君对客人没有什么挑选,都好好地招待他们。人人都自以为孟尝君对自己最亲切。

秦昭王听说孟尝君贤能,就先派泾阳君到齐国做人质,来求得见到孟尝君(让孟尝君到秦国去)。孟尝君将要到秦国去,门客们谁都不同意他去,劝他,他不肯听。苏代对孟尝君说:"今天早晨我从外边来,看见木偶人和土偶人在一起说话。木偶人说:'天下雨了,你就要坏了。'土偶人说:'我从土里生出,坏了还回到泥土中去。现在天下大雨,把你漂走,还不知道停下来的地方是哪儿呢。'如今秦国是虎狼一样的国家,您却想到那儿去,如果有什么情况不能回来,您能不被土偶人笑话吗?"孟尝君才不去了。

齐湣王二十五年,(秦国)又一次邀请,孟尝君终于到秦国了,秦昭王立即封他为相。有人劝秦昭王说:"孟尝君很贤能,又是齐王同族,现在在秦国为相,一定先为齐国后为秦国,秦国恐怕要危险了。"于是秦昭王不让孟尝君做相了。把他关押起来,打算要杀死他。孟尝君派人到秦昭王的宠妾那儿请求帮他解决困难。那宠妾说："我希望要您一件白狐皮袄(ǎo)。"当时，孟尝君有一件白狐皮袄，价值千金，天下无双，到秦国后已经把它献给昭王，再也没有第二件了。孟尝君为这事很发愁，问遍了所有宾客，没有一个能答出办法。最下等的客人中有一个能装成狗去偷东西的人，说："我能拿到白狐皮袄。"就在夜里装成一条狗，钻到秦宫的库房里，把献给昭王的白狐皮袄拿出来，献给秦王的宠妾。这宠妾为孟尝君向昭王请求，昭王就释放了他。孟尝君一出来，立刻赶着马车逃跑，把封传证件都更换了，改名换姓好逃出关卡。半夜到了函谷关。秦昭王后悔放走了孟尝君，搜寻他，发现已经逃走了，马上派人赶着传车去追赶他。孟尝君到了函谷关。关卡的规定是天明鸡叫才能放行。孟尝君怕追兵来到，宾客中有个下等的客人能学鸡叫，（他一叫）所有的鸡都叫了起来。（关口）就查验封传开关放行。出了关才一顿饭的工夫，秦兵果然追到函谷关了，比孟尝君出关的时间晚了一些。孟尝君才得以回还。

当初孟尝君把这两个人列在宾客之间，客人们都认为是对自己的羞辱，到孟尝君在秦国遇到不幸遭遇时，最后还是这两个人解救了他。从这件事以后，客人们都心服了。

四十五、庖丁解牛

庖丁给梁惠王解剖牛，手接触的地方，肩靠的地方，脚踩住的地方，膝盖顶住的地方，砉砉地发出声音，把刀子伸入牛体又是骅骅之声，（那个声音）没有一点不合乎音律的：既和商汤时的《桑林》之舞的乐曲吻合，又和尧时《经首》的乐章一致。

梁惠王说："啊，好啊！技术怎么到了这个程度呢？"

庖丁放下刀子回答说："我爱好的是事物的规律，比技术更进一步。开始我解剖牛的时候，眼睛看到的没有不是整个的牛；三年以后，再也不曾看到整个的牛了；在现在，我是用精神和牛接触而不用眼睛去看了，我的视觉活动停止了，可是精神活动在进行。按照牛的自然生理结构，劈砍筋骨间的缝隙，让刀子进入骨节间的空处，一切都顺着牛体的本来结构（去做）。连那些经络相连和筋骨聚结的地方，我都没有用刀子去碰过，更何况大骨头呢！好的厨子每年换一次刀，因为是割；一般的厨子每月换一次刀，因为是砍。现在我的刀已经十九年了，解剖的牛已经几千头了，可是刀刃还像刚从磨刀石上磨出来的一样。牛的骨节是有空隙的，可是刀刃没有什么厚度；用没有什么厚度的刀刃插进有空隙的骨节，刀子移动时就宽宽绰绰很有余地。因此十九年了，刀刃还像刚从磨刀石上磨出来的一样。尽管这样，每每遇到筋骨聚结的地方，我看到它难办，就小心地警惕起来，视线因此集中在一点上，动作也因此特别缓慢，刀子移动得很慎重。"哗拉"一声牛体支解了，就像土块堆在地上一样。于是我提着刀子站着，为此环顾一下四周，为此而心满意足。把刀子收拾好了保存起来。"

　　梁惠王说："好哇，我听了庖丁这番话，知道养生的道理了。"

本书繁简字对照查检表

（字后数字该字第一次出现课文的课数。如"长、遗、传、恶"等声母不同的多音字分别列出。）

A

爱 35

B

罢 5
败 27
颁 38
备 14
辈 43
毕 32
变 31
宾 42
缤 34
膑 43
并 7
补 11

C

残 32
苍 39
蝉 33

产 36
长 12
尝 8
车 8
彻 32
尘 9
陈 13
称 17
惩 32
迟 45
宠 14
筹 42
蹰 45
处 4
触 6
传 8
辞 9
赐 1
从 8

D

达 32

弹 33
当 43
导 43
邓 36
吊 14
动 45
冻 22
独 8
断 32
对 8
夺 1
堕 20

E

恶 12
儿 30
尔 8

F

发 34
风 44
讽 37

肤 29
妇 18
复 6

G

盖 25
龚 36
购 36
顾 22
关 44
观 2
广 39
归 5
刿 27
国 1
过 7

H

骇 11
韩 3
汉 32
号 36

后 2
画 1
怀 14
欢 42
环 42
还 29

J

给 31
讥 37
击 39
饥 38
机 40
鸡 13
极 34
际 41
价 36
坚 3
检 38
见 19
荐 25
贱 9

剑 16	礼 18	难 27	却 12	岁 38
谏 33	里 9	挠 21		孙 21
骄 14	历 41	馁 22	**S**	
节 32	厉 36	聂 39		**T**
洁 42	丽 37	宁 5	丧 23	
谨 38	砺 10		杀 30	态 36
尽 28	莲 35	**O**	赏 37	叹 34
进 37	涟 35		舍 7	汤 29
泾 44	疗 36	欧 42	声 10	体 29
惊 34	邻 13		胜 21	条 36
颈 6	临 43	**P**	绳 10	听 4
旧 41	灵 28		圣 12	头 39
举 11	龙 36	盘 40	尸 14	
惧 27	陇 32	庞 43	师 15	**W**
军 14	庐 42	仆 25	时 15	
	房 43		识 9	万 12
K	鲁 31	**Q**	实 14	为 1
	陆 35		视 26	违 38
开 34	乱 21	齐 1	适 19	谓 1
垲 9	轮 10	气 25	释 6	闻 8
垦 32	论 15	岂 16	兽 2	问 8
旷 34		弃 22	书 37	无 1
窥 25	**M**	启 8	属 27	恶 23
		迁 41	术 20	务 33
L	马 10	钱 36	树 33	
	买 5	抢 39	竖 43	**X**
蓝 10	梦 40	窃 40		
览 41	灭 14	亲 17	数 1	牺 27
滥 4	鸣 33	轻 39	帅 8	习 15
劳 21	亩 38	请 1	说 4	袭 8
乐 8		庆 41	丝 42	戏 30
类 24	**N**	穷 11	苏 7	闲 36
离 14		趋 43	虽 10	贤 11
	纳 37	劝 10	随 2	显 25

本书繁简字对照查检表

险 32	扬 25	应 3	愿 7	质 43
宪 14	阳 17	婴 30	云 34	终 1
献 8	养 36	拥 25	运 24	种 34
乡 27	业 34	忧 14		众 7
响 45	叶 26	犹 40	**Z**	昼 15
嚣 9	渔 7	游 16		烛 43
亵 35	御 25	余 1	杂 32	专 14
兴 11	医 29	鱼 23	择 15	传 11
绣 40	仪 31	舆 24	沾 33	转 42
选 11	颐 35	与 2	战 1	庄 27
学 10	义 23	誉 3	长 2	壮 20
寻 34	艺 14	鹬 7	赵 7	坠 16
	异 10	渊 35	争 31	浊 41
Y	阴 32	园 33	郑 5	纵 36
	饮 1	缘 34	植 35	邹 37
俨 34	隐 8	远 10	制 11	钻 43
厌 15				

古代汉语语法简介

尽管古代汉语与现代汉语有着很多相同的地方,但是经历了几千年的发展,现代汉语不论与上古汉语相比、还是与中古汉语、近代汉语相比,还是有了很多变化。下面就把古代汉语与现代汉语不同的地方简单介绍一下。

一、古代汉语的词类

古代汉语词类的划分和特点与现代汉语大致相同,即分为名词、动词、形容词、数量词、代词、副词、介词、连词、叹词、语气词等几类。其中代词和语气词与现代汉语有较大的不同。简述如下:

1. 代词

代词可以分为人称代词、指示代词、疑问代词三类。

古代汉语的人称代词有第一人称代词:余、予、吾、我(相当于现代汉语的"我"、"我们");第二人称代词:尔、汝(相当于现代汉语的"你"、"你们");第三人称代词:之、其(相当于现代汉语的"他、她、它"、"他们、她们、它们"和"他的、她的、它的")等。

古代汉语人称代词与现代汉语不同的地方是:

(1) 有些人称代词既可以表示单数,又可以表示复数。

(2) 有些人称代词既可以表示人称,又可以表示领属。

例如:"尔"既可以表示"你"、"你们",又可以表示"你的"、"你们的"。

第三人称代词略有不同。"之"只是表示"他(她、它)"和"他们(它们、她们)",而不表示"他的(她的、它的)","读他的诗"不能说成

"读之诗";而且,只能做宾语,不能做主语。例如:可以说"吾能胜之",但是不能说:"之能胜吾"。表示"他的(她的、它的)"和"他们的(它们的、她们的)",如:"攻其不备,出其不意"。在先秦两汉,"其"不能表示"他"或"他们"。到晋以后,才出现"饮其麻沸散(给他喝麻沸散)"这样的用法。但总的来说,这种用法仍是不多见的。

还有一点应当注意:"之"和"其"虽然是第三人称代词,但有时可以灵活运用,用来指"我"、"你"或"我的"、"你的"。例如:

> 欲望封侯作征西将军,然后题墓道言:"汉故征西将军曹侯之墓",此其志也。 曹操《让县自明本志令》
>
> (希望能封侯作征西将军,然后死后在墓碑上题着"汉故征西将军曹侯之墓",这就是我的志向。)
>
> 蒋氏大戚,汪然出涕曰:"君将哀而生之乎?" 柳宗元《捕蛇者说》
>
> (蒋氏很悲伤,眼泪汪汪地说:"您要可怜我,救活我吗?")

古代汉语的指示代词有:此、是、斯、兹、彼等。它们和现代汉语的指示代词"这"、"那"基本相同。不同的是"彼"有时也可以作第三人称代词用。例如:

> 彼采葛兮。《诗经·王风·采葛》

"其"和"之"也可以作指示代词。如:"非其人不可(非那个人不可)","之二虫又何知(这两个动物又懂得什么)?"但"之"字这样的用法比较少。

古代汉语的疑问代词有:谁、孰、何、奚、安、恶等。"谁"是问人的,"孰"可以问人、也可以问物、还可以用于选择。例如:

> 画孰最难者?《韩非子·外储说左上》
> (画什么是最难的?)

"何、安、奚、恶"作宾语时表示"什么"、"哪里"。例如:

> 沛公安在?《史记·项羽本纪》

（沛公在哪里？）

作状语时表示"为什么"、"怎么"。例如：

安得广厦千万间？　　杜甫《茅屋为秋风所破歌》
（怎么能得到宽大的房子千万间呢？）

除了上述三类代词外，古代汉语中还有一些比较特殊的代词：诸、焉、旃、者、所。

"诸"等于"之于"或"之乎"；"焉"等于"于之"；"旃"等于"之焉"。它们都不是单纯的代词，而是既包含了一个代词"之"，又包含了一个介词"于"或一个语气词"乎"。这种情况是现代汉语所没有的。

"者"和"所"表示"……的人"、"……的东西"、"……的原因"等。简单地说，这两个字的区别是：它们和动词配合时"者"代替动作的主动者，"所"代替动作的对象。如："言者无罪，闻者足戒"，"闻者"是指听话的人。而"所见所闻"中的"所闻"，则是指听到的东西。但是，当"所"和"者"结合起来使用时，就都指动作的对象。如："我所闻者"就是"我听到的东西"。

2. 语气词（附：词头、词尾）

现代汉语中语气词有"吗、呢、啊、吧，"等，都是放在句子末尾表示疑问、感叹等语气的。古代汉语中的语气词，除了放在句尾以外，还可以放在句首和句中。我们根据这些语气词在句中的位置，分别称之为"句首语气词"、"句中语气词"、"语气词"（指放在句尾）。

句尾语气词分为两类：

（1）表示陈述语气的，如"也"、"矣"。

"也"主要表示判断。"矣"表示出现新的情况，大致等于现代汉语的"了"。

（2）表示疑问语气的，如"乎"、"哉"、"与"、"耶"。这些语气词和现代汉语的"吗"、"呢"、"吧"并不能一一对应。如"乎"，有时要翻译为"吗"，有时要翻译为"呢"或"吧"。要根据整个疑问句的类型来定。句首和句中语气词所表达的语气，有的比较清楚，如"其"表示疑问、推测、祈使。但有的不太清楚,往往不容易准确翻译出来,如"岁云暮矣"只能翻译为"一年快到头了","不可泳思"只能翻译为"不能游过去"。语气词"云"和"思"就翻译不出来。在我们的字典中,凡是只说明是"句首语气词"、"句中语气词"或"语气词"的,都属于这一类,在句中不用翻译过来。

应该注意的是,有的句中语气词放在主语和谓语之间帮助判断,或者和"非(匪)"搭配使用,好像等于"是"字。如:"民惟邦本"可以译作"百姓是国家的根本","匪莪伊蒿"可以译作"不是蓼莪而是蒿草"。但实际上,"惟"和"伊"仍是句中语气词。因为在古代汉语中,这种句子也可以用"民,邦本也"和"非莪也,蒿也"这样的形式来表达,加上"惟"和"伊"只是为了表达某种语气。

附带说说词头、词尾。

词头、词尾不是词,而是构词成分。词头和词尾没有具体的词汇意义,只起到构词的作用。在现代汉语中也有词头和词尾,"老虎"中的"老",并不是"老人"的"老",还可以说"小老虎";"钉子"的"子"也不是"瓜子"的"子"。"钉子"中的"子"的作用在于区别动词"钉",从而构成"钉子"这个名词。这里的"老"、"子"都是名词词尾。

古代汉语中词头、词尾比现代汉语多。名词词头有"阿、有",例如"阿母"、"阿女","有周"(周代)、"有夏"(夏代)。动词词头有"言、于、薄"等,例如"言告师氏"(告诉师氏)、"君子于役"(丈夫去服役了)、"薄浣我衣"(洗我的衣服)。这些词头在翻译时都译不出来。

形容词词尾有"然、如、尔、若、焉、乎"等。它们的用法是一样的,都表示"……的样子"的意思。如"巍然""巍乎""巍如"就是"高大的样子"。应当注意的是,在古代汉语中,有的形容词加"然"(或"如"、"若"等),表示的就是后面那个动词的状态,如"喟然长叹","喟然"表示的就是"叹气的样子";"莞尔一笑"中"莞尔"就是"微笑的样子"。在这种情况下,"喟然"、"莞尔"就翻译不出来了。

二、古代汉语的尊称、谦称和敬辞、谦词

古代汉语中,有时不用第一人称和第二人称代词,而是用谦称或尊称。谦称有"臣"、"仆"、"愚"(男性自称)、"妾"(女性自称)、"寡人"、"孤"(国王自称)等。尊称有"子、君、足下、陛下"等。这些词可以翻译为"我"和"您",但是它们本身不是人称代词。

古代汉语中的敬词和谦词都是放在动词前面做状语的。敬词有"奉、承、辱、枉、惠"等。"奉、承"修饰的是动词,是与对方有关的自己的动作,如"奉送"、"承答"等,表示自己在赠送对方,回答对方时十分恭敬。"辱、枉、惠"等修饰的动词,是与自己有关的对方的动作,如"辱示"、"枉驾"、"惠赐",意思是说,对方这样做是受了屈辱,或表现了对方的好意,这都是客套话。谦词有"窃"修饰的动作是自己的动作,如"窃闻"、"窃以为",表示自己是私下听说、私下认为,是自谦的说法。

三、古代汉语词类的活用

古代汉语中的名词、动词、形容词的分类与特点与现代汉语基本相同,但是词类活用的现象,古代汉语却比现代汉语突出的多。主要有下面几种情况:

1. 名词做动词用。例如:

   旦日,卒中往往语,皆指目陈胜。(指目:用手指,用眼睛看。"目"是名词用作动词。)(《史记·陈涉世家》)

   孟尝君怪其疾,衣冠而见之。(衣冠:穿上衣服,戴上帽子。)(《战国策·齐策四》)

2. 动词、形容词、名词的使动用法

一般来说,动词的后面跟宾语,构成动宾结构,宾语总是动作的对象。但在古代汉语中,有时动词后面跟宾语,却表示使这个宾语所

代表的人或事物发出这个动作。这种用法就叫"动词的使动用法"。例如：

> 项伯杀人,臣活之。(项伯杀了人,我让他活了下来。)(《史记·项羽本纪》)

有时也可以不要宾语。例如：

> 养备而动时,则天不能病。"供养充足,又按时活动,那么天也不能使人生病。"(《荀子·天论》)

因为动词有使动用法,所以在古代汉语中就出现了两种值得注意的现象：(1)不及物动词能带宾语,如上面《史记》的用例。(2)及物动词带宾语,可能是一般的用法,也可能是使动用法,这就要根据上下文来判断。例如：

> 孟子将朝王。(孟子将朝见王)(《孟子·公孙丑下》)
> 欲辟土地,朝秦楚,莅中国,而抚四夷也。(想开辟土地,使秦国楚国来朝拜,君临中国,安抚四夷)(《孟子·梁惠王上》)

后一例是使动用法。如果解释成"朝见秦楚",那就和原意正好相反了。

形容词也有使动用法。如"富国强兵",说的不是"富裕的国家,强大的军队",也不是"国家富裕,军队强大",而是"使国家富裕,使军队强大"。可以说,形容词在这里不是做定语,而是做动词使用,而且是使动用法,表示使宾语有某种性质。

名词也有使动用法。例如：

> 令我百岁后,皆鱼肉之矣。(假如我百年之后,就都把他当作鱼肉了。鱼肉之:指宰割他)(《史迹·魏其武安侯列传》)

3. 形容词、名词的意动用法

古代汉语中,形容词、名词的意动用法大大多于现代汉语。意动用法的特点是说话人主观认为宾语具有前面形容词或名词所具有的性质。例如：

孔子登东山而小鲁,登泰山而小天下。(小鲁:认为鲁国小;小天下:认为天下小。)(《孟子·尽心上》)

这是形容词的意动用法。名词也可以有意动用法。例如:

土木形骸,不自藻饰。(把自己的形体看得和土木一样,不加修饰。)(《晋书·嵇康传》)

4. 名词做状语

名词用做状语,在现代汉语中也有,但不多见。在古代汉语中则相当常见。主要有三种情况:

(1) 名词做状语表示"像……一样的",例如:

天下云集而响应,赢粮而景从。(天下像云一样集拢来,像回声一样应和,背着粮食,像影子一样跟从陈涉起义。)(贾谊《过秦论》)

(2) 名词做状语,表示"像对待……一样的",例如:

齐将田忌善而客待之。(齐国大将田忌重视孙膑,像对待客人一样对待他。)(《史记·孙子吴起列传》)

(3) 名词做状语表示动作的处所或工具,例如:

相如廷叱之。(蔺相如在朝廷上叱骂他。)(《史记·廉颇蔺相如列传》)

箕畚运于渤海之尾。(用箕畚运到渤海边上。)(《列子·汤问》)

名词做状语与名词做主语是不同,"土崩瓦解"就不能理解为"土崩溃了,瓦分解了"。

四、古代汉语中的借代

借代就是借用一个词来表达另一个词的意思。古代汉语中的借代主要有下边的几种情况。

1. 以部分代全体，例如：

　　沉舟侧畔千帆过。（以船帆代替"船"。）（刘禹锡《酬乐天扬州初逢席上见赠》）

以性质代事物。例如：

　　将军身披坚执锐。（以"坚"代替"铠甲"，以"锐"代替"兵器"。）（《史记·陈涉世家》）

以原料代事物，例如：

　　妾不衣丝。（衣：穿。以"丝"代"丝绸衣服"。（《汉书·公孙弘传》）

以具体代抽象。例如：

　　以齿则长，以德则贤。（论年龄他大，论道德他贤。以"齿"代"年龄"。）（《后汉书·申屠蟠传》）

双音词的借代用法也很多。如"万古云霄一羽毛"，是以"羽毛"代"鸟"。"无丝竹之乱耳"，是以"丝竹"代"音乐"。又如"甲兵"、"兵戈"、"干戈"、"烟尘"、"鼙鼓"等都可以代替"战争"。

应当指出，借代只是一种临时的修辞用法，没有形成固定的词义。如以"帆"代"船"，一般只出现在"千帆"、"归帆"等词组中，而"轻舟已过万重山"就不能说成"轻帆已过万重山"。"披坚执锐"中的"坚"是指铠甲，但在"乘坚策肥"（驾着坚车，赶着肥马）中，意思又是"坚固的马车"。这样的借代用法，一般的字典中多不列为义项。

五、古代汉语中的判断句

古代汉语在句法方面与现代汉语差别不大。主要是判断句、被动句和宾语的位置与现代汉语有所不同。

现代汉语的判断句是用"……是……"的形式表达的。如"北京是中国的首都。""我是学生。"在古代汉语中,"是"是指示代词,一般不用来构成判断句。古代汉语的判断句有以下几类。

一、没有判断词的判断句

1. ……者,……也。"

陈胜者,阳城人也。(陈胜是阳城人。)(《史记·陈涉世家》)

吴起者,卫人也。(《史记·孙子吴起列传》)

2. ……,……也。

韩非,韩之诸公子也。(《史记·老子韩非列传》)

其巫,老女子也。(《史记·滑稽列传》)

3. ……,……。

夫鲁,齐晋之唇。(《左传·哀公八年》)

荀卿,赵人。(《史记·孟子荀卿列传》)

今秦,万乘之国;梁,亦万乘之国。(《战国策·赵策三》)

4. ……者,……。

天下者,高祖天下。(《史记·魏其武安侯列传》)

虎者,戾虫也。(老虎是残暴的动物。)(《战国策·秦策二》)

二、"为"构成的判断句

"为"是一个用法相当广泛的动词,在判断句中相当于判断词。例如:

桀溺曰:"子为谁?"曰:"为仲由。"(《论语·微子》)

此为何若人?(《墨子·公输》)

三、用副词的判断句

常用的副词有"乃""皆""则""即"等。它们出现在判断句中,加强判断语气。例如:

吕公女,乃吕后也。(《史记·高祖本纪》)

左右曰:"乃歌夫'长铗归来'者也。"(《战国策·齐策》)

今欲以先王之政,治当世之民,皆守株之类也。(《韩非子·五蠹》)

此则寡人之罪也。(《国语·越语上》)

梁父即楚将项燕。(《史记·项羽本纪》)

四、否定判断句

古代汉语中,否定判断句主要使用否定副词"非"。例如：

子非鱼,安知鱼之乐？(《庄子·秋水》)

午非子之子邪？(《吕氏春秋·去私》)

有时也用"匪"。"匪"也是否定副词。例如：

我心匪石,不可转也。我心匪席,不可卷也。(《诗经·邶风·柏舟》)

这里要注意两点：

(1) 有的句子中,在主语和谓语中间出现"是"字。这种"是"字在古代汉语中多半不是判断词,而仍然是指示代词,指上文所叙述的事物。如：

日月星辰瑞历,是禹桀之所同也。(《荀子·天论》)

(2) 这种判断句的形式,还可以用来说明原因。例如：

吾妻之美我者,私我也；妾之美我者,畏我也；客之美我者,欲有求于我也。(《战国策·齐策一》)

六、古代汉语的复句

复句是由两个或两个以上的单句按照一定的关系组成的句子。组成复句的单句叫分句。大体说,复句可以分为两类,一是联合复句,一是偏正复句。联合复句有并列复句、递进复句、选择复句、连贯复句。偏正复句有假设复句、条件复句、转折复句、因果复句。另外,还有一种紧缩复句。

(一) 联合复句

1. 并列复句

几个分句分别说明或描写有关的几件事、几个情况,或同一事物的几个方面。分句之间不用连词。各分句之间是并列的关系。例如:

> 故木受绳则直,金就砺则利。(《荀子·劝学》)
> 老者安之,朋友信之,少者怀之。(《论语·公冶长》)
> 千金,重币也;百乘,显使也。(《战国策·齐策》)

2. 递进复句

两个分句中,后一个分句所表达的意思比前一个分句所表达的意思更进一层。前后两分句之间常常用"况""且"等关联词语。例如:

> 公语之故,且告之悔。(《左传·隐公元年》)
> 臣以为布衣之交尚不相欺,况大国乎?(《史记·廉颇蔺相如列传》)

3. 选择复句

选择复句大多数是以疑问句的形式出现,从几个分句表示的事物中选择一个。分句之常用"抑""且""孰若""与其"等关联词语连接。

> 仲子所居之室,伯夷之所筑与?抑亦盗跖之所筑与?(《孟子·滕文公下》)
> (陈仲子所住的房子,是伯夷建造的呢?还是盗跖建造的呢?)
> 王以天下事秦乎?且事齐乎?(《战国策·齐策》)
> (大王您拿天下侍奉秦国呢?还是侍奉齐国呢?)

4. 连贯复句

连贯复句中的各分句之间,在时间上是先后相承的,连续而下的;在意思上是密切相关的。各分句之间不用连接词语。

> 皆叩头,叩头且破,额血流地,色如死灰。(《史记·滑稽列

传》)

  及郡下,诣太守,说如此。(陶渊明《桃花源记》)

(二)偏正复句

1. 假设复句

  假设复句是表示在某种假设条件下就产生某种结果的复句。假设复句往往是前一个分句提出假设,后一个分句是这种假设产生的结果。条件分句中常用"若""如""使""令"等词语,在表示结果的分句中常用"则"表示承接关系。

  若弗与,则请除之。(《左传·隐公元年》)
  (如果不给,就请除掉他。)
  使六国各爱其人,则足以拒秦。(杜牧《阿房宫赋》)
  (假如六国的国君各个都爱护他们的人们,就可以依靠人民来抵抗秦国。)

2. 条件复句

  前一个分句提出条件,后一个分句说明在这个条件下产生出的结果。两个分句间常用"则"连接。

  强本而节用,则天不能贫。(《荀子·天论》)
  (加强农业生产又节约用度,那么天也不能使人贫困。)
  覆杯水于坳堂之上,则芥为之舟。(《庄子·逍遥游》)
  (倒一杯水在大堂的坑洼处,那么小草籽可以在那个水上做船。)

3. 转折复句

  是指前后两个分句之间的意思相反或相对。分句间常用"而""然""然而"表示转折。

  七十者衣帛食肉,黎民不饥不寒,然而不王者,未之有也。(《孟子·梁惠王上》)
  爱其子,择师而教之;于其身也,则耻师焉。(韩愈《师说》)

（爱他的孩子，就选择好的老师教他；对于自己，却把从老师学习看成是耻辱。）

4. 因果复句

分句之间具有原因和结果的关系。有的原因分句在前，结果分句在后，有的结果分句在前，原因分句在后。常用"故""以故""以"连接分句。

庄公寤生，惊姜氏，故名曰"寤生"。（《左传·隐公元年》）

（庄公是倒着生下来的，使姜氏受到惊吓，因此给他起名叫"寤生"。）

以晏子短，楚人为小门于大门侧而延晏子。（《晏子春秋·内篇杂下》）

（因为晏子矮，楚国人在大门旁开个小门请晏子进去。）

（三）紧缩复句

是用单句的形式来表达复句意义的一种特殊形式，是复句的一种特殊类型。阅读古书时要仔细辨析，认真分析紧缩复句的内部关系，才能正确理解文义。

惑而不从师。（韩愈《师说》）

（人有疑惑却不向老师学习。）

至则无可用。（柳宗元《三戒·黔之驴》）

（运到那里，可是没有用处。）

故推恩足以保四海，不推恩无以保妻子。（《孟子·梁惠王上》）

（所以你能够推广你的恩惠，就可以保有天下；如果你不能推广你的恩惠，那你连自己的妻子孩子都保护不了。）

中国古代历史简表

五帝（黄帝、颛顼 zhuānxū、帝喾 kù、尧 yáo、舜 shùn）(约公元前 30 世纪初—约前 21 世纪初)

夏（约前 2070—前 1600）

商（前 1600—前 1046）

周
 西周（前 1046—前 771）
 东周
  春秋（前 770—前 476）
  战国（前 475—前 256）

秦（前 221—前 206）

汉
 西汉（前 206—公元 25）
 东汉（25—220）

三国
 魏（220—265）
 蜀（221—263）
 吴（222　280）

晋
 西晋（265—317）
 东晋（317—420）

南北朝
 南朝
  宋（420—479）
  齐（479—502）
  梁（502—557）
  陈（557—589）
 北朝
  北魏（386—534）
  东魏（534—550）
  西魏（535—556）
  北齐（550—577）
  北周（557—581）

隋（581—618）

唐（618—907）

五代
 后梁（907—923）
 后唐（923—936）
 后晋（936—947）
 后汉（947—950）
 后周（951—960）

宋（960—1279）

辽（907—1125）

金（1115—1234）

元（1206—1368）

明（1368—1644）

清（1644—1911）